Von Neugierde, Mut und Reiselust

Reisedepeschen
Außergewöhnliche Reisebücher seit 2018

Originalausgabe
1. Auflage, Berlin, April 2024,
im Jahr des Drachen

reisedepeschen.de

ISBN 978-3-96348-034-8

In diesem Buch präsentieren wir die besten Beiträge des Autor:innenwettbewerbs »Reisedepeschen Field Trip Award 2023«. Wir danken dem Catalan Tourist Board für die Unterstützung des Wettbewerbs und unserer Jury – Katie Gallus, Marco Buch, Ursula Schwalb, Anne Schlegel und Johannes Klaus – für ihr Engagement und ihre Expertise. reisedepeschen.de/field-trip-award

Gestaltung und Herstellung sowie die Illustrationen lagen in den Händen von Johannes Klaus. Das Lektorat und Korrektorat führte Stefanie Malleier aus. Das Buch wurde in der Allan Bold von Anton Koovit, der Brandon Text von Hannes von Döhren und der Franziska Pro von Jakob Runge gesetzt. Druck und Bindung übernahm Drukarnia Abedik aus Posen. Gedruckt wurde auf Peyvida Puro und Holmen Book, hergestellt aus chlorfrei gebleichtem Zellstoff aus nachhaltiger Waldwirtschaft.

Die Deutsche Nationalbibliothek verzeichnet diese Publikation in der Deutschen Nationalbibliografie; detaillierte bibliografische Daten sind im Internet über http://dnb.dnb.de *abrufbar.*

Reisedepeschen leistet einen finanziellen Klimabeitrag:
climatepartner.com/15175-2010-1001

Von Neugierde, Mut und Reiselust

Ehrliche Reisestories

Herausgegeben von

Marianna Hillmer
Johannes Klaus

REISEDEPESCHEN

Mit Reisestories von

Angelika Lichteneber
Anja Schwennsen
Anna Wheill
Ariana Emminghaus
Cathrin Block
Cornelia Koepsell
Cornelia Liedtke
Detlef Seydel
Gonca Friedrich
Henrik Winterberg
Karin Lochner
Katia Sophia Ditzler
Laura Tamoj
Leonie Claire Oesterreich
Livia Mai
Manolo Ty

Marlene Fleissig
Moritz Detje
Nadire Biskin
Nils Ketterer
Petra Clamer
Renan Spode
Robin Becker
Sara Tormöhlen
Sebastian Garthoff
Sibylle Reuter
Simone Harre
Stefanie Schindler
Susi Green
Tanja Schwibinger
Thomas Empl
Veso Portarsky

Geographische Übersicht

der Schauplätze

Inhaltsverzeichnis

Vorwort 10
Laura Tamoj — Gletscherherz — *Spitzbergen* 12
Thomas Empl — Breaking the Law — *Japan* 34
Gonca Friedrich — Dem Mut auf der Spur — *Lappland* 46
Stefanie Schindler — Von Freiheit und ... — *Tasmanien* 72
Anja Schwennsen — Inis Mór — *Irland* 80
Robin Becker — Goa — *Indien* 88
Ariana Emminghaus — Die Straße, die nur ... — *Spanien* 112
Leonie Claire Oesterreich — Der Fuchs — *England* 122
Nadire Biskin — Sommerlöcher im Herzen — *Türkei* 128
Livia Mai — Zwischen Tür und Angel — *U.S.A.* 146
Sebastian Garthoff — Szene aus Budapest — *Ungarn* 154
Katia Sophia Ditzler — Der Palast des ... — *Hongkong* 160
Petra Clamer — Damals in der Toskana — *Italien* 174
Manolo Ty — Leuchtende Erinnerung — *Karibisches Meer* 180
Karin Lochner — Big Trouble in Big Apple — *U.S.A.* 186
Simone Harre — Fünf Seen und drei Inseln — *China* 200

Veso Portarsky — Zum ersten Mal mit … — *Deutschland* 212
Sibylle Reuter — Luft — *Thailand* 218
Angelika Lichteneber — Keine Pekingente — *Irak* 236
Anna Wheill — Nix verstehen, ha? — *Tschechien* 244
Moritz Detje — Der Fährmann — *Indien* 256
Susi Green — Reiseradius — *U.S.A.* 272
Cathrin Block — Roadtrip to Bill — *England* 278
Nils Ketterer — Schwarzer Kater — *Griechenland* 288
Marlene Fleißig — Übersetzen am Ende … — *Antarktis* 298
Detlef Seydel — Zur Zeit der großen Furcht — *Frankreich* . 308
Cornelia Koepsell — Ein Roadtrip als Frau — *Polen* 312
Sara Tormöhlen — Speisen wie eine Königin — *Norwegen* .. 322
Henrik Winterberg — Über uns nur der Himmel — *China* .. 334
Cornelia Liedtke — Rudertour durch England — *England* ... 342
Tanja Schwibinger — Showergeschichte — *Spanien* 350
Renan Spode — Dschungel — *Bolivien* 368

Jede Reise ist eine Möglichkeit. Ein offener Raum, unplanbar, unvorhersehbar. Das ist oft einschüchternd, doch wer die Angst überwindet und sich von Neugier und Mut den Weg weisen lässt, dem öffnet sich ein Weg, der das Leben mit mehr Farben und Tiefe bereichert.

Die 32 Autorinnen und Autoren dieses Buchs haben genau das getan. Ihre Geschichten sind roh, echt und voller Leben. Sie handeln nicht von perfekt inszenierten Momenten, sondern von dem, was passiert, wenn Pläne scheitern, unerwartete Wendungen nehmen und aus dem Chaos etwas Neues entsteht. Und sie erzählen von den leisen, unspektakulären Momenten, die trotzdem lange nachhallen.

Es sind Momente, in denen es oft anders kam als gedacht oder erhofft. Denn fast immer sind genau diese Erlebnisse – die stillen Beobachtungen, die unerwarteten Begegnungen, die Herausforderungen und wie man sie meisterte – die besten Geschichten. Die berühren, zum Nachdenken anregen, zum Lachen bringen.

Auch wenn es für einige ein selbstverständlicher Teil des Lebens ist: Es ist ein Privileg, über die finanziellen Mittel und die nötige innere und äußere Freiheit zu verfügen, um reisen zu können. Derartige Hürden zu überwinden, ist eine enorme Kraftanstrengung – das Lesen über solche Erfahrungen eine Horizonterweiterung.

Dieses Buch ist mehr als eine Sammlung von unterhaltsamen Reisestories, es ist eine Erinnerung daran, dass das Leben eine Reise ist, die am besten mit einem offenen Herzen und einem gesunden Sinn für Humor angetreten wird. Es zeigt uns, dass die schönsten Ziele oft jene sind, die wir nicht geplant haben, und dass die beste Art zu reisen darin besteht, sich von den Geschichten leiten zu lassen, die noch geschrieben werden wollen.

Gute Reise!
Johannes Klaus & Marianna Hillmer

Laura Tamoj

Gletscherherz

Am 24. Dezember 2022 knie ich zwischen Plastikschüsseln und feuchten Handtüchern auf dem Küchenboden, enteise mein Gefrierfach und denke: Ich sollte in die Arktis reisen. Es ist ein langes Jahr gewesen, das am Ende fast ein bisschen schwerfällig wurde durch all die großen Erfahrungen, die es im Gepäck hatte: dreißig werden, endlich im lang ersehnten Traumberuf arbeiten, meine erste Nichte im Arm halten, die bisher schwerste Depression überleben, den Opa begraben. Ein Jahr, das danach verlangt, Weihnachten zum ersten Mal nicht mit der Familie zu verbringen, sondern nur mit mir. Und, nun ja, mit meinem Kühlschrank.

Vielleicht ist es der aller Physik trotzende Widerstand, den die dünne Eisschicht meinen Töpfen voll kochendem Wasser entgegenbringt, während meine Spinatpackungen auf dem Balkon langsam matschig werden. Als sich mit einem Knacken die erste große Eisplatte von der Decke des Gefrierfachs löst, habe ich auf meinem Laptop jedenfalls schon fünfzehn neue Tabs offen und aus der spontanen Idee ist längst ein fixer Plan geworden: Ich reise in die Arktis.

Ein Dreivierteljahr später liege ich in Longyearbyen auf Spitzbergen im Hotel und atme gegen eine Panikattacke an. Ich habe die Vorfreude auf diese Reise zelebriert: Ich habe mir die empfohlene Reiselektüre (Christiane Ritter: *Eine Frau erlebt die Polarnacht*) besorgt, die feinsten Wandergummistiefel angeschafft, die man sich nur vorstellen kann, und in Secondhand-Shops die Jagd nach Merino-Funktionskleidung zur Kunstform erhoben. Und jetzt liege ich hier im Dämmerlicht, das nicht weichen will, obwohl es schon weit nach Mitternacht ist, und denke: Diese Berge wollen mich umbringen.

Wir haben Longyearbyen in der Abenddämmerung angeflogen, sind in einen golddurchwirkten Wolkenwhirlpool abgetaucht, durch den am Boden nichts als schwarze Berghänge zu sehen waren. Ich habe mein Hotelzimmer bezogen und bin direkt raus, um meine Orientierung wiederzufinden. Keine Chance. Longyearbyen wirkt wie eine Wohnung, in der niemand die Umzugskisten ausgepackt hat, obwohl man schon seit zwei Jahren dort lebt. Alles abgestellt und nie eingeräumt. Das Wort, das mir nicht aus dem Kopf will, ist: *Unsettlement.*

Am Ende kommt der Morgen doch, und meine Panik geht. Sogar sie ist chancenlos gegen diese Berghänge im Sonnenlicht. Wie tapfer diese Stadt aussieht, wie sie sich da in ihre Bucht im Isfjord schmiegt. Und im Hafen liegt meine Heimat für die nächsten vierzehn Tage vor Anker: Die dreimastige Barkentine SV Antigua.

Schon an Weihnachten habe ich mich Hals über Kopf in dieses Schiff verliebt. 1957 in Großbritannien erbaut, zwischendurch in der Mitte durchgesägt und um eine brandneue, schlanke Taille verlängert, wodurch ein Wintergarten an Deck und ein paar Kabinen mehr im Rumpf Platz gefunden haben, ist die Antigua heute unter niederländischer Flagge in nördlichen Gefilden unterwegs. Eine Frau mit Geschichte, könnte man sagen. Ich glaube, wir werden uns verstehen.

Einunddreißig Mitreisende gehen mit mir an Bord. Elf Crewmitglieder vervollständigen den Mikrokosmos, Kapitän, Mannschaft, Koch, Service, Reiseleiter, Guides. Wir schütteln Hände, packen an Deck mit an und beginnen, uns in unserem neuen, engen Lebensraum einzurichten. Und dann stechen wir in See. Ich mache die Bekanntschaft der ersten Mitreisenden: Kerstin, mit der ich eine Kabine teile, Jakob, der mich vage an meinen Kater erinnert (vielleicht ist es nur die Bartfarbe) und Bernd, der erst Tage später damit herausrücken wird, dass er mit seinen Fotovorträgen ganze Kinosäle füllt. Während wir noch versuchen, uns alle Namen zu merken, segeln wir raus in den Isfjord, der Wind beißt uns in die Finger, die Unterarme brennen vom Segelsetzen. Die Taue knarzen, die Stimmung ist gut.

Am Morgen ankern wir im Dicksonfjord. Der erste Landgang steht an. Vierzig Jahre lang hat auf dem Kapp Wijk ein Einsiedler gelebt, erzählt Jörg, unser Reiseleiter. Ich fühle mich schon jetzt so unfassbar weit weg von allem, dass ich mir das kaum vorstellen kann. Rentiere leben hier, die ihre blutigen Geweihe über die herbstbunte Tundra tragen, und ein blauer Polarfuchs, dessen Fell, anders als das seiner Brüder, auch im nahen Winter nicht weiß werden wird. Aber Menschen? Genauer: ein Mensch? Allein? Mein Brustkorb wird eng, wenn ich nur daran denke.

In der Gruppe erwandern wir die flache Landspitze, immer einen Guide mit Gewehr dabei, für den Fall, dass wir einem Eisbären begegnen. In der Gruppe kehren wir an das kristallklare Ufer zurück, gerade rechtzeitig, um Zeugen zu werden, wie eine Schule Belugas keine fünfzehn Meter von uns entfernt an der Küste vorbeizieht, schneeweiße Buckel im Blau, erst zwölf, dann zwanzig, dann fünfzig, dann achtzig Tiere, mindestens. Als sie fort sind, besteigen wir die Schlauchboote zurück zur Antigua, hilflos strahlend. Ich wüsste nicht, wohin mit mir, könnte ich diesen Moment nicht mit den anderen teilen. Wie soll man das irgendwem begreiflich machen, der nicht dabei gewesen ist? Und es ist noch nicht einmal Mittag.

Jeder Landgang in den kommenden Tagen ist ein erneuter Besuch auf einem fremden Planeten. Nur wenige Kilometer liegen zwischen den Landepunkten und dennoch eröffnet sich mir jedes Mal eine vollkommen andere Welt. Keine Wege hier, jeder Schritt an Land eine neue Überraschung. Mal sinkt der Stiefel in Kies ein, mal wird er sanft von Moos gefedert, mal saugt der Schlamm mit erschreckender Kraft daran, mal knackt das brüchige Gestein unter der Sohle.

Von einer Anhöhe blicken wir auf den Samarinvagen hinab, eine spiegelglatte Bucht, umschlossen von der schmalen, leuchtend blauen Linie des Gletschers, die Berge dahinter weich im Abendlicht. Ein Ort, der zum Schweigen verpflichtet. Und das tun wir. Zum ersten Mal seit Beginn der Reise kommen zweiunddreißig Reisende zur gleichen Zeit zur Ruhe. Jeder findet seinen Platz, wird still. Keine Gespräche, keine Fotos, kein Rascheln der Funktionsjacken. Nur die weit entfernten Wellen. Ein, zwei Vogelrufe. Das gelegentliche Knacken und Grollen des Eises. Und darunter ganz viel Nichts. Ich denke: So klingt dieser Ort an den 364 Tagen und 23 Stunden im Jahr, an denen wir nicht hier sind, und fühle mich wie ein Eindringling. Dreizehn Minuten schaffen wir, bevor die ersten Nasen jucken und Füße einschlafen. Dreizehn Minuten Stille. Ich möchte sie mit an Bord nehmen, möchte sie wie ein flackerndes Teelicht in meinen gewölbten Händen hüten. Ich beginne zu begreifen, warum man hier allein sein will.

Am Abend sitze ich mit Jakob im Salon. Wir verstehen uns, was die Stille angeht, das habe ich auf dem Berg schon gemerkt. Ein Blick, ein Satz: Manche Leute können echt nicht einfach mal die Klappe halten. Wir sind uns überhaupt über einiges einig, stellt sich heraus. Wir wollen uns beide gerne mal für ein paar Stunden ins Tundramoos legen, einfach organisches Material in der Landschaft sein. Wir finden Smalltalk anstrengend und den Salon zur Essenszeit zu laut. Wir kennen beide die Panik ein bisschen zu gut. Meine Schultern entspannen sich, während wir reden. Wir sprechen es nicht laut aus, aber mir ist klar: Wir werden ein bisschen aufeinander aufpassen in den kommenden zwei Wochen.

Die ersten paar Tage steigt die Panik am Morgen noch mit mir ins Schlauchboot, geht ein paar Schritte am Ufer mit, sitzt mir in den Handgelenken. Ich ärgere mich über sie und über mich, dass ich mich ärgern lasse. Aber dann, irgendwann an Tag drei, nur ein paar hundert Meter im Landesinneren, spüre ich mich plötzlich ganz tief atmen – und sie ist verschwunden. Da ist einfach nicht genug Platz für die Angst neben all der Schönheit. Auch an Bord finde ich meine Orte: Morgens die windgeschützte Bank hinter der Brücke auf dem Achterdeck, mit meiner Tasse Tee und meiner Banane, meine Koje mit Bullauge, der Wintergarten zur Essenszeit, wo sich in einer stillen Übereinkunft nur die niederlassen, die keine Lust auf Gequatsche haben. Abseits vom Schiff werden die Wanderungen länger, die Gespräche tiefer. Das Sich-Drauf-Einlassen beginnt. Wir sind keine vier Tage hier und sprechen schon jetzt mehr über Gott als über die Welt. Die Frage nach der Ewigkeit drängt sich auf, bei allem, was wir hier sehen.

Am Negribreen sehen wir den Gletscher kalben. Den ganzen Morgen sind wir in diffusem Licht durch treibendes Eis gefahren. Ich denke: Das hält mein Herz nicht aus. Diese Eisbergparade, eine endlose Skulpturengalerie aus intensivstem Blau, Tiefschwarz, Glasklar, vor stahlgrauem Himmel in wirbelndem Schnee. Dann, als wir uns der Gletscherfront nähern, auf einige hundert Meter an die Wand aus Eis heran, kommt die Sonne heraus. Die im Wasser treibenden Eisbrocken knistern und prickeln in den Ohren, ich muss an Slushies auf der Kirmes denken und an Kaktuseis auf der Zunge. Dahinter bäumt sich der Gletscher auf, zerklüftete blaue Türme und schneeweiße Spitzen, die aus der Entfernung weich wie Schaum aussehen.

Reiseleiter Jörg hat uns gerade auf dem Mitteldeck versammelt, als es passiert. Einer zeigt als Erstes hin und dann stehen wir alle wie erstarrt. Der Gletscher bricht. Eine Eiszacke, die weit über die übrigen hinausragt, beginnt sich erst zu heben, dann zu kippen, dann zu bersten, reißt zwei kleinere mit sich. Es muss gedonnert haben, ich erinnere mich nur an Stille. Es vergehen Sekunden, bevor ich begreife, was hier geschieht. Die Sprengung eines Kirchturms. Aus dem Wasser hebt sich der Schädel eines Seeungeheuers, ein gigantischer Brocken blau-schwarzes Eis beginnt in Zeitlupe, um die eigene Achse zu rollen, während unter dem Einschlag des Eisturms der

Meeresspiegel ansteigt. Die Crew reagiert sofort, lenkt den Bug der Antigua gegen die Flutwelle. Es kann keine Minute vergangen sein, da kehrt wieder Stille ein am Gletscher. Bis auf die tausenden Möwen, die die Abbruchstelle umschwirren, angelockt von dem betäubten Getier im Wasser, sieht es aus, als sei nichts passiert. Nur ein neuer, ewiger Eisberg vor der Gletscherkante.

Wir haben kaum eine Sekunde, um uns zu sammeln, da hören wir Juri, unseren Kapitän, von der Brücke rufen: Wale! Ein Buckelwal und ein Zwergwal haben sich unter die Schaulustigen gemischt, heben neugierig die Schnauzen aus dem Wasser und tauchen dann ab, um sich ohne Zweifel an dem Festmahl der Möwen zu beteiligen.

Wir stehen fassungslos da und starren. Was vor Sekunden noch ewig erschien, ist jetzt vollkommen verändert. Wird, so die plötzlich erschreckend reale Prognose, in fünfzehn, zwanzig, maximal dreißig Jahren nicht mehr auffindbar sein. Ich muss mit einem Schaudern an den aller Physik trotzenden Widerstand des Eises in meinem Gefrierfach denken. Ich habe ihn gerade in globaler Größenordnung brechen sehen. Die Zeit fühlt sich mit einem Mal wie ein Drahtseil an, auf dem wir entlangbalancieren können, in beide Richtungen. Gestern habe ich meine Hand noch in die versteinerte Fußspur eines Dinosauriers gelegt, beim Landgang auf dem Boltodden. 120 Millionen Jahre zwischen dem grasenden Leguanzahn und mir. Und jetzt wir, hier. Touristen am Ende der Welt. Stiefelspuren im Moränenschlamm. Eine Momentaufnahme kurz vor Schluss.

Beim Landgang auf der Kiepertøya sammeln wir in robusten, weißen Säcken mehr Müll, als wir tragen können, ein hilfloser Versuch der Abbitte an diesen Ort. An die Walrosse, die nur ein paar hundert Meter weiter auf ihrer Landzunge liegen und schnarchen, und uns gnädig erlauben, sie zu fotografieren. Walross müsste man sein. Keine natürlichen Feinde, keine Ressourcenknappheit. Und was machen sie damit? Fett und friedlich am Ufer liegen und einander die Bäuche wärmen.

Die Fischernetze, die Bojen, die Plastikflaschen, Sandalen, Deckel und Kanister aller Art liegen hier in unfassbaren Mengen zwischen von Meer und Sonne geweißten Walknochen. Hunderte von Jahren können die alt sein, so Jörg, wahrscheinlich von Blauwalen, die nicht etwa hier gestrandet sind, sondern deren Skelette die Landhebung vom Meeresgrund ans Sonnenlicht gebracht hat. Gigantische Wirbel, Rippen, Schädel, in das Moos der Insel eingewachsen.

Bei Walen, wird Wildtierbiologe Paul uns am Nachmittag im Salon erklären, ist das Hirnareal für Soziales größer und komplexer ausgebildet als beim Menschen. Ich muss an Fangschreckenkrebse und ihre zwölf Farbrezeptoren denken, mit denen sie Farben sehen können, die sich ein Mensch niemals vorstellen kann. Ich frage mich, was Wale wohl fühlen, mit einer Empathiefähigkeit, die die menschliche Kapazität zur Nächstenliebe weit übersteigt.

Schon bevor ich in den Flieger gestiegen bin, habe ich es mir zur Aufgabe gemacht, auf dieser Reise alles zu fühlen. Im Alltag habe ich die Methode perfektioniert, jede aufkommende emotionale Regung zu bemerken, zu benennen und als erkannt und erfahren wegzupacken. Hier verbietet sich spätestens der zweite Schritt: Es gibt keine Worte für das, was diese Schönheit in mir auslöst. Wie soll ein kleines Hirn das alles verarbeiten? Gar nicht, ist die Antwort. Das hier ist keine Frage des Verstandes. Immer wieder lese ich, dass Reisende an Orte wie diesen ihr Herz verlieren. Ich glaube, ich habe meins hier gefunden.

An den Abenden schaukelt sich eine gewisse Routine ein. Ich kündige an, dass ich heute früh schlafen gehe, und dann lande ich doch im Salon und gieße meinen letzten Tee wieder auf, bis er nur noch nach heißem Wasser schmeckt. Jakob und ich beobachten die Mitreisenden, katalogisieren ihre Eigenheiten und ihr Balzverhalten. Das ist kein Lästern, reden wir uns ein, das ist liebevolle Analyse. Isabelle, die Flugbegleiterin, lacht nie so laut wie im Gespräch mit Paul. Ob ihm das schon aufgefallen ist? Dann sind da noch Bernd und das befreundete Ehepaar, die zu dritt eine so zärtliche Vertrautheit miteinander haben, dass ich am Anfang nicht weiß, wer hier eigentlich mit wem verheiratet ist. Und an der Bar sitzen Lena, die mit ihrem Arbeitskollegen eine Kabine teilt, und unser Guide Lukas erstaunlich nah beieinander. Kerstin bekommt, obwohl sie sich redlich bemüht, kaum ein Wort dazwischen. Wir halten fest: Es knistert nicht nur im Eis.

Auf der Hälfte der Reise mache ich die Bekanntschaft eines Eisbären. Der Begegnung sind schon zwei Sichtungen vorausgegangen, beeindruckend genug trotz der Distanz, aber mehr als ein paar vom Zoom körnig gewordene Beweisfotos waren nicht drin. Am Morgen des achten Tages fahren wir in eine Bucht zurück, in der wir schon am Abend zuvor Glück mit einem Bären hatten. An der Wahlbergøya ist vor etwas über einem Jahr ein Zwergwal gestrandet, dessen über den Winter tiefgefrorener Kadaver den Eisbären noch jetzt, im Herbst, als zuverlässige Anlaufstelle fürs Frühstück dient. Nachdem wir den letzten Bären vom Schiff aus bei einem Strandspaziergang beobachten konnten, hoffen wir jetzt auf eine unmittelbarere Begegnung.

Der Bär, den wir am Kadaver vorfinden, ist so vertieft in sein Fressen, dass er kaum Notiz von uns nimmt. Auch nicht, als wir die beiden Schlauchboote zu Wasser lassen und uns mit der niedrigsten Motorstufe vorsichtig annähern. Auf dem Boot neben meinem stapeln sich die Fotografen mit ihren armlangen Objektiven. Ich muss an Paparazzi denken, während sich der Bär nicht stören lässt. Wir stellen den Motor ab und lassen uns treiben, lautlos, fünfzehn Meter vor ihm. Aus schweren, grauen Wolken wirbelt der erste richtige Schnee. Es ist zu kalt, um den Kadaver zu riechen, aber ich kann deutlich sehen, wie das alte Fleisch unter den Zähnen des Bären Fäden zieht. Einmal hält er inne, hebt den Kopf, nimmt Witterung auf. Und dann schaut er zu uns hinüber. Mit einem jähen Schreck wird mir klar, dass nicht nur ich den Bären sehe – der Bär sieht auch mich. Für ein paar Sekunden fühlt es sich an, als hätten wir Augenkontakt. Sein Blick geht mir bis ins Mark.

Vor ein paar Jahren habe ich in einem Waldstück in Brandenburg mit ein paar Freunden MDMA genommen. Es war vielleicht keine gute Idee, hat mir meine Therapeutin nachher erklärt, bei meiner Tendenz zu Panikattacken. Jedenfalls hat mich die Angst innerhalb von Minuten geschluckt, kaum dass ich überhaupt irgendwas gespürt habe. Sie ist mir kalt und solide auf dem Rücken gehockt, während ich in Embryonalstellung auf dem Waldboden lag und mich von den Mücken habe auffressen lassen. Ich habe auf meine schlecht rasierten Knie gestarrt und plötzlich mit einer Klarheit, die sich nur dadurch erklären lässt, dass ich wirklich high war, eine Eingebung gehabt: Wie die blassen Haare auf meinen Knien ist meine Panik nichts anderes als ein Relikt aus der Urzeit, mit dem mich mein Primatenhirn vor meiner Umwelt schützen will. Dass ich als Homo Sapiens der Neuzeit keinen Nutzen mehr dafür habe, ändert nichts daran: Meine Panik will, dass ich überlebe. Sie liebt mich. Sie hat nur eine beschissene Art, es zu zeigen.

Ich glaube, in dem Moment, in dem der Eisbär mir in die Augen geschaut hat, bin ich meiner Panik in ihrer Urzeitform begegnet. Der echten, klaren, begründeten Angst, die allein aus dem Grund existiert, mir das Leben zu retten. Und ich kann nicht anders, als ihrer nervösen Schwester in meinem Gehirn ein bisschen zu verzeihen.

Vielleicht werde ich danach ein bisschen leichtsinnig. Zur blauen Stunde finde ich mich mit Jakob auf dem Achterdeck wieder. Der Glühwein, den uns das Küchenteam zum Aufwärmen serviert hat, die Delfine, die vor wenigen Stunden noch am Schiff entlanggesaust sind und das Gespräch, das wir gerade im Wintergarten hatten, haben mich ganz weichgespült. Zum ersten Mal ging es nicht um die Mitreisenden, sondern um uns, wer wir sind, wo wir herkommen. Ich könnte ihm stundenlang zuhören, wenn er von seiner Familie erzählt. Als ich zwischendurch auf dem Klo bin, muss ich mir einen strengen Blick im Spiegel zuwerfen: Das kann doch nicht mein Ernst sein. Dass ich jetzt auch noch verknallt bin.

Dann sitzen wir schlotternd auf meiner Bank auf dem Achterdeck, teilen eine Decke und den letzten Rest Wärme zwischen uns und schweigen. Es ist ein bisschen magisch. Und es ist echt arschkalt, aber es ist einer dieser Momente, die es einem übel nehmen würden, wenn man sie zu früh unterbricht, einer dieser Momente, in denen alles Ungesagte so glasklar im Raum steht, dass man es fast nicht mehr aussprechen muss.

Als ich in meine Koje steige, ist Kerstin noch nicht da, dabei ist es schon fast Mitternacht. Mir ist das recht. Ich muss ohnehin noch ein paar Minuten sitzen und meinem pochenden Herzen zuhören. Aber dann kommt Kerstin zurück, und Kerstin ist hellwach, denn auch Kerstin fühlt heute alles.

Flüsternd, weil die Kabinenwände dünn sind, erzählt sie mir, dass sie nur wegen Lukas, unserem Guide, überhaupt auf dieser Reise ist. Vor einem Jahr auf Island hat sie sich bei einer anderen geführten Tour Hals über Kopf in ihn verliebt. Und obwohl auch Kerstin nicht blind ist für die offensichtliche Chemie zwischen Lena und Lukas, obwohl Lukas ihr schon ganz am Anfang der Reise eine Abfuhr in Sachen Beziehung erteilt hat, obwohl sie es ja eigentlich besser wissen müsste - hofft sie noch. Zum Beweis zeigt Kerstin mir ein zierliches, weißes Schneckenhaus, das Lukas ihr von einem der Landgänge mitgebracht hat.

Heute Nacht haben Kerstin und Lena endlich miteinander geredet, haben festgestellt, dass Lukas sie beide mit den exakt gleichen Methoden warm hält - und haben sich einstimmig gegen ihn verschwestert. Lukas ist ab sofort tabu. Und Kerstin steht bei mir vor dem Hochbett, Ellbogen auf meine Bettkante gestützt, Stimmlage Klassenfahrt neunte Klasse, und fühlt.

Es ist einfach eine verdammte Ausnahmesituation, in der wir uns hier befinden. Es muss das Gletschereis sein. Vielleicht sollte man all die großen Gefühle, die wir hier fühlen, nicht allzu voreilig beim Namen nennen. Flüsternd erzähle ich Kerstin von meinem Moment mit Jakob auf dem Achterdeck. Alles, was ich an Klarheit hatte, hat sich plötzlich wieder in einem Wirbel aus aufgewühltem Sediment aufgelöst. Alte Zweifel und Unsicherheiten, die ich vom Festland mitgebracht habe. Und die Panik hebt müde ihren Kopf. Ich glaube, ich muss mit ihm reden.

Am Morgen führt mein erster Weg aufs Klo. Schon seit ein paar Tagen spielt mein Magen nicht mehr mit. Ich kenne das von zuhause. Zu viele Sinneseindrücke, zu viel Zwischenmenschliches, zu wenig Rückzug. Bei Überreizung macht er zu. Das kriege wirklich nur ich hin, denke ich, bei absoluter Windstille morgens kotzend über dem Kabinenklo zu hängen, nachdem die ersten schaukelnden Tage gezeigt haben, dass ich gegen Seekrankheit immun bin.

Zum ersten Mal gehe ich am Vormittag nicht mit von Bord. Stattdessen liege ich für zwei Stunden in der komplett abgedunkelten Kabine und tue so, als würde ich nicht existieren. Es hilft. Als ich wieder an Deck komme, mache ich die Bekanntschaft von Olga, die ebenfalls nicht von Bord gegangen ist. Überhaupt geht Olga nie von Bord. Olga, 71 Jahre alt, keine 1,60 groß, langes, weißes Haar, seit über vierzig Jahren in jeder freien Minute in der Arktis, hat mich schon von Anfang an neugierig gemacht, wie sie im Wintergarten sitzt und geflissentlich ihr Reisetagebuch füllt, wie sie sich abseits hält, ohne je kalt zu wirken. Und jetzt steht sie vor mir und fragt mich ohne Vorrede, ob ich literarische Texte mag. Sie habe ein Gedicht im Gepäck, das sie auf jede ihrer Reisen mitnehme, *Die Geschichte der Wolken* von Hans Magnus Enzensberger, und ich käme ihr vor wie die Art Person, die das zu schätzen wisse.

Und wie richtig Olga da liegt. Ich lasse mir den auf eselsohrige A5-Seiten kopierten Text geben und lese ihn einmal, lese ihn zweimal, will ihn am liebsten an Ort und Stelle auswendig lernen. Genau das habe ich heute gebraucht. Von frierenden Tieren lesen, aus dem Fenster schauen und sehen, wie die schneeweißen Berghänge übergangslos mit den Wolkentürmen verschwimmen. Worte finden von jemandem, der nicht hier gewesen ist und der es dennoch auf den Punkt bringt.

Die Panik ist weg, als wir nachmittags in Kinnvika an Land gehen, der ehemaligen schwedisch-finnischen Forscherstation, begraben unter einer zentimeterdicken, fast unberührten Schneeschicht. Vor lauter Erleichterung werde ich albern.

Jakob und ich erobern den verlassenen Ort, als würden wir schon ewig zusammen reisen. Wir ziehen hier ein, beschließen wir, und lassen uns von Bernd auf der Bank vor einer der Hütten fotografieren. Der Himmel ist irre, grau und diffus, die verschneiten Häuschen und das rostige Amphibienfahrzeug sehen aus wie in einem Fotostudio vor die Hohlkehle gestellt.

Noch nicht, denke ich, als wir im Anschluss noch ein Stück wandern und mir der Tiefschnee vor den Augen zu flimmern beginnt. Noch nicht, als wir umkehren, Jakob mit mir, als mir schummrig wird in der Kälte, weil ich heute fast nichts gegessen habe. Noch nicht. Ich finde noch den richtigen Moment. Gerade will ich das Unausgesprochene noch genießen.

Am Abend im Salon kommt Jakob mir zuvor, indem er unseren harmlosen Analysespieß knallhart umdreht. Was die Mitreisenden wohl über uns zu sagen haben? Wir schlittern hinein in dieses Gespräch, von dem wir beide nicht so genau wissen, wie wir es anstellen sollen. Wir sprechen über das, was wir die Vibes nennen, um uns nicht zu sehr in Definitionen zu verfangen. Die Vibes jedenfalls spüren wir beide, das ist schnell geklärt. Und dann sagt Jakob, dass er mir noch sagen muss, dass er zuhause in Deutschland nicht allein ist.

Nein, vergessen zu erwähnen habe er es nicht. Das sieht sogar er ein, dass man sowas nicht einfach vergisst. Auch sonst habe er niemandem an Bord von seiner Beziehung erzählt.

Vielleicht ist das das einzige Mal auf dieser Reise, dass ich mir nicht erlaube, das Gefühl ganz zu fühlen. Also bleibe ich neben ihm sitzen, vorerst. Wir halten uns daran fest, dass wir uns einig sind: Was auch immer das hier ist, es ist zu mindestens fünfzig Prozent dem Gletschereis geschuldet. Mit dem wirklichen Leben hat das nichts zu tun. Seit neun Tagen sind wir ununterbrochen high, wir fühlen, was wir fühlen, und aus dem Weg gehen können wir uns auf dem Schiff sowieso nicht. Das sind die Tatsachen, mit denen wir die letzten fünf Tage an Bord bestreiten müssen. Wir schließen das Gespräch mit einem ungeschickten Handschlag, einem Waffenstillstand.

Am nächsten Morgen schippert das Traumschiff Antigua durch den Liefdefjord, den Liebesfjord. Der vom Universum gestellte Dramaturg dieser Reise lässt wirklich kein Klischee aus. Und wir spüren es alle: Heute zaubert jemand für uns. Die Zeichen stehen auf Lenas Mama, die im April verstorben ist und die heute Geburtstag hat. Anders lässt sich die Magie dieses Ortes nicht erklären. Die verschneiten Berge, die heute in strahlendem Sonnenschein liegen, die Wolkenschleier, die sich allein aus dekorativen Zwecken an ihre nackten Hänge schmiegen. Die Stille an Bord. Auch beim Letzten ist eine gewisse Demut angekommen. Ich stehe mit Jakob auf dem Vorderdeck, wir schweigen mehr, als wir reden. Bernd fotografiert, bis ihm in der Kälte die Finger taub werden. Ich lege ihm meine Decke um, damit er nicht erfriert. Lena weint und strahlt und sagt, sie ist nie spirituell gewesen, aber vielleicht wird sie's heute.

In der Dämmerung begegnen uns zwei Blauwale. Ich sehe ihre silbernen Rücken aus dem stahlgrauen Wasser auftauchen, sehe ihren Blas meterhoch in den Himmel schießen, erinnere mich an ihre Knochen auf der Kiepertøya und kann trotz allem nicht begreifen, wie gigantisch sie sind. Einer zeigt uns beim Abtauchen seine Fluke. Ich bedanke mich im Stillen bei Lenas Mama.

Nach dem Abendessen landen wir auf Moffen. Der Name wird schon seit Beginn der Reise mit einer gewissen Ehrfurcht herumgereicht. Die Kiesinsel auf 80° Nord darf man aus Gründen des Vogelschutzes erst nach dem 15. September ansteuern und dann ist sie üblicherweise ohnehin derart von Herbststürmen umtobt, dass keiner eine Landung wagt. Aber heute, am 19. September, haben wir – wie sollte es auch anders sein – Glück. Wir erreichen die Insel kurz vor Einbruch der Dunkelheit in absoluter Windstille. Die riesige Walrosskolonie umschiffen wir weiträumig und gehen am verlassenen Ende an Land.

In einem Ring aus Kies umschließt das Archipel ein flaches Gezeitenbecken, das jetzt unberührt daliegt und makellos den wolkigen, grau-rosafarbenen Abendhimmel spiegelt. Unsere niederländische Crew ist geschlossen mit von Bord gekommen. Wir debattieren kurz, ob wir das nördlichste Fußballmatch der Welt zwischen den Niederländern und den Deutschen austragen müssen und entscheiden uns dagegen. Die Lichter der Antigua funkeln in der Dämmerung. Unser Koch jongliert mit drei Steinen. Jakob und ich machen unseren eigenen kleinen Abendspaziergang. Wenn die Ehrlichkeit von letzter Nacht zu irgendwas geführt hat, dann dazu, dass wir jetzt noch vertrauter miteinander sind. Leider schon ziemlich romantisch, findet er. Tja, sage ich, müssen wir durch.

Um Mitternacht stellt sich heraus, dass Annette Geburtstag hat. Neben der kleinen Gruppe, die mit ihr wachgeblieben ist, gehören Jakob und ich zu den letzten im Salon, und natürlich hat Andi, ihr Mann, als er um Punkt zwölf mit Sekt und einem Stück Bananenbrot mit Kerze darin aus der Kombüse kommt, auch zwei Gläser für uns mit dabei. Jakob und ich setzen uns dazu, Andi unterhält die ganze Runde mit seinen Reisegeschichten, ich bin so müde und will um nichts in der Welt schlafen gehen. Unter dem Tisch liegt Jakobs Knie an meinem, er schiebt die dekorative Plastikkerze mit ihrer flackernden Plastikflamme so hin, dass sie genau zwischen uns steht, Annette ist schon ein bisschen angetrunken, beugt sich zu mir rüber und sagt mir strahlend, dass ich strahle.

Und ich merke, dass ich keinen Widerstand übrig habe. Nicht für Gefühle und für Körperwärme schon mal gar nicht. Es ist Jahre her, dass ich mich auf irgendwas eingelassen habe, in der wirklichen Welt, was romantische Konsequenzen haben könnte. Aber das hier ist nicht die wirkliche Welt. Und nur für einen Moment erlaube ich mir, es zu genießen, dieses seltene Gefühl.

Am nächsten Tag holt mich alles ein. Mir wurde ein Schweigespaziergang versprochen, stattdessen finde ich mich mit zwei dauerquatschenden Schweizerinnen auf einer Bergkuppe der Danskøya wieder. Da kann die Aussicht noch so atemberaubend sein – mein Kopf raucht vor unterdrücktem Zorn.

Mein Gehirn hat genug. Zehn Tage lang habe ich meine Grenzen ignoriert, habe mich mutwillig durch die Schlafmangel gedreht, jetzt fordert mein Serotoninspiegel seinen Tribut. Lena schickt mich weise aufs Vorderdeck, meine Gefühle fühlen. Und da stehe ich dann, während der Rest der Gruppe im Salon einen Vortrag über Rentiere hört, und heule es alles raus, das Glück und den Schmerz und die Einsamkeit, die geballte Trauer, die sich im letzten Jahr in meinem Brustkorb angesammelt hat, die Erleichterung, dass ich jetzt hier bin, jedes letzte Gefühl, das ich im letzten Jahrzehnt katalogisiert und abgestempelt und nicht gefühlt habe. Ich bin mir ziemlich sicher, dass ich sogar Walgefühle fühle an diesem Nachmittag.

Abends im Wintergarten kreist das Tischgespräch ums Gendern und um den Weltuntergang. Ich sage: Heute gehe ich mal früh schlafen, und fast halte ich mich sogar daran. Als wir uns für meinen letzten Tee auf unseren angestammten Platz im Salon zurückziehen, frage ich Jakob, ob ich mich bei ihm anlehnen darf. Den ganzen Tag ist er trotz meiner grässlichen Laune in meinem Orbit geblieben, nicht aufdringlich, aber präsent. Und jetzt lässt er mich für ein paar Minuten an seiner Schulter Nähe tanken und schickt mich dann ins Bett.

Vor meiner Kabinentür fällt ihm noch was ein. Er habe mir was mitgebracht, von dem Landgang, auf dem ich bei den Schweizerinnen festgesteckt habe. Er verschwindet in seiner Kabine, kommt kurz darauf zurück und legt mir etwas in die Hand. Es ist ein zierliches, weißes Schneckenhaus. Ausgerechnet. Ich nehme ihn einfach in den Arm.

Zeit und Schnee tun, was sie am besten können: Sie schmelzen dahin. Als wir am nächsten Tag auf den Lovénøyane, einer Inselgruppe, landen, ist das Wasser so glatt und das Licht so klar, dass es aussieht, als sonnte sich die Seehundkolonie auf einem zweiten, in die Bucht eingehängten Himmel. Einer der Seehunde verliebt sich spontan in unser Schlauchboot und kommt fast auf Armlänge an uns heran. Die Sonne erringt einen letzten Teilsieg gegen den nahenden Winter und leckt den Schnee von den Südseiten der Hügel, auch wenn wir am Morgen im Kongsfjord schon durch dünnes, neues Eis gefahren sind. Vielleicht, weil das Ende naht, gelingt uns ein Schweigen, das so vollkommen ist wie das erste am Samarinbreen, nur dass Jakob dieses Mal meine Hand hält. Ich weiß nicht, wie lange wir da sitzen. Hauptsache, eine Ewigkeit.

Am Nachmittag erreichen wir mit Ny Ålesund den ersten Ausläufer der Zivilisation. Es ist das erste Mal seit zwölf Tagen, dass wir an einem Ort an Land gehen, an dem Menschen leben. Ich sehe aus dem Salonbullauge einen Toyota am Kai stehen und kriege die Krise. Alles in mir sträubt sich gegen diesen Ort, ein Vorgeschmack auf das, was in Deutschland wieder auf mich wartet und was mir gerade noch unvorstellbar erscheint. Aber dann schneit es, so grau und apokalyptisch, dass ich nicht anders kann, als Sympathie zu empfinden für diese bunten Häuschen im Nichts.

Abends legen wir ein letztes Mal ab. Vor dem Abendessen tauchen wir in unsere Reisetaschen und kombinieren die letzte noch ungetragene Funktionskleidung mit den frisch im Souvenirshop in Ny Ålesund erstandenen Sweatshirts und Strickpullovern. Zum Captain's Dinner übertrifft unser Koch sich selbst und serviert Rentier in Blaubeersauce. Es wird eine lange, helle Nacht im Salon, ein letzter trotziger Versuch, die Zeit zu strecken, die wir hier draußen noch haben.

Am letzten Morgen auf See haben wir den Sonnenaufgang eingeholt. Zwei Stunden Tageslicht haben wir verloren, seit wir vor zwei Wochen aufgebrochen sind, und jetzt tastet sich die Sonne genau zu meiner Aufstehzeit über die Bergkämme am Horizont. Auf dem Vorderdeck steht Bernd, die Kamera in den Händen, und macht kein einziges Foto.

Ein letzter Landgang, und dann steuern wir im Isfjord auf Longyearbyen zu. Ich wehre den Anfängen des Internetempfangs, aber die wirkliche Welt streckt ihre langen Finger nach mir aus, so sehr ich mich auch sträube. Am Abend empfängt uns Longyearbyen mit einem Mischlicht aus Dämmerung und kalter Neonbeleuchtung. Jakob und ich spazieren am Kai entlang, inspizieren die anderen Schiffe und tun so, als könnten wir das Ende dieser Reise verhindern, indem wir die nächste planen. Aber einen Tag in Longyearbyen haben wir ja noch, bevor am Sonntag mein Flieger geht.

Am Morgen wuselt es an Bord. Ich finde meine stillen Momente. Dass mir dieses Schiff den Abschied nicht leicht machen würde, habe ich von Anfang an gewusst. Nichts vom ganzen Rest hätte ich mir vor Beginn dieser Reise erträumen lassen. Die Mitreisenden und ich tauschen Adressen und versprechen, in Kontakt zu bleiben. Wir verabschieden uns herzlich, auch wenn wir uns am Nachmittag zwangsläufig in Longyearbyen über den Weg laufen werden.

Dass Jakob und ich diesen letzten Tag gemeinsam verbringen werden, ist sowieso klar, auch wenn ich vor Müdigkeit kaum stehen kann, geschweige denn einen klaren Gedanken fassen. Aber Denken wird sowieso überbewertet. Gestern Nacht, als wir schon in Longyearbyen im Hafen lagen und alle anderen Reisenden endlich in ihren Kojen verschwunden waren, haben wir uns zum ersten Mal geküsst. Ein Moment, der in seiner Unausweichlichkeit so still wie vollkommen war. Jetzt gilt es nur noch, die letzten Stunden dieses absurden kosmischen Zufalls zu genießen, der uns zur gleichen Zeit an den gleichen Ort geführt hat. Für Traurigkeit habe ich keinen Platz, im Gegenteil. Ob ich nun zurückdenke oder voraus, ich fühle einen großen Frieden, an dem ich mich gut festhalte. Dass das Eis dünn ist, auf dem wir uns bewegen, wissen wir selbst. Aber es ignoriert sich ganz gut auf 78° Nord. Und wir passen ja gut aufeinander auf.

Spät, sehr spät, gehe ich durch das nächtliche Longyearbyen zurück zu meinem Hotel. Die Nordlichter haben wir verpasst. Über den Bergen am Isfjord steht schon blass der Morgen. Es hat minus sieben Grad, aber ich glühe.

Wenn ich morgen in meinen Flieger steige, lasse ich hier nichts zurück. Diese ganze Reise fühlt sich jetzt schon an wie ein perfektes Insekt, in Bernstein eingeschlossen, der gerade fest wird. Den ich in meine Tasche stecken und zwischen Fingern und Handfläche warmreiben kann, wenn ich es brauche. Ich spüre die Lektion der letzten zwei Wochen im ganzen Körper: Ich habe es satt, ein Widerstand zu sein, der aller Physik trotzt. Ich will essen, trotz der Übelkeit. Ich will lieben, trotz der Angst. Ich will klar wie Gletschereis sein und am Ende, allem Widerstand zum Trotz, will ich schmelzen.

Am Morgen treffe ich Jakob ein letztes Mal. Wir suchen seine Brille, die ihm vor dem Hotel aus dem Etui gerutscht ist. Ich hätte uns ein romantischeres Ende geschrieben, aber so ist das nun mal. Am Ende bringt er mich zum Bus, und so bekommen wenigstens die Mitreisenden, die im Flughafenshuttle auf der Türseite sitzen, eine filmreife Abschiedsszene geboten. Küsse in letzter Sekunde, verdrückte Tränen, das ganze Programm. Wir umarmen uns fest. Versprechen uns nichts, halten alles weit offen. Aus dem Busfenster erhasche ich einen letzten Blick auf die Antigua, die still im Hafen liegt.

Und dann ist es vorbei.

Laura Tamoj, geboren 1992, ist im Rheinland aufgewachsen und studierte in Hildesheim Szenische Künste, bevor sie die Liebe zum Film nach Berlin verschlug. Dort lebt und arbeitet sie heute als freie Drehbuchautorin, wenn es sie nicht gerade in den Norden zieht.

Thomas Empl

Breaking the Law

»Wow, breaking the law, breaking the world«
Takaya Kuroda & Kazuhiro Nakaya: *Judgement -Shinpan-*

Nur für die erste Nacht hatte ich eine Kapsel gebucht, sonst jegliche Vorbereitung gemieden. Ich war unerfahren, unbehauen. Was habe ich gesucht, außer dem Überleben, weiß ich es noch? Geblieben sind ein paar Zeilen in einem Taschenkalender des Jahres 2015, den ich mir als Reisetagebuch vorgestellt hatte, voll seltsamer Frühzwanzigerironie. »Nach Kawasaki gefahren fürs Penisfestival. Penisfestival nicht gefunden. Bester Tag.« Außerdem eine Flasche Sake, ein Fahrplan der U-Bahn, hundert, zweihundert bunte Haltestellen. Und Anekdoten natürlich, die im Nachhinein witziger wirken, als sie sich von innen anfühlten. Eigentlich will man doch meistens heim, oder? Dahin, wo das Bier richtig schmeckt und das Schwarzbrot schwarz.

Ich trat durch die Tür des Sakura-Hostels und sah in den Himmel, der weiß war morgens, einfach weiß. Riesig kam er mir vor, musste so sein, wo er doch eine so große Stadt zu bedecken hatte, und zugleich klein, dezimiert. Schließlich hing dauernd etwas in ihn hinein, Hochhäuser, Leuchtreklame und gewaltige Maskottchen. Doraemon, Anpanman, der Pinguin von Don Quijote. Meine Photographien geben ihn nicht angemessen wieder, den Himmel, färben die Leere ins Graue oder Hellblaue. Keines der rund achtzig Bilder weckt etwas.

Westlich der Tempelstadt Asakusa, an der letzten Straße, die aus ihr hinausführt, lag der Ramen Joint, in dem ich frühstückte und zu Abend aß. An einem bilderlosen Automaten drückte ich willkürlich eine Taste, denn alles war gut, setzte mich ans Fenster, der Chefkoch, der selbst die Nudelsuppe brachte, verbeugte sich, ich verbeugte mich und lächelte. Die Einrichtung war aus hellem Holz dort, keine Musik wurde gespielt und niemand sprach, denn alles war gut.

Zur U-Bahn ging ich durch gepflegte Gärten, über Brücken, unter denen Karpfen im sauberen Wasser schwammen. Ich nahm einen Becher grünen Tee entgegen, der auf dem Hauptplatz vor dem zentralen Schrein gereicht wurde, dankte und verschwand. Die Tempel hatten mich bei meiner Ankunft sehr beeindruckt, allein das Wort: Tempelstadt! Jetzt beachtete ich sie kaum mehr. Christina hatte mir erzählt, die Gebäude seien gerade fünfzig, sechzig Jahre alt. Regelmäßig würden sie von Erdbeben oder Kriegen zerstört, dann baue man sie exakt so auf, wie sie vorher ausgesehen hätten, glänzend, wie frisch aus der Verpackung. Etwas daran enttäuschte mich, aber sie verstand nicht, was, und ich eigentlich auch nicht. Als wären Alter und Kaputtheit näher an den Göttern. Ich trank den Tee aus und betrat die Rolltreppe zur jungen, unkaputten U-Bahn.

Bis auf die Durchsagen und das Hochziehen von Nasen herrschte Stille. Manche Fahrgäste jagten gemeinsam Monster auf ihren Handhelds, ohne Ton. Männer in Anzügen schliefen mit offenen Augen. In Ueno stieg ich schon wieder aus, dort war ich noch nicht gewesen, obwohl es nicht weit von Asakusa liegt. In dem berühmten Ueno-Park gibt es einen berühmten Tierpark. Ich sah zwei regungslose Pandabären und danach Robben, die durch Glasröhren rutschten. Am Eisbärengehege legte ich mich auf eine Bank, meinen Kopf auf den Rucksack, und schlief bis kurz nach neun. Inzwischen hatten sich überall Schlangen gebildet, Menschenschlangen, die sämtlich zu den Pandas führten. *»Panda-san«* schrien die Schulkinder aufgeregt, *»Panda-san«*. Blau und rosa leuchteten die Kinder, glaube ich wenigstens, und Verliebte posierten an Panda Photo Stations vor lebensgroßen Pandastatuen. Ach, und die Kirschblüten blühten.

Ja, Japan sei das beste Land der Welt, sagte Christina, es sei denn, man sei Japaner. Wir standen inmitten von alten Büchern, wir standen inmitten von alten Buchläden. In Jimbōchō, recht zentral im Süden muss das gewesen sein, ich war von der pinken Oedo Line in die blaue Mita Line umgestiegen, nehme ich an. Jedenfalls zeigte mir Christina gerade ein in Fraktur gedrucktes Exemplar von Goethes West-östlichem Divan, weiß Gott wie hierhergekommen, und sagte, sie würde gerne Deutsch lernen. Ich habe sie vorhin schon erwähnt, bei den Tempeln. Sie hieß wie meine älteste Freundin, nur auf der ersten Silbe betont, *Chris*tina. Ein Nom de Guerre, glaube ich, mit dem sie gegen ihre Eltern und Brüder kämpfte. Man erwarte von ihr, hatte sie gesagt, entweder einen Mann zum Mann zu nehmen oder ihren Beruf. Ans Antiquariat grenzte ein *Adults-only*-Bereich und wir sahen lustige Tentakelfetischhentai, in denen Tintenfische über rotwangige Mädchen herfielen, und sie lachte unverschämt, dann gingen wir fünf Meter zum nächsten Buchgeschäft.

Kennengelernt hatten wir uns vor einer Karaokebar in Hamamatsucho, glaube ich. Ich stand am Rande einer großen Gruppe Franzosen, die in mein Hostel gezogen war. Ob ich einen Regenschirm haben wolle, fragte Christina mich auf Englisch. Ich hatte mir den Abend fröhlich vorgestellt, ein ausgelassenes Nachspielen von Klischees, hatte *Riders on the Storm* gesungen, dann aber bemerkt, dass sich die Franzosen tuschelnd und kopfschüttelnd von mir abwendeten. Ich solle bitte keine englischen Lieder auswählen, erklärte mir eine, und daraufhin sangen sie dreimal hintereinander die Marseillaise. Vielleicht fragte Christina darum, warum ich traurig sei, als ich den durchsichtigen Regenschirm aus ihrer Tragetasche nahm, für 500 Yen. Man müsse etwas aufpassen mit dem Regen, sagte sie, Fukushima sei nicht weit weg, aber was sage ich, jetzt hast du den Schirm ja schon gekauft. Später zogen wir zwei lilafarbene Dosenbier aus einem Automaten. Es schmeckte nach Multivitamin, das Bier. Christina fragte, ob ich am nächsten Tag in Shibuya *Taiko no Tatsujin* trommeln und den Tänzern zusehen wolle, und wir verabredeten uns für 16 Uhr am Mos Burger, rechter Hand der Eingangstür.

Ich habe Christina nie ohne die Schirme gesehen. Sie trug sie in einer Golfschlägertasche auf dem Rücken, langsam gehend. Die Arme vor dem Körper verschränkt, immer, selbst jetzt, wo wir verfolgt wurden: südlich des Buchladenviertels, durch eine Grünanlage. Egal welche Richtung wir einschlugen, nirgends waren wir allein. Auf den Wiesen, hinter Bäumen, im Gebüsch, überall drückten Männer und Frauen ihre Körper aneinander, schwarze Anzüge an weiße Brautkleider. Dabei war es kein besonders schöner Park, flach und weit. Die Paare wurden von kleinen Kerlen angeschrien, die sie durch die triste Szenerie scheuchten und zum Lächeln zwangen.

Ob sie mir das mit dem Sex erklären könne, fragte ich Christina. Fünfzig Prozent der jungen Japaner hätten keinen, hieß es, gleichzeitig schienen mir die Oberflächen übersexualisiert wie nirgends, diese großbrüstigen Animemädchen auf allen Werbetafeln, die Maid-Cafés in Akihabara, die halbnackten Straßentänzerinnen, die Hostess Clubs ... Sie sei keine Gelehrte, antwortete Christina, aber etwas anzuschauen sei doch nicht dasselbe, wie sich etwas zu nehmen. »*There's beauty in not getting what you want*«, sagte sie, und ich verstand sie wieder nicht, erzählte nur, die Japanerinnen würden mir sehr zugeknöpft begegnen und die meisten sprächen kein Englisch leider.

Dazu könne sie, sagte Christina, nicht viel sagen, sie kenne die Welt nicht. Natürlich, jeder habe Unterricht bekommen, nur rede man nie ohne Dolmetscher mit Ausländern. Im Ausland bleibe man unter sich, in Gruppen. Früher sei das anders gewesen. Ihr Vater sei alleine gereist, wie ich es gerade täte, habe sogar einmal das Oktoberfest besucht, doch dann: »*The end of the bubble economy, you know*«. Ich nickte, obwohl ich keine Ahnung hatte, las dann aus meinen Notizen »*Nihongo wa muzukashī desu*« ab, Japanisch ist schwierig, und entschuldigte mich, es nicht zu beherrschen. Ich kam etwas ins Stottern, wir kannten uns ja doch kaum, und sie lachte und sagte, da vorne hinter dem Graben wohne der Kaiser.

Christina besaß kein Handy, weswegen wir präzise Verabredungen trafen. 14 Uhr links der Hachiko-Statue etwa, oder 18:30 Uhr im fünften Stock des Tower Records, am Aufsteller der Band Babymetal. Es mussten Treffpunkte sein, die mir bereits bekannt waren, denn Hausnummern verliefen nicht linear, sondern folgten einem Schlüssel, der etwas mit Baujahr und Häuserblock zu tun hatte. Mehr als einmal hat mich ein Taxifahrer nicht mitgenommen, weil er mein Ziel nicht gefunden hätte. Ich verirrte mich sowieso lieber zu Fuß, hielt meine Schuhe mit Sekundenkleber zusammen.

Seine Majestät, der Kaiser, sagte Christina und deutete auf eine Brücke. Vor der Brücke lag eine Schranke. Daneben ein Häuschen wie vor einem Parkplatz, dahinter ein geschlossenes Holztor. Bestimmt beobachtete man uns, aber niemand war zu sehen. Der achtzigjährige Tennō verbringe dort sein Leben, sagte Christina, im Zentrum der Stadt. Der Mittelpunkt von allem. Nachfahre der Sonnengöttin Amaterasu, der sich fast nie zeige, keine Macht besitze. Es sei ihm gesetzlich verboten, abzudanken, also wandle er durch schmucklose Gänge und warte auf seinen Tod. Hinter dem Gebäude gebe es eine Anhöhe, von der aus man zu jeder Jahreszeit den Fuji sehen könne, aber man dürfe nicht hinauf und der Kaiser sei zu alt und gebrechlich.

Der Palast, der eher ein Haus war, mache sie betrübt und sehnsüchtig, sagte Christina. Wie es wohl wäre, dort zu leben? Wenn sie allein sei, werde sie einsam, und wenn sie unter Menschen sei, wäre sie lieber allein. So wie sie ihre Eltern und Brüder trotz allem verehre und den Schnee von Sapporo, nur dort leben wolle sie nicht. Und ich sagte, ich sei immer zu feige gewesen, von Zuhause wegzulaufen, und sie sagte, was machst du denn gerade?

Wir haben uns kein einziges Mal berührt, glaube ich.

Dann sprachen wir von *Takeshi's Castle,* einer Gameshow, in der Takeshi Kitano Rebellen von einer Festung fernhielt, indem er sie mit Kokosnusskanonen von Hängebrücken schießen ließ, und die ausschließlich in Takeshis Triumph und der Kapitulation des beschämten Rebellenführers endete. Beziehungsweise ich redete davon, Christinas Eltern hatten keinen Fernseher besessen, sie kannte die Sendung nicht.

Im Osten die Schatten. Hochhäuser verdunkelten die Erde, die Straße eine Schlucht, schwarz und endlos. Schwarz die Fassaden, schwarz die Autos, schwarz die Fenster. Erdbebenpläne, Erdbebentreppen. Keine Menschen sieht man hier, die Lastwagen sprechen nicht, nichts leuchtet, nichts lockt, schwarzer böser Moloch, Einsamkeit und Alkoholismus, und nachts erwacht man in der aufgeheizten Kapsel, weil die Züge nicht mehr gefahren sind, spürt das Beben der Pachinko-Maschinen, ist noch betrunken, matschig betrunken, torkelt barfuß durchs Gebäude, in die Bäder, und sitzt unter der Dusche und sitzt und sitzt, bis die Arbeit wieder losgeht. So stellten wir uns das vor. Wir, zwei winzige Scheinwerfer im Schatten, gerade so nicht verschluckt, vielleicht.

Die Schlucht nahm uns die Sprache. Ich dachte an den Maiskolben, den ich am Tag zuvor nicht gekauft hatte. In den meisten Erinnerungen aus dieser Zeit bin ich hungrig, ständig in Angst, mir könne das Geld ausgehen. In der Tempelstadt waren Maiskolben verkauft worden, golden und dampfend, 600 Yen das Stück. Dreimal war ich umgekehrt, hatte gezaudert, dreimal war ich wieder gegangen. Bis heute bin ich dem Moment nicht entkommen. Bis heute ärgere ich mich. Am Tag danach, im Schwarz von Nihombashi, hätte ich gerne etwas gesagt.

Einmal saß ein kahlköpfiger, jugendlicher Kerl auf dem Boden des Schlafsaals. In Schneidersitz und weitem Gewand. Aufs übliche »*Where are you from?*« antwortete er in starkem Dialekt, er sei Österreicher, und wir freuten uns, Muttersprache reden zu können. Er habe sich einem buddhistischen Kloster anschließen wollen, sagte er. Die Aufnahmeprüfungen hätten täglich elf Stunden Meditation erfordert, in kompletter Regungslosigkeit. Unter dem müden Zucken seiner Augenlider strahlte es sanft. »Ich hab es nicht können«, sagte er. Jetzt musste er seine Familie wegen eines Rückflugtickets um Hilfe bitten.

»*The umbrellas are stolen, you know.*«

In der Ferne tobte der Sound von Akihabara, die Marktschreier, Slot Machines, die Idols, Maids und Otakus. Die sich zu Lärm, zum Über-Jingle, zu J-Metal überlagernden Jingles der Geschäfte.

»*I take them from hostels, from izakayas, cinemas … They're not worth anything … nobody misses them. I tell tourists about nuclear rain and they pay.*«

Vor uns zählte die Roboterstimme der roten Ampel herunter.

»*What are you saving up for?*«, fragte ich.

Christina schwieg, bis die Ampel grün wurde. »*Let's go around Akihabara*«, sagte sie dann. »*I don't like it there.*«

Irgendwann wurde das Dröhnen vom Plätschern der Fontänen aufgesaugt. Enten schwammen auf den Teichen des Ueno-Parks, durch weiße Blütenblätter, wie Schiffe durch Schaum. Ob sie die Pandas sehen wolle, fragte ich Christina, sie wollte nicht. Vor einem Torbogen hatten sich inzwischen Bierwagen versammelt, an den Bäumen hingen Lampions und Girlanden.

Jeder Bierwagen repräsentierte eine internationale Marke. Ich kaufte zwei Steinkrüge Hofbräu, wir stießen an. Ich erzählte Christina von der Wiesn, und dass die meist falsch verstanden würde, dass es nicht um den Exzess ginge, das Anbandeln oder den Maßrekord, sondern ums Beisammensein eigentlich, um Freundschaft sogar. Wann sonst würde man unter Freunden einen ganzen Tag teilen, körperlich, mündlich, geistig aneinandergequetscht, eine Einheit inmitten des Wahnsinns. Schön sei das, mit den richtigen Leuten wunderschön, und ich lud Christina ein, es ihr einmal zu zeigen, das Fest.

Im Übrigen hat man das Gesetz inzwischen geändert und dem nun emeritierten Kaiser Akihito gestattet, nicht in seinem Amt sterben zu müssen. Ich sah die Zeremonie, mit der er seine Abdankung beging, im Fernsehen. Sie dauerte kaum mehr als dreißig Minuten, und ich bilde mir ein, das Lächeln des österreichischen Mönchs in Akihitos Augen erkannt zu haben.

Zuletzt standen wir im Nordwesten von Asakusa am Fluss, zwischen der Sanitäranlage und dem Spielplatz, dessen Geräte ich manchmal zum Krafttraining nutzte. Am Pfeiler der Brücke hing ein Plakat, auf dem Arnold Schwarzenegger als Bauarbeiter posierte, eine Kaffeedose in der Hand. Der Himmel hatte an Licht verloren. Hinter grauen und braunen Häusern blinkte am anderen Ufer schon der Fernsehturm, wie er es erst nach sechs Uhr tat. Die Hände am Geländer – ich –, die Arme verschränkt – Christina –, blickten wir aufs Wasser. Wo sie eigentlich nachts schlafe, fragte ich. Bei einem befreundeten Saxofonisten, sagte sie. Vielleicht hätte ich ihn einmal im Yoyogi-Park gehört, oder beim Meiji-Schrein. In seinem Apartment dürfe er nicht üben.

Auch wenn ich noch nichts spürte, war auf dem Fluss das Aufschlagen erster Tropfen zu sehen. Christina drehte ihren Körper zu mir und nahm ihre Arme auseinander. Sie müsse jetzt arbeiten, sagte sie und deutete in Richtung der schwarzen Wolken. Ob wir nicht zusammen zu Abend essen könnten, fragte ich, gerne würde ich sie ins Ramen-Restaurant einladen. Sie schwieg, als würde sie überlegen. »*This is the life I chose*«, sagte sie dann. Sie hob ihre linke Hand und winkte, einen Meter von mir entfernt, etwa zehn Sekunden lang. Ich winkte auch, kürzer, und sie ging.

Thomas Empl, geboren 1991 in München, ist ein in Köln lebender Schriftsteller und Drehbuchautor. 2021 erschien sein Erzählungsband *Ausbruch* im Verlag parasitenpresse, 2023 folgte ein zweites Buch mit dem Titel *Inneres Zittern*. Für seine Arbeit erhielt er das Dieter-Wellershoff-Stipendium der Stadt Köln. Mit einem Highscore von 580 607 ist er der aktuell zwölftbeste Tetris-Spieler der Welt (Game-Boy-Version).

Gonca Friedrich

Dem Mut auf der Spur

Der Geruch der lappländischen Wildnis nach Kiefern und Nadelbäumen, wenn die Sonne das Harz erwärmt, der erdige Geruch von Moos und Torf, das Rascheln der Blätter im Wind, eine Sonne, die nie untergehen möchte im Sommer und die klare Luft – das sind die Erinnerungen meiner Kindheit. Eine Zeit, in der ich meinen Vater zum ersten Mal auf eine Reise in die Abgeschiedenheit Lapplands begleitete.

Zu gern würde ich davon erzählen, dass all meine Kindheitserinnerungen so wundervoll waren. Doch das war nur eine Seite meiner Kindheit. Es gab auch andere.

Während mein Vater mir von dem Freiheitsgefühl erzählte, das das wochenlange Wandern in der Natur mit sich brachte, versuchte meine Mutter, mich immer wieder davon zu überzeugen, dass dieses Abenteuer nichts für mich sei.

Sie redete mir ein, dass ich zu jung sei, dass ich ohne Fernseher gelangweilt sein würde und prophezeite mir, dass ich sie mit Sicherheit innerhalb weniger Tage schrecklich vermissen würde. Die einzige Bibi Blocksberg Kassette, die ich besaß und bei der meine Mutter einwilligte, sie »ausnahmsweise!« zu kaufen, trug den Titel *Ohne Mami geht es nicht.* Niemand könne so gut auf mich aufpassen wie sie.

Ihre Worte verunsicherten mich und ich zweifelte daran, ob ich wirklich diese Reise antreten sollte und ob die prophezeite Angst es wert war, wenn wir doch am Wochenende mit meinem Vater für ein paar Stunden einfach im Grunewald herumspazieren und danach wieder ins sichere Zuhause zurückkehren konnten. Zu Mama. Nur blöd, dass ich dieses Zuhause nicht als sicher empfand, sondern als einengend, kontrollierend, geradezu erdrückend.

Mir war nicht klar, wovor ich eigentlich genau Angst hatte. Davor, dass meine Mutter mit allem Recht behalten würde, oder davor sie zu enttäuschen, wenn ich mich gegen ihren Willen doch für die Reise entscheiden würde und ich dann auch noch Spaß hätte.

Ich wuchs in zwei konträren Welten auf, immer wieder hin- und hergerissen zwischen der Abenteuerlust meines freiheitsliebenden Vaters und den Ängsten und der Kontrollsucht meiner Mutter.

Der Enthusiasmus und die Geschichten über die Abenteuer meines Vaters weckten meinen Entdeckerdrang und ich ahnte, dass da draußen noch etwas auf mich wartete, was es zu erkunden galt. Er erzählte von seinen Reisen in den Yukon, von goldglänzenden Flüssen, von den bunten Farben im Herbst, den Nordlichtern und der Ruhe und Zufriedenheit, die er in der Wildnis fand. Manchmal konnte ich mir nicht vorstellen, dass er es tatsächlich genießen konnte, völlig allein zu sein, tagelang niemanden zu sehen. Er sagte dann immer, er sei nicht allein, die Natur sei doch bei ihm. Obwohl er die Einsamkeit so schätzte, beobachtete ich ihn oft dabei, wie er eben doch gerne im Austausch mit Menschen stand, ein geselliger Typ, witzig, großzügig, interessiert am Leben und an den Geschichten anderer. Gleichzeitig konnte er stundenlang auf Landkarten starren und dabei in ihren Linien und Farben versinken, wie andere in einem Roman. Oder er blickte einfach in die Ferne, beobachtete, wie sich das fließende Wasser eines Baches um einen bestimmten Stein wand, ohne dass ihm dabei langweilig wurde.

Ich liebte die Abenteuergeschichten, die mein Vater erzählte. Sei es von seinen Überlebenskünsten im Yukon oder von der Begegnung mit einem Häuptling, mit dem er sich ein Zimmer für eine Nacht in Whitehorse teilte. Alles klang unglaublich spannend und nach einer Welt, die ich unbedingt entdecken wollte. Wir verbrachten Stunden damit, auf Landkarten zu starren, Pläne zu schmieden und von fernen Abenteuern zu träumen. Er sagte, dass wir zuerst im kleinen Alaska beginnen sollten, ehe wir ins große gehen. Mit dem kleinen Alaska meinte er Lappland. Um genauer zu sein, das finnische Lappland nördlich des Polarkreises.

Schließlich konnte mich meine Mutter nicht mehr davon abhalten, mit meinem Vater nach Lappland zu reisen. Irgendwie glaubte ich ihr nicht mehr, dass es mir nicht gefallen würde. Und sollte sie doch Recht behalten, dann war es mir auch egal. Wenn ich es nicht ausprobierte, würde ich es nie erfahren.

Die Reise übertraf all meine Erwartungen. Alles war noch besser als ich es mir vorgestellt hatte – die Zeit in der Natur, das Erlernen von Überlebenstechniken, das Geschichtenerzählen am Lagerfeuer, das Goldwaschen in der Pfanne, das gemeinsame Philosophieren über die Welt und das Universum und die Begegnungen mit anderen Menschen, die ein ganz anderes Leben führten. Je weiter die Wochen voranschritten, umso mehr empfand ich so etwas wie Selbstvertrauen, ein unbekanntes Gefühl, das mir im Alltag zu Hause fehlte. Täglich hatte meine Mutter mir eingetrichtert, dass ich zu dumm sei, nichts erreichen würde im Leben und nie etwas Bedeutendes würde tun können. Sie sagte mir, ich sei einfach nicht klug genug. An mir selbst zu zweifeln war etwas Alltägliches, und ich war der festen Überzeugung, dass es nur eine Frage der Zeit war, bis mein Vater ebenfalls zu diesem Entschluss kam.

Obwohl er schon immer an mich glaubte, sind seine Bemühungen, mich zu ermutigen, im Alltag zu Hause untergegangen. Nicht zuletzt, weil die kritische Stimme meiner Mutter, die mit der Zeit zu meiner eigenen wurde, so viel lauter erschien.

In der Wildnis war auf einmal alles anders. Zuerst war dort diese Ruhe. Dann hörte ich wochenlang nur die Laute der Natur und die Stimme meines Vaters, der vollstes Vertrauen in meine Fähigkeiten hatte. Irgendwann konnte ich mich sogar selbst hören, eine Stimme, die lange Zeit tief in meinem Innersten vergraben war. Endlich war sie da.

Vier Wochen lang wanderten wir und erkundeten die Gegend zwischen Kuttura und Ivalo entlang des Ivalo Jokis. Die Zeit verging wie im Flug und ich vermisste weder meine Spielsachen noch den Fernseher. Und auch meine Mutter vermisste ich nicht. Ganz im Gegenteil.

Bevor wir wieder nach Hause fuhren, machten wir einen Abstecher zum Nordkap. Von Ivalo aus waren es gerade einmal 400 Kilometer. Ein Katzensprung in Lappland. Auf dieser Autofahrt zum nördlichsten Punkt des europäischen Festlandes offenbarte ich meinem Vater, dass ich mich nicht darauf freute, nach Hause zu fahren. Ich erzählte ihm, dass es mir reisend, alleine mit ihm, viel besser gefiel. Zu Hause bekam er vieles nicht mit. Die meisten Menschen in unserem Bekannten- oder Familienkreis hatten keine Ahnung, was sich hinter den Kulissen abspielte. Ich hatte Angst, jemandem davon zu erzählen, hatte Angst, dass ich dann Ärger mit meiner Mutter bekäme, hatte Angst, dass mir niemand glaubte. Daher versuchte ich meinem Vater nur zu beschreiben, wie ich mich die meiste Zeit fühlte – ängstlich, dumm, wertlos. Er wirkte nicht überrascht. Wir beide wussten, dass ich mich oft so fühlte. Ich versuchte nicht zu erklären, warum es so war, und er fragte nicht danach. Stattdessen ermutigte er mich. Entweder mit gutem Zureden: »Du schaffst das! Ich glaube an dich!« oder mit irgendwelchen Weisheiten: »Ein Mensch, der nie Angst hat, kann nicht mutig sein«. Auf dem Weg zum Nordkap tat mein Vater etwas Überraschendes. Irgendwo im Nirgendwo, weit weg von der Zivilisation, hielten wir an einem Rastplatz an.

»So, lass uns mal die Seiten wechseln«, sagte mein Vater plötzlich.

Ich schaute ihn erschrocken an. Wie bitte, was?

»Naja, falls mir irgendetwas passiert, solltest du schon wissen, wie du mit dem Auto fahren kannst, um Hilfe zu holen oder um in den nächsten Ort zu kommen.« Er sagte es so, als wäre das die normalste Sache der Welt.

Ich erwiderte energisch: »Papa, ich bin erst 11, bist du verrückt? Das ist verboten!«

Aber er überzeugte mich, dass es eine sinnvolle Übung sei und in einem Notfall keiner darüber nachdenken würde, ob es erlaubt ist oder nicht. Wir verbrachten die nächste halbe Stunde auf dem großen Rastplatz. Ich würgte den Motor die ersten Male immer wieder ab, bis ich den Dreh raushatte und im richtigen Moment die Kupplung losließ und ein wenig Gas gab. Meist gab es einen Ruck, aber dann fuhr ich im Schritttempo auf dem Rastplatz herum. »Cool!«

Mein Vater zeigte auf eine kleine Schotterstraße, die von der anderen Seite des Rastplatzes abging.

»Da lang!«, sagte er.

Ich konnte es kaum glauben, ich fuhr auf einer Schotterstraße. Es war schwer, die Abstände einzuschätzen, aber mein Vater blieb ganz locker und griff ab und an sachte und ohne Hektik nach dem Lenkrad, um mich leicht zu korrigieren. Mit der Zeit bekam ich ein Gefühl für den Abstand und dafür, wo sich die Mitte der Schotterstraße befand. Nur der Motor jaulte, da ich die ganze Zeit im ersten Gang fuhr.

Schon davor hatte ich meinen Vater oft beim Autofahren beobachtet und ihm Fragen über die Straßenschilder, die Kupplung, die Gänge oder die Pedale gestellt. Theoretisch wusste ich, wie alles funktionierte. Ich verstand auch, dass ich eigentlich in den zweiten Gang wechseln musste, aber traute mich nicht.

Er sagte: »Los, probiere den Gang zu wechseln!«

Ich hatte Angst, irgendwas kaputt zu machen, geriet in Panik, das Auto machte einen Ruck nach vorne und der Motor starb ab. Ich spürte, wie meine Augen zu brennen anfingen und hörte wieder die Stimme meiner Mutter. Du bist zu blöd, du verstehst sowieso nichts, lass es doch einfach. Ich wollte nicht mehr weiterfahren. Aber mein Vater ermutigte mich und lies nicht locker. Er hatte vollstes Vertrauen in mich und keinerlei Zweifel, dass ich es schaffen würde, den Gang zu wechseln. Die Ruhe in seiner Stimme half mir, es doch noch einmal zu probieren. Ich brauchte noch einige Anläufe, aber schlussendlich klappte es. Ich war so froh, nicht aufgegeben zu haben.

»Denkst du nicht, dass Autofahren etwas ist, das nicht jeder einfach so kann?« fragte er, nachdem wir wieder auf den Rastplatz zurückgekehrt waren.

Ich stimmte zu und sagte, es sei definitiv nicht einfach und man brauche auf jeden Fall Zeit, um es zu lernen. Er meinte, dass es darum gehe zu verstehen, dass ich alles lernen könne, wenn ich es mir in den Kopf setzte. Wichtig sei nur, es trotz der lähmenden Angst weiterzuprobieren. Das ist Mut. Er machte mir klar, dass ich meinen Mut jeden Tag aufs Neue bewies, als ich mit ihm in die Wildnis ging und nicht zuletzt jetzt beim Autofahren.

Er fragte: »Würdest du dir nun zutrauen, in einem Notfall mit dem Auto in den nächsten Ort zu fahren?«

»Ja, ich denke schon«, erwiderte ich, ohne darüber nachzudenken.

»Und meinst du nicht, dass das mutig ist?«

Ich schaute ihn an und wusste schon, was er mir damit sagen wollte. Ich verstand nicht, warum es mir so schwer fiel, es zuzugeben, aber schließlich zog ich die Schultern hoch, neigte den Kopf zur Seite und sah ihn an. »Joa, wahrscheinlich schon.«

Während der gesamten Reise ließ mich mein Vater neue Dinge ausprobieren. Egal ob es darum ging, etwas zu schnitzen, Feuer zu machen, zu fischen oder Karten zu lesen – ich genoss es und war mit ganzem Herzen dabei, egal bei welchem Wetter, egal wie viele Mücken uns umschwirrten oder wie weit die Etappen waren. Endlich war ich frei und durfte ich selbst sein. Ich entdeckte eine andere Seite an mir, die ich schon immer gespürt habe, die ich aber die ganze Zeit unterdrückt habe. Nach dieser Reise war alles anders.

Nur meine Mutter war immer noch die Gleiche. Sie wollte weiterhin, dass ich das brave Mädchen spielte, das sie wie ein hübsches Accessoire bei ihren Verwandten und Bekannten vorzeigen konnte. Ein Mädchen, dem sie morgens die Kleidung herauslegte, das sich nicht wehrte, das nicht darauf bestand, selber zu entscheiden welche Freunde es hat, was seine Lieblingsfarbe ist, welchen Hobbies es nachgeht.

In gewisser Hinsicht hatte ich zwar verstanden, woher meine Ängste und Unsicherheiten kamen, aber das bedeutete leider nicht, dass sie einfach so verschwanden. Und es bedeutete auch nicht, dass das Leben mit meiner Mutter einfacher geworden wäre. Es wurde alles eher schlimmer. Die Erkenntnis über mein fehlendes Selbstwertgefühl führte nur dazu, dass ich die folgenden Jahre versuchte, mich in einem ständigen Kampf von ihr zu emanzipieren.

Nach Alaska schafften mein Vater und ich es nie. Als ich 18 Jahre alt war, bekam er die Diagnose Blasenkrebs, fünf Jahre später starb er. Auf dem Papier war ich mit 23 Jahren eine Erwachsene, fühlte mich aber wie ein kleines Kind. Unter keinen Umständen sollte er die schreckliche Angst bemerken, die mich lähmte. Ich spielte ihm lässig vor, dass ich mein Leben im Griff hatte, für mich selbst sorgen, die richtigen Entscheidungen treffen, mein Studium gewissenhaft zu Ende bringen, seine Wohnung auflösen, mich um die Beerdigung kümmern und seine letzten Wünsche erfüllen konnte – alles kein Problem. Schließlich war ich erwachsen. Und erwachsen sein heißt, verantwortungsbewusst und vor allem mutig zu sein.

Womöglich spürte mein Vater, dass ich immer noch umherirrte im Leben, nicht glücklich war, den rechten Weg nicht fand – weder im Studium noch in meinen Beziehungen zu Männern oder mit mir selbst. Er wusste, dass ich manchmal gar nicht existieren wollte und den Sinn des Lebens nicht fassen konnte. Am Sterbebett sollte ich ihm versprechen, dass ich die Dinge im Leben tun werde, die mich glücklich machen. Ich solle an das Gute glauben und niemals meinen Mut verlieren.

»Natürlich!«, sagte ich, überzeugt davon, dass ich das auf jeden Fall tun werde. In dem Moment realisierte ich nicht, wie schwierig es werden würde, dieses Versprechen einzuhalten.

In den ersten Wochen kam es mir so vor, als wäre er nur auf einer langen Reise. Wenn das Handy klingelte, war ich überzeugt davon, dass er nun endlich aus der Wildnis raus sei und Empfang hatte. Er würde mir gleich alles erzählen, was er erlebt hatte und mir sagen, dass er bald nach Hause komme. Bis heute habe ich Träume, in denen er auf großer Weltreise ist und zurückkehrt, als wäre nie etwas Schlimmes passiert, als wäre er nie gestorben.

Seine Asche verstreute ich genau dort, wo wir 1991 unsere Wanderung in die Wildnis angetreten sind. Als ich auf der Brücke in Kuttura mit dem alten Taschenmesser meines Vaters die Urne öffnete und den grau-weißen Staub in den Fluss rieseln ließ, hörte es auf zu regnen. Wie in einem kitschigen Film brach die Sonne durch die Wolken am Horizont und ein Doppelregenbogen erschien.

»Wirklich jetzt, Papa!«, flüsterte ich, lachte und weinte zugleich.

Ich bemühte mich, die Schönheit des Lebens zu finden und das Leben als lebenswert zu erleben. Manchmal gelang es mir, manchmal war ich neidisch darauf, dass mein Vater es bereits geschafft hatte und sich nicht mehr mit dem Dasein herumquälen musste. Am Leben oder tot zu sein – manchmal verschwamm alles und ich konnte nicht genau sagen, was von beiden besser war.

Das Reisen wurde für mich zu mehr als nur dem Streben nach Freiheit. Reisen bedeutete, zu Hause zu sein, es bedeutete, näher an meinem Vater zu sein. Es war eine Erinnerung, Heilung für meine Psyche und die ständige Wiederentdeckung meines verlorenen Mutes.

Ein Jahrzehnt nach dem Tod meines Vaters wurde ich tatsächlich so etwas wie erwachsen. Ich wurde Mama. Meine Tochter Wilma, die ihren Großvater nie kennenlernen durfte, wurde mit nur zwei Jahren zur Weltenbummlerin.

»Das ist unverantwortlich. Was bist du nur für eine Mutter!« Als wir die Pläne für unsere Weltreise verkündeten, wurde die Stimme meiner Mutter wieder lauter. Nein, nicht die in meinem Kopf, sondern ihre tatsächliche Stimme. Ihre Kampfeslust, die Kontrollsucht, alles kam wieder, stärker als je zuvor, getriggert durch die Geburt meines Kindes. Alles fing von vorne an. Ich beobachtete, wie sie Wilma behandelte und hatte ständig Flashbacks an meine eigene Kindheit. Mit dem Unterschied, dass Wilma, im Gegensatz zu mir, sehr früh schon sehr deutlich machte, wenn sie etwas nicht wollte. Aber meine Mutter ignorierte es. Die Haare wurden zum tausendsten Mal gebürstet, auch wenn Wilma schrie, sie wurde jede halbe Stunde gefüttert, auch wenn sie keinen Hunger hatte und schrie, sie wurde permanent geknuddelt, auch wenn sie das nicht wollte und schrie. Meine Mutter war gekränkt, wenn ich sie bat, auch auf Wilmas Bedürfnisse einzugehen, sie war gekränkt, weil ich als 33-Jährige nicht bei ihr wohnen wollte, sie war gekränkt, weil sie nicht den Namen meines Kindes auswählen durfte, sie war gekränkt, weil ich eine andere politische Einstellung hatte, andere Werte, eine andere Weltanschauung, weil sie mich nicht vorführen konnte im Familienkreis, weil ich nicht verheiratet war, ein uneheliches Kind hatte. Sie war gekränkt, weil ich es geschafft hatte, eine gewalttätige Beziehung zu beenden und ich es ablehnte, jemals wieder in diese Gewaltstrukturen zurückzukehren.

»Das ist wieder typisch. Ich wusste, dass aus dir nichts wird. Wenn du Glück hast, nimmt er dich zurück. Er wird dich nicht einfach so geschlagen haben. Du weißt, wie anstrengend du sein kannst.« Da war es wieder. Es fing schon wieder an. Ich bin aus der Hölle raus, nur um jetzt wieder in sie zurückzukehren. Es würde nie aufhören.

Mir war bewusst, dass meine Mutter mich als ihr persönliches Eigentum sah. Es schmerzte, zu verstehen, dass es mit Wilma nicht anders war. Es war klar, dass sie mit meinen Reiseplänen nicht einverstanden sein würde, deshalb hatte ich sie so lange wie möglich geheim gehalten. Ich hatte Angst davor, wie sie reagieren würde.

Während der Elternzeit im ersten Jahr, versuchte ich mein Zweitstudium an der FU Berlin so gut es ging weiterzuführen – auch mit Kind. Der Studiengang wurde gerade überarbeitet und mein Studienjahrgang war vorerst der Letzte, der mit der alten Studienordnung geführt wurde. Danach gäbe es einen anderen Aufbau und andere Module und die bisher erbrachten Leistungen würden nur zum Teil angerechnet werden können. Daher wollte ich unbedingt versuchen, während meiner Elternzeit ohne Unterbrechung weiterzustudieren. Nur meine Arbeit als studentische Hilfskraft unterbrach ich vorerst. Ich nahm Wilma mit in Kurse und Vorlesungen. So lange sie an meiner Brust hing, war sie ruhig. Dennoch war es schwer, mich voll und ganz auf die Inhalte zu konzentrieren und richtig mitzudenken. Mein Kopf schrieb währenddessen Einkaufslisten,

Äpfel, Möhren und Pastinaken siegten über korrelative Analysen von Lernergebnissen. Ich nahm mir vor, mir am Abend, wenn Wilma schlief, die Inhalte der Vorlesung nochmal in Ruhe anzuschauen. Meist schlief ich jedoch völlig erschöpft zusammen mit Wilma ein. Irgendwann merkte ich gar nicht mehr, wie überlastet ich war, ich funktionierte einfach nur. Im zweiten Jahr beschloss ich, Wilma für einige Stunden am Tag in die Kita zu schicken. Eigentlich völlig entgegengesetzt meiner Überzeugung, das war nicht das, was ich mir für die ersten drei Jahre vorstellte. Aber ich tat es trotzdem, in der Hoffnung, dass ich nicht nur besser mit der Uni mithalten, sondern auch zu meinem Unijob zurückkehren könnte.

Uni, Arbeit, Kind – so verging ein halbes Jahr. Ich sah, wie mein Leben in Kategorien unterteilt war und versuchte jeder Kategorie gerecht zu werden. Egal wie sehr ich mich bemühte, es gelang mir nicht. Ich fing an, alles anzuzweifeln, fragte mich, wozu ich das alles eigentlich machte. Wollte ich überhaupt noch studieren? Was wollte ich eigentlich mal werden? Welche Passionen und Ambitionen hatte ich nochmal? Keine Ahnung.

Bevor ich das Erziehungswissenschaftsstudium anfing, hatte ich als Videocutterin in einer Postproduktionsfirma gearbeitet. Als ich noch jünger war, hatte ich ein paar verschwommene Vorstellungen davon, vielleicht eines Tages Dokumentarfilmerin oder Reisejournalistin zu werden. Jemand, der die Essenz von erzählenswerten Geschichten einfangen, Erfahrungen dokumentieren und über »etwas Wichtiges« berichten würde. Doch mir fehlte eine klare Richtung, ich wusste nicht, wo ich die wirklich bedeutsamen Geschichten finden sollte, und ich zweifelte an meinen kreativen Fähigkeiten, meiner Intelligenz, meiner Bildung und meinem Talent. Ich verließ die Festanstellung als Cutterin und war froh, keine Doku-Soap-Formate mehr schneiden zu müssen. Voller Eifer wagte ich es, mich selbständig zu machen, allerdings war ich innerhalb kürzester Zeit so überfordert damit, dass ich einen anderen Plan brauchte. Du bist zu blöd, du verstehst sowieso nichts, lass es doch einfach. Vielleicht müsste ich mir einfach noch mehr Wissen aneignen, mehr lernen – mit 30 nochmal studieren? Wieso eigentlich nicht.

Oft fühle ich mich unsicher und minderwertig und glaube, dass es am besten ist, das Erzählen wichtiger und interessanter Geschichten den klügeren und erfahreneren Menschen zu überlassen. Das schreibe ich bewusst im Präsens, denn heute sieht es in mir nicht anders aus. Der Unterschied zu damals liegt lediglich darin, dass ich versuche, mich nicht zu oft selbst zu sabotieren. Du bist zu blöd, du verstehst sowieso nichts, lass es doch einfach. Ich habe keine Ahnung, ob es möglich ist, sich von alten, falschen Glaubenssätzen zu trennen, aber zumindest besteht die Hoffnung, dass man sie mit der Zeit überschreiben kann, wenn man diesen negativen Gefühlen nicht ständig die Oberhand gewährt.

Der Plan sah vor, schlauer und informierter zu werden, in der Hoffnung, dass ich dann für die wirklich großen und wichtigen Pläne optimal vorbereitet bin. Aber das Studieren wurde zum Hinauszögern meiner tatsächlichen Ziele, wobei die alten Glaubenssätze mich auch im Studium verfolgten. Mein erstes Referat war bis zur Perfektion ausgearbeitet, sodass ich auf alle eventuellen Nachfragen meiner Mitstudenten eine Antwort hatte. Das wurde weder verlangt noch war das realistisch. Andere essen morgens um halb 10 einen Frühstücks-Knusper-Snack, ich trank, bevor ich mit Wilma schwanger wurde, um halb 8 zwei kleine Jägermeister, damit ich überhaupt ein

Wort rausbekam. Es gab nicht dieses eine Schlüsselerlebnis, das dazu führte, meine Studienpläne oder mein Leben in Berlin in Frage zu stellen und über Bord zu werfen. Eher war es eine graduelle Entwicklung, in der ich immer weiter feststellte, dass ich weder im Studium ganz bei der Sache war, noch bei der Arbeit oder mit Wilma. Es war schmerzhaft zu erleben, wie Wilma immer größer wurde und ich das Gefühl hatte, nicht ganz anwesend zu sein. Ich versuchte, alles zu vereinbaren: Studium, Arbeit, Forschung, Freundschaften, Mamasein – Menschsein. Dabei verlor ich meine Ziele aus den Augen, war traurig um den Verlust eines Lebens, das ich nie hatte und das nach wie vor nur in meiner Fantasie existierte. Mein Leben ergab so – ständig müde und abwesend – keinen Sinn mehr.

Wenn ich erschöpft auf dem Sofa saß und Wilma endlich an meiner Brust eingeschlafen war, las ich nichts, schaute nichts auf meinem Handy nach, hörte keine Musik, sondern dachte einfach nur nach. Die unfertige Hausarbeit lag auf dem Schreibtisch, das Geschirr von vorgestern war noch nicht abgewaschen und duschen wäre auch mal wieder nötig gewesen. Aber wenn Wilma in meinen Armen einschlief, konnte ich mich nicht mehr bewegen. Jede Bewegung, jedes Rascheln weckte sie auf. Ohne Körperkontakt konnte Wilma sowieso nicht schlafen. Meist war ich schlecht vorbereitet – ich konnte nicht nach dem Handy greifen, oder nach der Fernbedienung, ein Buch, eine Zeitschrift ... Alles lag nie da, wo ich mich gerade befand. Also saß ich nur da und starrte in den Raum und dachte nach.

Ich schaute mich im Wohnzimmer um, während Wilma bereits schlief. Solange ich nur meine Augen wandern ließ, war alles in Ordnung. Ich dachte darüber nach, wie ich hier alles eingerichtet hatte, als ich im achten Monat schwanger war. Wie schwer es gewesen ist, als schwangere Studentin eine

Wohnung zu finden. Ich schlief fünf Monate bei Freunden auf dem Sofa, bis ich endlich auf nette Vermieter traf, für die es gar keine Frage war, dass ich die Wohnung bekomme und keiner der hundert anderen Bewerber. Sie war dunkel, dafür groß und bezahlbar. Ich hatte es uns wirklich richtig gemütlich gemacht, selbst wenn die finanziellen Mittel, die ich hatte, knapp waren. Bilder, Kissen, ein paar kuschelige Decken und Lichterketten waren mein Geheimrezept für Gemütlichkeit. Das war unser Zuhause. Mein eigenes Zuhause, in dem mich keiner kontrollierte, kritisierte, niedermachte. Außer wenn meine Mutter vorbeikam, natürlich unangekündigt, obwohl ich sie darum gebeten hatte, vorher anzurufen.

»Es ist mein Recht, vorbeizukommen wann ich will. Ich muss nicht vorher anrufen. Ich bin Wilmas Oma. Ich habe Rechte. Mein Recht, mein Recht, mein Recht .... Wieso steht das Sofa dort in der Ecke, das sieht nicht gut aus. Du brauchst vernünftige Töpfe. Wieso hast du keine Spülmaschine? Diese offenen Regale sehen schrecklich aus, du brauchst eine richtige Küche. Eine furchtbare Gegend hier, viel zu viele Araber. Wieso stillst du sie noch? Wieso ist sie noch nicht trocken? Was bist du für eine Mutter? Die Wohnung ist zu kalt. Die Wohnung ist zu dunkel. Am besten ziehst du zu mir.«

Ich schwieg meistens, ließ es über mich ergehen und dachte dabei nur: *Are you fucking kidding me?!*

Mist, schon wieder bei meiner Mutter gelandet. Egal über was ich nachdenken möchte, am Ende erscheint sie wie ein übergroßes, mächtiges Etwas und redet mich in Grund und Boden, ob nun im echten Leben oder in meinem Kopf. Das geht so nicht weiter.

Was wollte ich eigentlich, bevor ich schwanger wurde? Bevor ich dieses Studium anfing, weil ich zu feige war, meinen eigentlichen Träumen nachzugehen? Mein Blick ging zum Bücherregal, zu den Büchern, die ich laut meiner Mutter eh nicht las. Es sei alles nur Dekoration, sagte sie mir schon als ich ein Teenager war und anfing Bücher zu lesen. *Fuck it* Mama, geh raus aus meinem Kopf! Du nervst! Die Schrift auf den Buchrücken konnte ich kaum erkennen, aber ich kannte die Farben der Bücher, die Positionen, wo ich sie hingestellt hatte. Ich sah den Alaska Reiseführer, den ich damals mit meinem Vater gekauft hatte. Zwar interessierten ihn die touristischen Exkursionen weniger, aber die Bilder waren wunderschön und ließen die Vorfreude steigen. Mein Versprechen, das ich ihm gab, vergaß ich natürlich nie. Allerdings war ich auch nicht in der Lage, den Glückscode zu knacken. Ziele zu erreichen ist vielleicht nicht das Ausschlaggebende, sondern vielmehr, dass man sich auf dem Weg dahin befindet und keinen Rückzieher macht.

Ich will weg. Reisen, Erfahrungen sammeln, diese mit anderen teilen, über die Welt berichten, über Menschen in anderen Ländern und Kulturen, was ist daraus bloß geworden? Ist es jetzt nicht zu spät? Wie sollte so etwas überhaupt mit Kind funktionieren? Und vor allem mit so einem kleinen Kind? Wie soll das gehen? Die Welt zu bereisen und über sie zu berichten, war schon ohne Kind schwierig für mich. Dennoch war es auch keine Option so weiterzumachen wie bisher. Diese Mehrteilung von mir selbst funktionierte einfach nicht mehr.

Ich vernachlässigte das Studium, nahm Wilma öfter aus der Kita, um mit ihr Zeit zu verbringen. Das tat gut und fühlte sich richtig an. Irgendwann wurde mir bewusst, dass ich auch den Unijob kündigen sollte. Anstatt meine Hausarbeiten zu schreiben oder für Prüfungen zu lernen, verbrachte ich meine Zeit damit, im Internet zu recherchieren, wie andere Eltern mit

Kindern auf Langzeitreise gingen. Es gab viele Familien mit Kindern, die mehrere Jahre um die Welt reisten. Ich stellte mir das zu zweit relativ einfach vor. Viel interessanter fand ich, wie es alleinerziehende Eltern schafften. Es gab sogar einige alleinerziehende Mütter, die über ihre Reisen berichteten. Allerdings hatten diese meist ältere Kinder. Wilma war zu dem Zeitpunkt nicht einmal zwei Jahre alt.

Je mehr ich in diese Welt abtauchte, umso klarer wurde mir, dass ich diesen Schritt gehen möchte. Ich wusste nicht, wie und ob es mir gelingen würde, aber ich musste es einfach versuchen, selbst wenn ich im Internet keine andere Person fand, die mit einem kleinen Kind alleine um die Welt gereist ist.

Zum Ende des Wintersemesters kündigte ich meinen Job. Die Uni pausierte ich nicht nur, sondern ich exmatrikulierte mich gleich ganz. Ich fing an, Dinge zu verschenken oder zu verkaufen. So lange es ging, hielt ich es vor meiner Mutter geheim.

Wilma wurde in der Zwischenzeit zwei Jahre alt und kurz bevor wir unsere Reise antraten – unsere Reisepläne waren mittlerweile kein Geheimnis mehr – schrie mich meine Mutter vor Wilma an und sagte: »Du bist ein Nichts, ein Niemand, aus dir wird nichts. Du hast nichts im Leben erreicht. Du bist so klein.« Sie drückte Daumen und Zeigefinger zusammen und vermittelte mir erneut das Gefühl der Wertlosigkeit.

Aber es war mir egal, was sie über mich sagte. Ich glaubte ihr nicht und wusste, dass es Unsinn war. Was mir Angst machte, war, dass sie nie aufhören würde, mich kontrollieren zu wollen, dass es immer so weitergehen würde. Ich wollte meine Ruhe, ich wollte mit ihr abschließen, es war vorbei, es ist zu viel passiert und es würde nie besser werden. Zu viele meiner persönlichen Grenzen wurden zu oft überschritten.

Nach ihrer Hassrede kehrte ich ihr den Rücken zu und sprach nie wieder ein Wort mit ihr. Das war vor acht Jahren. Das einzige was ich bereue ist, dass ich es nicht schon viel früher getan habe. Ich vermisse sie nicht. Ich habe sie nie vermisst. Aber ich habe es immer vermisst, eine Mutter zu haben, die mich so akzeptiert, wie ich bin.

Ich fragte mich ständig, was sie in ihrem Leben erlebt hatte, in ihrer Kindheit erfahren musste, dass sie nicht nur solche Gedanken hatte, sondern diese Gefühle auch auslebte, getrieben von Wut und Zerstörungswahn. Aber ich war nun erwachsen, mehr oder weniger. Und zum ersten Mal verstand ich, dass es nicht meine Aufgabe war, dieses Problem für sie zu lösen. Meine Aufgabe bestand darin, mich und mein Kind zu schützen und mein Versprechen an meinen Vater einzuhalten – das zu tun, was mich glücklich machte und mich fernzuhalten von den Dingen und Menschen, die nichts Gutes für mich wollten. Und so entschloss ich, die Weltreise mit Wilma auf jeden Fall anzutreten, auch wenn ich wusste, dass meine Mutter alles unternehmen würde, um mich davon abzuhalten.

Oft sagen mir Menschen, wie mutig sie es finden, dass ich mit einem Kind um die Welt reise. Ich möchte es nicht kleinreden, dennoch bin ich davon überzeugt, dass es auf die Perspektive ankommt. Wenn man jeden Tag zu Hause die Hölle erlebt hat, unterdrückt wurde, nicht gehört wurde, ausgenutzt wurde, angeschrien und kritisiert wurde, dann sind die Strapazen und Hürden, denen man auf einer Weltreise begegnet natürlich auch nicht zu unterschätzen, aber vergleichsweise leichter ertragbar. Ich fühle mich endlich frei. Ich kann nicht sagen, ob es tatsächlich mutig war, oder einfach der letzte Ausweg aus einem Leben, das für mich unerträglich geworden war. Meine

Pläne scheinen für manche verrückt, aber vor dem Hintergrund meiner Biografie irgendwie ganz normal und auch gar nicht so furchtbar mutig. Vielleicht bin ich auch genau das Gegenteil. Vielleicht gehört eher Mut dazu, zu sagen, dass man den Stress von Uni, Arbeit, und Mamasein erträgt. Es hätte mich mehr Kraft gekostet, als den Sprung ins Ungewisse zu wagen.

Nachdem ich unseren Hausstand aufgelöst hatte, bereisten wir in den nächsten fünf Monaten Cornwall, Schweden und Mexiko. Über ein paar Umwege führte unsere Route nach Thailand, genauer gesagt nach Chiang Mai.

Nui, ein Gastgeber, den ich über Couchsurfing gefunden hatte, lebte in Chiang Mai und bot uns nicht nur eine Bleibe, sondern auch seine Freundschaft an. Sein großes Herz und seine Gastfreundschaft halfen uns, in einer uns fremden Umgebung Fuß zu fassen. Wir hatten unsere eigene kleine Unterkunft, die er uns großzügig überließ, und er und seine Frau mit ihrem Kind halfen uns dabei, Chiang Mai und die thailändische Kultur zu entdecken. Sie luden uns zum Essen ein, zeigten uns den lokalen Markt und führten uns durch Tempel und in Bräuche ein. Doch trotz all dieser Freundlichkeit wusste ich, dass unsere finanziellen Ressourcen langsam zur Neige gingen. Wieder zurückzukehren war für mich ein Ding der Unmöglichkeit. Ich spürte, dass es für uns nicht in Frage kam, zurückzureisen und wieder im Alltagstrott aus Uni, Arbeit und Kinderbetreuung gefangen zu sein. Und zudem im erweiterten Gefängnis meiner Mutter. Niemals.

Nui erkannte, dass ich keinen klaren Plan hatte, wie es weitergehen sollte. Er fragte mich, wie ich weiterreisen wollte, wenn ich kein Geld verdiente. In mir keimte die Idee, ein digitales Nomadendasein zu führen, doch ich hatte keine klare Vorstellung davon, welche Fähigkeiten ich für diese neue

Lebensweise brauchte. Außerdem benötigte Wilma viel Aufmerksamkeit. Wir mussten dringend eine Lösung finden, um unsere Reise fortsetzen zu können. Stundenlang vor dem Laptop zu sitzen und ein digitaler Nomade zu werden (auf welche Art auch immer) schien nicht realistisch. Ich erwähnte beiläufig in einem Gespräch mit Nui, dass ich meine beiden Gitarren vielleicht nicht hätte verkaufen sollen, zumindest eine hätte ich behalten sollen.

Ich scherzte so halb: »Ich könnte dann einfach Straßenmusik machen.«

Er erwiderte sogar, dass das keine so schlechte Idee sei mit der Straßenmusik. Er sei sich sicher, dass es klappen würde. Natürlich hatte ich die perfekte Ausrede, warum das auf keinen Fall ginge, denn ich hatte kein Geld, mir eine neue Gitarre zu kaufen. Was ich aber eigentlich dachte, war, dass ich gar nicht den Mut hätte, mich auf die Straße zu stellen und vor fremden Leuten einfach so loszusingen und dann zu erwarten, dass sie mir dafür auch noch Geld geben. Ich würde mich doch nur blamieren.

Da Nui sehr weit außerhalb der Stadt lebte und wir immer darauf angewiesen waren, dass er uns herumfuhr – es gab fußläufig nicht einmal einen Supermarkt in der Nähe – beschloss ich ins Zentrum von Chiang Mai zu ziehen und dort ein kleines Zimmer in einem Meditations- und Yogagästehaus anzumieten. Eine Ausgabe, die schon lange nicht mehr in meinem Budget lag. Es würde nicht mehr lange dauern, bis wir komplett pleite waren. In spätestens zwei Wochen müsste ich irgendeine Lösung gefunden haben.

Als Nui uns zu unserer neuen Unterkunft in Chiang Mai fuhr, öffnete er den Kofferraum und holte eine Gitarre heraus, die sorgfältig in einer Tasche verstaut war.

Er überreichte mir das Instrument: »Versprich mir, damit Straßenmusik zu machen und weiterzureisen!«

Ich war überwältigt. Nui war jemand, der seine Emotionen nicht offen zeigte und ich wollte ihn nicht in Verlegenheit bringen. Also versuchte ich so gut es ging, meine Tränen zurückzuhalten. Es war eine wunderschöne Westerngitarre und er meinte, es sei nichts Besonderes, er habe sechs Gitarren zu Hause und würde nie mit dieser spielen. Für mich war es ein unglaubliches Geschenk, ich war gerührt von seiner Großzügigkeit.

Zuerst verging eine Woche. Dann zwei. In der dritten Woche spürte ich deutlich den Druck, dass ich jetzt endlich in die Pötte kommen musste. Die Angst war so groß, dass ich es bis zum Äußersten hinauszögerte. Dann kam der Tag – ich prüfte meinen Kontostand und wusste: Heute muss es sein! Ich beschloss, an diesem Morgen, um die Mittagszeit mit Wilma in ein Einkaufszentrum in Chiang Mai, den Kad Suan Kaew Department Store, zu gehen. Zu Mittag entschied ich, noch zu warten, bis es nicht mehr so heiß war. Irgendwann war es schon später Nachmittag. Ich wusste, dass die Mall um 21 Uhr schloss. Um 20 Uhr raffte ich mich endlich auf. Es führte kein Weg daran vorbei. Wenn ich jetzt kniff, hätte das das Aus für unsere Reise bedeutet. Eine halbe Stunde später kamen wir völlig durchnässt beim Einkaufszentrum an. Es war gerade Regenzeit und sowohl die späte Uhrzeit als auch der Regen führte dazu, dass bereits viele Menschen zu Hause waren und kaum noch einer die Mall besuchte. Ich war froh, dass wenig Leute da waren, auch wenn das bedeutete, dass dann weniger in der Gitarrentasche landen würde. Ich rechnete eh nicht damit, dass ich besonders viel einnehmen würde. Ich stimmte meine Gitarre bereits zum fünften Mal. Ein paar Leute gingen an uns vorbei, sie sahen noch nicht einmal in unsere Richtung.

»Los, Mama, spiel!«, rief Wilma immer wieder.

Ich spielte die Akkorde A-Moll, G-Dur, A-Moll, G-Dur, A-Moll, F-Dur, G-Dur, einmal tief einatmen, dann lossingen: »*After hours of motionless dancing to the sound of heavy rain* …«

Die ersten Sekunden fühlten sich an wie Minuten. Ein paar Menschen gingen vorbei. Es passierte nichts. Sie erfreuten sich an Wilma, die um mich herumtanzte, dann schauten sie mich an und gingen weiter. Ich konnte keine Emotionen in ihren Gesichtern erkennen. Fanden sie es gut? Fanden sie es seltsam? Fanden sie es schrecklich? Nach noch nicht einmal einer Minute im realen Leben, aber einer halben Ewigkeit in meiner Erinnerung, erhaschte ich ein Lächeln von einer Frau, die mir zunickte und einen Schein in die Tasche warf. Einen grünen Schein – 20 Baht. Dann folgte noch einer, und noch einer. Ich hatte erst zwei Lieder gesungen und es lagen bereits 80 Baht in unserer Gitarrentasche. Unglaublich. Das waren umgerechnet noch nicht einmal 5 Euro, aber mit 80 Baht konnte man sich bereits zwei Mahlzeiten kaufen. Ich konnte nicht glauben, dass es klappte. Dabei waren wir noch nicht einmal mit den besten Bedingungen gestartet.

Ich begann, Musik nicht nur auf den Straßen von Chiang Mai zu spielen, sondern auch in anderen Städten und Ländern während unserer Weltreise – in Malaysia, Australien, Neuseeland.

Meine Musik half mir, Menschen aus verschiedenen Kulturen und mit unterschiedlichen Hintergründen zu begegnen, und sie verband uns auf eine besondere Art und Weise. Ich erkannte, dass das Reisen für mich mehr war als nur ein Abenteuer. Es war eine Möglichkeit, mich selbst zu finden, meine Ängste zu überwinden, meine eigenen Fähigkeiten zu erkennen und Wilma ein Vorbild zu sein. Dabei geht es nicht darum, dass sie Straßenmusikerin werden soll, sondern darum, dass man Ängste überwinden, auch mal *outside-the-box* denken und eine gewisse Resilienz entwickeln kann. In den Straßen von Chiang Mai habe ich gelernt, dass Mut nicht das Fehlen von Angst bedeutet, sondern die Entschlossenheit, trotz Angst voranzuschreiten.

Die Reisen wurden zu einem Abenteuer des Herzens, bei dem wir nicht nur die Welt, sondern auch uns selbst entdeckten. Ich fand den Mut, an das Gute im Menschen zu glauben, und erlebte die Großzügigkeit und Freundlichkeit vieler Menschen, denen wir begegneten. Diese Erfahrungen halfen mir, meine Vergangenheit und die Worte meiner Mutter hinter mir zu lassen und mich auf eine positive und erfüllte Zukunft zu konzentrieren.

Unsere Reise ist noch lange nicht zu Ende, und ich bin gespannt, welche Abenteuer und Herausforderungen uns noch erwarten.

Doch während wir in die ungewisse Zukunft blicken, trage ich die Erinnerungen an meine Kindheit und die Lehren meines Vaters in meinem Herzen. Seine Geschichten von Abenteuern, die uns in die unberührte Wildnis Lapplands führten, hallen in meinem Geist wider.

Jede Etappe unserer Reise erinnert mich daran, wie wichtig es ist, die Freiheit zu schätzen, die wir spüren, wenn wir im Austausch mit wohlwollenden Menschen sind und wenn wir von der Natur umgeben sind, die uns nicht wertet, nicht kritisiert und so sein lässt wie wir sind.

Mit meiner Tochter Wilma an meiner Seite bin ich entschlossen, ihr diese Werte weiterzugeben. Ich möchte, dass sie weiß, dass sie alles erreichen kann, wenn sie an sich selbst glaubt und den Mut hat, ihren eigenen Weg zu gehen.

Gonca Friedrich, geboren 1980 in Berlin, ist ungebändigte Abenteurerin und Nicht-Meisterin des Last-Minute-Kreierens im Schreibwettbewerb. Ihre Superkraft? Prokrastination auf höchstem Niveau – z. B. Halloween-Cupcakes mit ihrer Tochter machen, während die Uhr für die Deadline tickt. Dürfte sie nur eine Frucht für den Rest ihres Lebens essen, wären es Blaubeeren. Dürfte sie nur eine Frucht für den Rest ihres Lebens essen, wären es Blaubeeren. Hat die meiste Zeit das Gefühl, keinen Plan zu haben, was sie tut, aber hofft, dass es am Ende trotzdem irgendwie passt.

Stefanie Schindler

Von Freiheit und Fremdbestimmung

In meinem Augenwinkel schimmert eine kleine Träne und in meinem Bauch macht sich Wehmut in Form eines leichten Ziehens bemerkbar. Wir stehen am Flughafen in Hobart auf der australischen Inseln Tasmanien am Check-In-Schalter. Wir, das sind mein Mann, meine beiden kleinen Töchter und ich. Vor uns liegt eine sehr lange Rückreise nach Deutschland. Hinter uns liegen zwei Monate Elternzeitreise. Zwei Monate voller Freiheit und Abenteuer. Zwei Monate, in denen wir als Familie unzählige gemeinsame Erinnerungen gesammelt haben, während wir mit unserem Wohnmobil kreuz und quer über Tassie, wie die Insel von Australiern liebevoll genannt wird, gefahren sind. Werde ich gefragt, dann bezeichne ich diese zwei Monate als die schönste Reise meines Lebens. Das war sie doch auch, oder?

Ich habe einmal gelesen, dass auf lange Sicht nur die guten Reiseerinnerungen in unserem Gedächtnis hängenbleiben. Das macht durchaus Sinn, denn nur so kann ich es mir erklären, dass in vielen Reiseberichten gerne einmal die Reiserealität vieler Familien verklärt wird. Von dem anstrengenden Alltag, der beim Reisen mit Kindern mit im Gepäck ist, liest man wenig. Dabei scheint der Genuss der absoluten Freiheit und die gleichzeitige Verantwortung, zwei Kinder zu betreuen und ihre Bedürfnisse sehr zeitnah zu befriedigen, ein Widerspruch in sich. Egal, ob man am anderen Ende der Welt in Tasmanien oder im Allgäu sitzt.

Wir sind mit Absicht in diese Tasmanien-Reise reingestolpert. Die Insel ist klein und wir hatten zwei Monate Zeit im Gepäck. Wir wollten langsam reisen und ein Gefühl für das Land bekommen. Wir wollten dem guten Wetter und unserer Laune folgen. Wir hatten Lust auf dieses Gefühl von Freiheit, das sich bei uns nur einstellt, wenn die Tage nicht durchgeplant sind und wir am Morgen nicht wissen, wo wir am Abend mit unserem Wohnmobil stehen werden. Aber wie viel von dieser Freiheit bleibt beim Reisen mit Kindern am Tagesende übrig?

Wir landen am späten Nachmittag in Hobart und holen unser Wohnmobil für die nächsten Wochen ab. So eine Wohnmobil-Übergabe ist eine zeitaufwendige Sache. Als wir endlich vom Parkplatz rollen, werfe ich einen Blick in den Rückspiegel. Ich sehe ein Chaos aus Taschen, auf denen sich unsere Rucksäcke stapeln, einen Berg aus nicht bezogenen Bettdecken und Kissen und die Rollen eines Buggys, für den wir auch noch irgendwie einen Platz gefunden haben. Dazwischen sitzen in ihren Kindersitzen zwei sehr müde und sehr hungrige Kinder. Und jetzt? Ja, jetzt haben wir die ersehnte Freiheit. Wir rollen in den tasmanischen Sonnenuntergang, denn mittlerweile ist es spät geworden. Von dem Freiheitsgefühl bleibt allerdings nichts übrig. Denn eigentlich muss es jetzt schnell gehen. Schnell einkaufen, schnell einen Campingplatz finden, schnell kochen, schnell alles einräumen und schnell die Kinder irgendwie ins Bett bringen. Die Hoffnung, dass diese ohne elterliche Begleitung, allein in einer absolut neuen Umgebung und nach einem anstrengenden Tag einschlafen werden, geht gegen null.

So stolperten wir also rein in und durch diese ganze Reise. Das meine ich gar nicht negativ. Denn wie ermutigend es sich anfühlt zu stolpern und dann wieder aufzustehen, das können wir jeden Tag an unserer kleinen Tochter beobachten, die sich unterwegs das Laufen beibrachte. Am Ende ist sie an diesem Stolpern gewachsen und konnte laufen. Genauso wie sie, sind auch wir Eltern an den unzähligen Herausforderungen gewachsen, die zwei parallel verlaufende Reisen mit sich bringen: eine Fernreise und die Reise der Elternschaft. Beide Reisen waren unterwegs eng miteinander verwoben. Von der Letzteren hatten wir wenig Ahnung und mit der Ersten verhielt es sich, wie mit jeder anderen Reise auch: Sie barg viele Überraschungen.

Tassie lag reisetechnisch in unserer persönlichen Komfortzone. Die Straßen ließen sich leicht mit einem großen Wohnmobil befahren und die Auswahl an Campingplätzen war riesig. Von basic bis luxuriös war alles dabei.

Die Natur Tasmaniens ist der Grund, warum es viele Reisende hierher verschlägt. So auch uns. Tasmanien, das ist für mich die Erinnerung an schneeweiße Strände und Campingplätze, auf denen Wallabies vor der Wohnmobiltür herumhüpfen. Das ist der Duft der Eukalyptusbäume, der mich immer an diese Insel und diese Reise erinnern wird. Das ist die klarste Luft der Welt, wildes Meer und üppig grüner gemäßigter

Regenwald. Das sind für uns als Familie unzählige Stunden in ebendieser Landschaft. Stunden, in denen wir gelacht, gesungen, dem Baby beim Laufen und Essen lernen zugeschaut haben. Stunden, die nur uns als Familie gehörten. Meine große Tochter erinnert sich noch heute daran, wie wir unser erstes Schnabeltier gesehen und auf bunten Meeresklippen gesessen haben und beim Sonnenaufgang fast in zwei Wombats reingestolpert sind.

Ich könnte meine Zuhörer stundenlang zu den schönsten Plätzen auf Tasmanien mitnehmen. Als reisende Mama weiß ich allerdings, dass es zu kurz gedacht ist, nur von den guten Erinnerungen zu erzählen. Eigentlich finde ich es fast schon fatal, unsere Realität als reisende Familie zur Hälfte unter den Tisch zu kehren. Zumindest, wenn das Gegenüber ebenfalls eine Reise mit Kindern plant. Ich selbst war Jahre zuvor bei unserer ersten Reise mit einem eher herausfordernden Baby unsanft auf dem Boden der Tatsachen gelandet. Ich hatte mich blenden lassen, von den Bildern auf Social Media und den Berichten anderer Familien. Meine erste Reise mit Baby war anstrengend, kompliziert, laut, fremdbestimmt und ich war voller Selbstzweifel.

Wenn ich also von schneeweißen Stränden und dem wilden Meer schreibe, dann muss ich in einem Atemzug erwähnen, dass wir das Spektakel nicht in Ruhe genießen konnten, wie viele vielleicht denken. Ein Elternteil war mit der Beschäftigung des Kleinkindes ausgelastet und das andere Elternteil hat das Baby davon abgehalten, den ganzen Strand aufzuessen oder sich voll bekleidet in die reißenden Fluten zu stürzen. Wenn ich von Campingplätzen, umgeben von wunderschöner Natur, erzähle, dann sollte ich nicht verschweigen, dass man das unternehmungslustig krabbelnde Baby nie unbeaufsichtigt lassen konnte. Nicht eine einzige Sekunde. Ganz zu schweigen von dem Dreck, der sich in wirklich jede Falte und den Mund des Babys geschlichen hat. Wenn ich von Tagen in nahezu unberührter Natur berichte, dann auch von der Herausforderung, in abgelegenen Gebieten den Geruch von unzähligen vollen Windeln unter Kontrolle zu halten, bis wir diese auf dem nächsten richtigen Campingplatz loswerden konnten. Und auch das Wetter, das nicht unentwegt warm und sonnig, sondern auch nass und vor allen Dingen kühl gewesen ist, sollte ich erwähnen. Zu viert in einem Wohnmobil mit kleinen Kindern ist weit weg von entspannend.

Meine Augen fangen an zu leuchten, wenn ich von unserer Tasmanien-Reise erzähle. Dabei gehe ich sehr verschwenderisch mit den Worten Freiheit um Abenteuer um. Aber ganz gleich, wie sehr ich mich bemühe, der aufmerksame Zuhörer kommt nicht umhin zu bemerken, dass die Lobeshymne nicht alles gewesen sein kann. Wie recht er hat, zeigt dieser Text. Denn vielleicht hat sich beim Abflug auch diese Träne in meinen Augenwinkel geschlichen, weil ich bereits, bevor wir den ersten von drei Flügen zurück nach Deutschland antraten, nervlich mit der Betreuung von einem drei- und einem einjährigen Kind überfordert war. Und es war vielleicht gar nicht die Wehmut, die in meinem Bauch gekribbelt hat, sondern einfach meine Flugangst, die neben den Kindern auch ein wenig Aufmerksamkeit haben wollte. Oder vielleicht war es auch eine Mischung aus beidem.

Ganz gleich wie wunderschön und herausfordernd diese Reise auch gewesen sein mag: Ich würde sie immer wieder genau so machen. Danke Tasmanien!

Stefanie Schindler ist die Autorin und Macherin von *a daily travel mate,* dem Reise- und Outdoorblog für Familien. Sie liebt das Reisen und Draußensein mit ihren Kindern und obwohl sie jede freie Stunde in der Natur verbringt, wohnt sie am liebsten in ihrer Wahlheimat München.

Anja Schwennsen

Inis Mór

Wir wanderten nach Doolin. Von dort wollten wir übersetzen nach Inis Mór, der größten der Aran Islands. Friederike ging mit einer halben Armlänge Abstand hinter mir. Dabei hielt sie sich an meinem Ellenbogen fest, dessen Bewegungen ihr mitteilten, wann es bergan oder bergab ging.

»Was siehst du?«, fragte sie, wenn ich stehen blieb und die Landschaft betrachtete. Dann suchte ich nach Worten für die fremde Natur, für die Schattierungen von Grün und Grau auf den Weiden, Mooren und Karstfeldern. Seegrün, Flechtengrün, Grasgrün, Distelfeldgrün, Moosgrün, Steingrün, changierend zwischen hell und dunkel, mal leuchtend von Sonnenflecken besetzt, dann wieder gedeckt vom Schatten der vorüberziehenden Wolken.

Friederike sah die Atmosphäre mit ihrer Haut. Den Film von Nieselregen, der sich auf ihr Gesicht legte, sich sammelte und von ihrer Nase heruntertropfte oder an ihrem Hals hinunterlief und sich in der Kuhle zwischen ihren Schlüsselbeinen sammelte. Den Wind, der uns wieder trocknete und die Sonne, die uns an manchen Tagen wärmte. Auch auf die Disteln musste ich nicht hinweisen. Die spürte sie selbst, wenn der Pfad zu schmal wurde und sie sich in unseren Fleecepullis verhakten.

Da waren Dinge, die wir beide nicht sahen. Wie den Wegweiser im Distelhain oder das Schlammloch, in dem Friederike bis zu den Oberschenkeln versank und aus dem ich sie nur mit Mühe wieder herauszog. Der Geruch von Moder begleitete uns an jenem Tag und abends mussten wir auf dem Campingplatz Tokens für Waschmaschine und Trockner kaufen. Von da an versuchte ich, auf den unwegsamen Moorsenken früh genug das Schlammbraun zwischen dem gelblichen Röhrichtgras zu erkennen.

Unter uns lag der Burren. Auch ihn sahen wir nicht wirklich. Wir waren uns seiner bewusst, weil wir von ihm gelesen hatten: ein Kalksteinmassiv aus den Skeletten und Schalen längst verschwundener Meerestiere, in der letzten Eiszeit dann mit einer dünnen Schicht von organischem Material überzogen, aus der sich in feuchten Senken die Torfmoore entwickelt hatten. Ganz selten entdeckte ich die fleischroten Blüten einer Orchidee oder den in Rosetten wachsenden Sonnentau mit seinen roten Tentakeln. Thymian und Storchenschnabel fand ich öfter und hielt sie Friederike unter die Nase. Den Geruch des Thymians sog sie begierig ein und wir sammelten ein wenig für unser Abendessen. Beim Storchenschnabel rümpfte sie die Nase. Besonders zur Küste hin und in höheren Lagen war der Kalkstein des Burren der Erosion preisgegeben und bloß von einer dünnen Grasnarbe überzogen, sodass wir Schwierigkeiten hatten, unser Zelt zu befestigen.

Es fehlten die Bäume. Statt ihrer markierten Monolithe das Land, an denen mein Blick haften blieb, während wir wanderten.

An einem Nachmittag gab ich auf Friederikes Frage »Was siehst du?« immer wieder die Antwort: »Das Megalith-Portal.« Der Dolmen bei Poulnabrone stand uns stundenlang entgegen. Ein Grab, das die Iren Poll na Brón, Loch des Mühlsteins nannten. Und mit jedem Blick auf das Portal kehrte für mich eine längst vergangene Sicht auf Leben und Tod wieder. Burren, *buried,* begraben. Unter den Megalith-Gräbern lagen die Alten, die gekommen waren, als das Land während der Eiszeit noch mit Großbritannien verbunden war. Später kamen Kelten aus Nordfrankreich und Schotten befuhren die Irische See.

Über allem lag die reine Luft einer vom Nieselregen überzogenen Landschaft. Einem Regen, von dem Heinrich Böll in seinem irischen Tagebuch schrieb, es sei ebenso unangemessen, ihn schlechtes Wetter zu nennen, wie es unangemessen sei, den brennenden Sonnenschein schönes Wetter zu nennen.

Auf Inis Mór hörte der Regen auf. Als wir am Morgen nach der Überfahrt aus unserem Zelt krochen, lag die Insel unter einem wolkenlosen Himmel, von dem die Sonne stach. Ein hellgrünes, fast gelbliches Land neigte sich vor uns in sanften Hügeln zum Meer und stieg hinter uns grau durchsetzt an. Niedrige Steinmauern umsäumten die Felder. Schicht um Schicht hatten die Menschen Seetang aufgetragen, um ein wenig fruchtbaren Boden zu gewinnen. Dass es einträglicher war, das Feld mit zeltenden Touristen zu bestellen, sah ich an dem Grinsen des Besitzers, der früh morgens gefahren kam und unser Geld in ein Ledersäckchen steckte.

Nach einem Frühstück aus trockenen Scones erkundeten wir die Insel. Wir gingen in nordwestlicher Richtung auf ihren schmalsten Punkt zu, von wo aus wir auf die Westseite wechseln wollten. Unser Ziel war ein dreitausend Jahre altes Fort. Ein Dún, dessen genaue Bezeichnung mit einem A anfing, dem so viele weitere Vokale folgten, dass es für mich kaum auszusprechen war. Bald verließen wir die Straße und folgten einem ansteigenden Pfad. Der Kalkstein war hier kaum noch bewachsen.

»250 Quadratkilometer. An manchen Stellen bis zu 780 Meter dick«, murmelte ich.

»Wovon redest du?«, fragte Friederike.

»Vom Burren«, sagte ich und versuchte, ihr mein Staunen über die geologischen Ausmaße verständlich zu machen.

Sie sagte: »Stimmt.« Es sei dasselbe rillige Gefühl unter den Füßen wie auf dem Weg nach Doolin.

Das Meer hatte Inis Mór vom Festland abgetrennt und den Kalkstein umspült und ausgewaschen.

Ein Ire hockte auf einem Felsvorsprung und spielte Akkordeon. Er grüßte mit »Dia duit« und wir wussten nichts zu erwidern als ein englisches »Hello«. Der Mann grinste und hob seine Whiskeyflasche zum Gruß. Ich sah, dass nur Wasser darin war. Abends im Pub würden wir ihn mit echtem Whiskey wieder treffen und erfahren, dass er Paddy hieß, von Patrick. Wirklich. Nicht nur, weil die Touristen das von einem Iren erwarteten. Er spielte noch eine Weile für uns und wir hörten zu. Wir gaben ihm einige Münzen unseres kostbaren Bargelds. Weder in Doolin noch auf der Insel hatten wir einen Bankautomaten gefunden. Er sagte etwas mit Dúna ... Wir baten ihn noch dreimal, es zu wiederholen, bis wir verstanden hatten, dass die Iren die Silben über die Wortgrenzen hinweg zusammenziehen. Friederike war besser darin, die fremden Laute nachzubilden. Sie sagte »Dúnaenghasa«, so dass Paddy zum Abschied lächelte.

Das letzte Wegstück zum Dún Aonghasa war kurz. Nachdem wir die äußeren Wälle aus der Eisenzeit passiert hatten, kam eine Maueröffnung durch den innersten und ältesten Wall und dann ein Platz, der von einer zum Meer hin offenen Mauer aus Kalkstein eingefasst war. Das Plateau, auf dem Dún Aonghasa gebaut worden war, brach zum Wasser hin ab. Alle hielten Abstand zur Kante, die durch nichts gesichert war.

»Was siehst du?«, fragte Friederike.

Eine Sonne, die hoch am Himmel stand. Eine übermannshohe Mauer, grau durchsetztes Grün, auf dem ein Schaf vielleicht noch hätte grasen können. Dahinter eine spiegelnde Fläche, durch nichts begrenzt als den Horizont, durch nichts unterbrochen als den Schatten einer seichten Wellenbewegung. Das Vieh und die Menschen mit ihren Kindern und Vorräten stellte ich mir vor. Welche fremden Horden mochten die Menschen hier vor 3000 Jahren dazu gebracht haben, einen solchen Wall zu errichten, dessen Bau sie Zeit und Mühe kostete? Zeit, in der sie nicht fischen, nicht ihre Felder bestellen, nicht das Vieh versorgen und keine Kleidung anfertigen konnten. War es überhaupt möglich, alles Nötige rechtzeitig hier heraufzubringen, wenn unten, auf der anderen Seite der Insel, feindliche Schiffe anlandeten? Mit dem kargen Land ringsum, hätte man den Feind vielleicht schnell aushungern können, wenn man genug Vorräte hinter die Mauer gebracht hätte. Von der Meerseite her war man sicher. An der Steilküste landete keiner an. Vielleicht hätten wir, wären wir gegen Abend gekommen, all diese Überlegungen angesichts einer rotglühend im Meer versinkenden Sonne für nichtig erklärt und gemeint, Dún Aonghasa müsste ein kultischer Versammlungsort gewesen sein.

Als wir auf dem Rückweg die äußere Ringmauer sowie die Reste tausender scharfer und aufrecht in den Boden eingelassener Kalksteinspitzen hinter uns gelassen hatten, entdeckte ich einen schmalen Pfad, der versprach, uns an anderer Stelle zurück aufs Plateau zu führen. Ich schlug ihn ein. Friederike folgte mir gutmütig, wenn auch ein wenig verständnislos. Für sie war das Tagesziel erreicht.

Eine Weile war der Weg inmitten der dichten Pflanzendecke noch erkennbar. Dann brach er ab und mündete in ein unwegsames Karstfeld.

»Gleich wird's mehr als rillig«, ließ ich Friederike wissen.

»Sag, was du siehst«, forderte sie.

»Zerklüftung«, sagte ich. Felsplatten, durchzogen von Rissen und an manchen Stellen durchsetzt mit Stufen. Im Näherkommen erkannte ich rechtwinklige Vertiefungen, die den Anschein erweckten, Menschen hätten sie in den Stein gehauen. Wir gingen durch mehrere solcher Wannen hindurch.

»Stufe«, sagte ich, wenn wir in sie hineingingen und »Stufe«, wenn wir sie nach wenigen Schritten durchquert hatten. Ihre geometrische Form faszinierte uns und nach kurzem Zögern nahmen wir sie als naturgegeben hin. Der Gedanke, dass die Kraft des Wassers sie gestaltet hatte, war für uns machtvoller als die Vorstellung, die Wannen hätten bei rituellen Tötungen einen Zweck erfüllt.

Ich dirigierte Friederike zum Ende des Plateaus. Etwa zwei Meter vor der Kante ließ ich sie stehen und sagte ihr, ich wolle noch ein Stück weiter vor, um zu sehen, wie das Meer auf den Fuß der Klippe treffe.

Sie schimpfte: »Sowas kann nur einem Guckie einfallen.«

Sie hatte recht. Eine Gier nach dem Unfassbaren hatte mich ergriffen. Ich wollte die gewaltige Kraft sehen, mit der die Natur sich formte. Auf Händen und Knien krabbelte ich vorwärts, bis ich meine Nase über den Rand schieben konnte. Später las ich, dass es um die 90 Meter gewesen sein müssen. Aber da war nichts, woran ich die Tiefe hätte messen können. Das Wasser schlug an die Felsen und bildete Schaumkränze im schwarz-türkisen Meer. Die Entfernung offenbarte sich in der Stille. Da war kein Brausen und kein Tosen. Nur der Fallwind strich an meinen Ohren vorüber. Ich spürte mein Herz gegen den Fels hämmern und atmete im Rhythmus der sich immer wieder neu formierenden Strudel und Wasserwirbel. Eine Ahnung von Unendlichkeit stieg in mir auf, als ich mich ihren gleichförmigen Bewegungen überließ. In ihrer Beständigkeit fühlte ich die Macht, alles zu verändern.

Irgendwann rief Friederike meinen Namen. Nicht laut, aber beschwörend. Langsam schob ich mich rückwärts und stand wankend auf. Was ich gesehen hätte, wollte sie wissen.

Ich sagte: »Das Meer.«

Anja Schwennsen, geboren 1981, schreibt in allen Formen und leitet die offene Textwerkstatt des writers‘ room Hamburg. Mit ihrem Romanprojekt *Glücksvollzug* gewann sie 2023 das Anne-Goldmann-Stipendium. Sie lebt mit ihrer Familie am Rand der Fischbeker Heide (Hamburg), wo sie in ihrem Garten die Lesung unterm Kirschbaum veranstaltet. *anja-schwennsen.de*

Robin Becker

Goa

10.01.17

Trotz Unmengen Baldrian konnte ich nicht schlafen. An Lesen war leider auch nicht zu denken, weil dafür war ich wiederum zu müde. Filme gucken war nicht mein Ding. Und auf Musik hören hatte ich auch keine Lust. Was blieb, war das pure Sein mit starken Nackenschmerzen in einem schlafenden Flieger über den Wolken in tiefschwarzer Nacht. Erst nach einer gefühlten Ewigkeit war die Sonne aufgegangen, das Flugzeug erwacht, das Frühstück serviert, die Palmenwälder, Flüsse und Seen von Goa dreimal weitläufig umflogen und die Landebahn frei.

Am Gepäckband wartend, verwickelte ich eine junge Frau, dem Akzent nach eine Wienerin, in ein Gespräch. Ich erzählte ihr, ich hätte schon so viele unterschiedliche Koffer und Rucksäcke besessen, dass ich gerade gar nicht mehr wisse, wie meiner aussehe. Sie lächelte hübsche Grübchen und schlug mir vor, einfach den zu nehmen, der mir am besten gefalle. Das fand ich eine gute Idee für eine Kurzgeschichte und ganz nebenbei stellte ich mir vor, wie ich das Leben eines anderen Mannes weiterführte, vielleicht das eines Hauptschullehrers, der einfach mal die Seele baumeln lassen wollte.

Sie erzählte mir auf meine Nachfrage hin, kurz bevor sie ihren Rucksack vom Band zog, dass sie nach Arambol wollte, wo sie eine Ausbildung zur Yogalehrerin machen werde.

Da ich mal wieder keinen Plan hatte, was ich überhaupt in Indien wollte, außer zu gesunden und mein Buch fertig zu schreiben, und die Lady einen netten Eindruck machte, tat ich so, als sei dies auch meine Richtung. Sie schlug vor, dass wir uns ja ein Taxi teilen könnten, das wäre deutlich bequemer und ginge schneller als mit dem Bus.

Ich versuchte, mir meine Freude über diesen wunderbaren Plan nicht anmerken zu lassen. Und nach dem zweiten falschen Koffer, den ich mir geschnappt hatte und der mir jeweils vom wahren Besitzer wieder entwendet wurde, was mir einige Lacher einbrachte, kam meine riesige schwarze Rolltasche um die Ecke.

Die Schiebetür des angenehm klimatisierten Flughafens öffnete sich und wir schritten in eine blubbernde Soße aus Autoabgasen und Lärm.

»Ich glaube, ich mache lieber im Flughafen Urlaub«, keuchte ich schon nach zehn Metern.

Die Wienerin verdrehte belustigt die Augen. »Stell dich mal nicht so an.«

Mehrere Taxifahrer bedrängten uns lauthals, aber freundlich. Meine Begleiterin verhandelte mit ihnen. Und ich setzte mein coolstes Gesicht auf, was mich total anstrengte. Dann reichte ich dem Mann, der sich durchgesetzt hatte, meine Tasche, die er zu seinem Auto zog, wohin wir ihm folgten.

Leider war die Klimaanlage kaputt, wie wir erfuhren, nachdem wir es endlich geschafft hatten, uns auf die Hauptstraße einzufädeln.

Wir waren beide total übermüdet, sodass wir das Sprechen irgendwann einstellten, nachdem wir uns gegenseitig ein bisschen was aus unseren Leben erzählt hatten – sie war fünfundzwanzig, hieß Rosina und kam gerade aus Vietnam, wo sie zwei Monate unterwegs gewesen war. Ihr Freund würde in einer Woche nachkommen, darauf freute sie sich schon sehr.

Mein Nacken brüllte bei jedem Schlagloch laut auf, sodass ich mich mit der einen Hand an der Sitzpolsterung und mit der anderen am Türgriff festkrallte, der sich irgendwann plötzlich aus der Innenverkleidung löste. Was Rosina nicht mitbekam, weil sie längst eingedöst war.

Ich hatte das Gefühl, wir würden ganz Indien durchqueren, so viele Menschen sah ich auf der dreistündigen Fahrt von der Hinterbank des dauerhupenden Taxis aus.

Am Sunrise Guesthouse, wo Rosina ein Zimmer reserviert hatte, es mir jedoch überhaupt nicht gefiel, weil mir die Anlage zu hostelmäßig war, verabschiedeten wir uns voneinander. Sie wünschte mir eine gute Zeit in Arambol, dass mein Buch gelänge und meinte, wir würden uns hier bestimmt noch über den Weg laufen.

Ich ging mit meiner Rolltasche zum Strand hinunter, wo ich in einem Restaurant für eine Weile mein Gepäck lassen durfte, und schaute mich nach einer Unterkunft um. Wahnsinn, dachte ich. Jetzt bin ich plötzlich bei herrlichem Sonnenschein in Indien am Strand, wo ich gestern noch bei nassen fünf Grad im tristen Köln rumgeisterte.

Ich fühlte mich, als hätte ich dem Leben ein Schnippchen geschlagen. Nach einer guten Stunde fand ich schließlich ein halbwegs passables Zimmer in einem zweistöckigen Haus mit Blick auf den Strand. Der Besitzer ließ, auf meine Bitte hin, meine Tasche von seinem etwa elfjährigen Sohn holen, wofür ich dem Jungen mehr Geld gab, als ich für das Zimmer bezahlte. Ich war einfach dankbar, dass ich mein Gepäck nicht die gut achthundert Meter in der Nachmittagshitze durch den Pudersand tragen musste. Was ich ohnehin nicht geschafft hätte.

Bis tief in die Nacht hinein kamen Bum-Bum-Musik aus der einen und indische Klänge aus der anderen Richtung durch mein geöffnetes Fenster. Dazu gesellte sich irgendwann Feuerwerkslärm und das Rauschen des Ozeans untermalte alles. Geschlafen habe ich trotzdem, als würden die Götter mich in den Armen wiegen.

Mein Körper erwachte in Schüben, steif wie ein Brett, dem ein geschickter Tischler allmählich Scharniere einbaute. Als ich es endlich bis an die Bettkante geschafft hatte, nahm ich diesen Schwung direkt mit und stelzte bis an die Wasserkante des Indischen Ozeans, der überraschend ruhig vor mir lag, als bestünde die ganze gottverlassene Welt aus einem seichten Ententeich.

Frühaufsteher wie ich waren auch schon hier und dort am endlosen Strand zu sehen. Mein Kopf fühlte sich wie ein Fremdkörper an, den jemand auf meinen schmerzenden Nacken geschraubt hatte, den ich heute kaum bewegen konnte. Egal, ich ging vorsichtig ins Wasser, das erstaunlich nass und wohlig warm war, wie das Innere einer Gebärmutter, die einem in Schwerelosigkeit schweben ließ und mit allem versorgte, was man zum Leben brauchte.

13.01.17

Während des Frühstücks in einem Café, das unweit meines Zimmers in einer felsigen Bucht lag, von der aus man immer um halb zehn Delfine vorbeiziehen sehen konnte, habe ich Gunnar kennengelernt. Er erinnerte mich wegen seiner Gesichtsbehaarung, seiner Körpergröße und seines gemütlichen Gangs an Balou den Bären aus dem Dschungelbuch. Oberhalb des Cafés zeigte er mir eine winzige Hütte, an den Hang geschmiegt, mit Blick durch Kokospalmen auf die Bucht und den funkelnden Ozean, in die ich noch am selben Tag umzog.

Später machten wir einen Spaziergang zu einer kleinen, felsigen Piratenbucht und gingen an einem, mit Lotusblüten bedeckten, See entlang tiefer in den Dschungel hinein, in dem uns bald leicht bekleidete, kichernde Russinnen entgegenkamen. Kurz darauf stießen wir auf eine Unmenge an Müll, der in den Büschen hing wie Lametta und auf Leute, die unter einer alten Banyan-Feige um ein kleines Feuer saßen. Ein charismatischer Mann erzählte gerade, dass die Polizei gestern den polnischen Baba in Handschellen abgeführt habe, weil hier in der Nähe eine Leiche gefunden worden sei. Eine Frau fragte, ob er nun der neue Baba sei, was er nicht verneinte.

Ich fragte Gunnar, ob er das Amt nicht übernehmen wolle, schließlich habe er den längsten Bart, worüber er schmunzelte.

Die Schmuck- und Klamottenverkäufer, die unterhalb meiner Hütte ihre Stände hatten und die ich am übernächsten Tag auf den polnischen Guru und den Tod der jungen Inderin ansprach, meinten, der Baba bekäme gerade mal wieder eine mehrtägige Bambusmassage von der Polizei, weil im Dschungel um seinen Satsang-Platz so viel Müll herumlag. Der Mord sei eine Erfindung des neuen Gurus, führten sie weiter aus und lachten laut.

Na ja, Indien-Life halt, voller schräger Geschichten. Ich wäre dieser Story gerne weiter nachgegangen, doch hatte ich seit gestern schlimmen Durchfall. So ist das, man fährt irgendwo hin, um zu gesunden und dann wird man erst mal noch kranker. Ich hoffte, das Pendel würde bald wieder in die andere Richtung ausschlagen.

16.01.17

Ich kam in der Siddhartha-Bar mit einer Frau ins Gespräch, die eine kühle Ernsthaftigkeit ausstrahlte. Sie meinte, sie plane in Weißrussland ein Yogastudio zu eröffnen und habe in Arambol eine Fortbildung als Schmerztherapeutin gemacht. Das fand ich natürlich interessant, da der Schmerz im Moment mein permanenter Begleiter war und ich erzählte ihr meine Leidensgeschichte. Sie sah sich meinen Nacken an, fühlte und drückte an meiner Schulter und dem Rücken herum und stellte in schlechtem Englisch Fragen, die ich, so gut ich konnte, beantwortete. Zum Abschied lud sie mich für morgen Mittag zu einer Tantra-Gruppenmassage ein, die eine Freundin von ihr anleitete.

Die halbe Nacht malte ich mir die tollsten Geschichten aus. Ich sah schöne Frauen mit Schlangenaugen, die glaubten, kurz vor der Erleuchtung zu stehen und sich danach sehnten, dass jemand in ihnen den Lichtschalter fand.

Leider lief es dann nicht so, wie ich mir das zusammenfantasiert hatte, denn die Frauen waren, bis auf eine, überhaupt nicht mein Typ und die Kerle deutlich in der Überzahl. Zudem wurde ich abgewiesen, weil dieser Kurs nur für Lesben und Schwule war, und mich kurzerhand als homosexuell erklären, wollte ich auch nicht.

Vielleicht auch besser so, dachte ich. Weil wer weiß, wie mein lädierter Nacken nach einer tantrischen Gruppenmassage ausgesehen hätte.

19.01.17
Ich konnte nicht schlafen, weshalb ich Nachts einen Spaziergang unternahm und zufällig sah, wie die Angestellten meines Stammrestaurants ihren Müll am Strand verbrannten. Wie ich heute Morgen von meinem Nachbarn Fabrizio, einem Heilpraktiker, erfuhr, machten das alle so, weil es in Arambol keine Müllabfuhr gab.

20.01.17
Während einer Trommel-Session am Strand lernte ich einen glatzköpfigen Deutschen kennen, der eine wohlklingende Stimme hatte und ein bisschen wie Bruce Willis aussah. Wie sich herausstellte, hieß er Martin, bot buddhistische Retreats an, war vor vielen Jahren meinem Lieblingsphilosophen Jiddu Krishnamurti begegnet und kannte Helge Timmerberg, dessen Storys und Reiseromane ich verehrte.

Bevor er sich verabschiedete, stellte er mir eine Frau vor, die Maria hieß. Sie sprach ein leises, perfektes Oxford-Englisch, das mich ein wenig verunsicherte, und erzählte mir, dass sie Kunstfilme mache und seit über zwanzig Jahren hier in Goa lebe. Sie habe sich vor einem Jahr scheiden lassen und ihre beiden Söhne studierten nun in London. Jetzt habe sie endlich mal Zeit für sich selbst. Danach habe sie sich schon lange gesehnt, doch ihre neue Freiheit mache ihr auch Angst, wenn ich verstünde, was sie meine.

Das könne ich gut nachvollziehen, pflichtete ich ihr bei, und wollte noch einen weisen Spruch über die Risiken der unendlichen Möglichkeiten hinterherwerfen, aber mir fiel keiner ein. Sie band sich ihre roten Locken, die wie Flammen um ihren Kopf loderten, zu einem zerzausten Zopf. Ich erzählte ihr auf ihre Nachfrage hin, dass ich in Deutschland mit verhaltensauffälligen Jugendlichen, sogenannten Systemsprengern, Einzel-Abenteuerreisen mit dem Fahrrad unternehme und so eine Art Indiana Jones für Arme sei. Diesen Kids, die eigentlich immer traumatisierende Gewalterfahrungen durch ihre Erziehungsberechtigten erlitten hatten, würden diese Auszeiten vom Alltag immer sehr gut tun.

Sie hörte gespannt zu und meinte, das fände sie *very interesting, very good,* das würde die Kinder bestimmt erden, klarer und fokussierter werden lassen. Zum Abschied tauschten wir unsere Telefonnummern und Namen aus und verabredeten am nächsten Tag mit ihrer Vespa zum Paradise-Beach zu fahren. Ich war gespannt, wie mein Durchfall und die Nackenschmerzen auf den Ausflug reagieren würden. Und ob mein Englisch reichen würde, um mich länger mit einer Oxford-Künstlerin zu unterhalten.

Maria erwartete mich am nächsten Morgen zu meiner Überraschung nur mit einem BH und einem Minirock aus Wildleder bekleidet. Ich schritt auf sie zu und hatte das Gefühl, als wäre sie so, wie sie da großbrüstig unter einer Palme in der Sonne stand und flimmerte, gerade dorthingebeamt worden. Wir umarmten uns lang und innig, so, als würden wir uns schon ewig kennen und etwas vom Umarmen verstehen. Sie meinte, sie sei schon ganz aufgeregt wegen unseres bevorstehenden Ausflugs und bat mich, die Vespa zu fahren, weil sie ihre Brille vergessen hatte.

Wir kamen durch diverse Dörfer, in denen ich das normale indische Treiben fern der Traveler und Händler sah. Ich sah vergnügte Kinder in Schuluniformen, entspannte Frauen und Männer, die ihrem Alltag nachgingen, erschöpfte Kühe, die bewegungslos und stoisch, wie Denkmäler, in der Gegend herumstanden, herumstreunende Hunde, verspielte Affen, die sich von Baum zu Baum schwangen.

Maria erzählte mir während der Fahrt ausführlich von ihrem neuesten Kunstfilmprojekt, Leben und Sterben, für das sie noch einen Spruch für ein Banner suche, das ein Flugzeug hinter sich herziehen solle.

»Umarme deine Dämonen«, kam mir spontan in den Sinn, doch behielt ich diesen Satz für mich, weil er mir zu pathetisch-esoterisch vorkam. Auch wenn ich das Thema interessant fand, wünschte ich mir bald, Maria würde endlich mal schweigen und näher an mich ranrücken. Stattdessen bat sie mich zum wiederholten Male, langsamer zu fahren. Und als ich ihr gerade großspurig erklärte, dass ich eins mit der Vespa sei, knallten wir über einen dieser Hubbel, die *Bumps* hießen, oder wie Maria mahnte: *»Be careful with the sleeping policemen!«*

Wir hoben ab und flogen wie in Zeitlupe mit schreckverzerrten Mündern einige Meter Richtung Baumkronen, sodass wir locker eine Kokosnuss hätten pflücken können. Ich entschuldigte mich bei Maria noch während wir krachend landeten und an einem alten bärtigen Sadhu vorbeibouncten wie ein Känguru. Zum Glück war die Vespa recht neu und die Stoßdämpfer fingen die Landung gut ab, sodass mein Nacken halbwegs glimpflich davonkam.

An einem breiten, schmutzigen Fluss hielten wir, um auf die Fähre zu warten. Die falle heute aus, wurde uns von einem Mann mitgeteilt, der frischgepresste Fruchtsäfte verkaufte, die wir, ich wegen meiner Darmprobleme und Maria aufgrund ihrer Fruktoseintoleranz, leider nicht trinken konnten. Wir fuhren weiter und überquerten eine Brücke, die von Polizisten bewacht wurde, die unsere Pässe sehen wollten, weil sie einen terroristischen Anschlag befürchteten, wie sie uns mürrisch mitteilten.

Der Paradise-Beach entpuppte sich als endlos langer Sandstrand, der mit der Vespa schwer zu erreichen war. Wir überlegten schon, die Maschine abzustellen und zu Fuß weiterzugehen, als wir sahen, wie jemand auf einem Mofa direkt an der Wasserkante entlangheizte. Ich bat Maria abzusteigen und trieb und wuchtete die Vespa gasgebend durch den tiefen Pulversand. Schweißnass und schwer außer Atem ließ ich sie aufsitzen, als der Untergrund wieder griffiger war.

Wir flogen an der Wasserkante den menschenleeren Strand entlang und suchten einen schattigen Platz, aber es gab keinen. Wir waren gefühlt in einer Wüste am Meer. Schließlich entdeckten wir einen dürren Nadelbaum, unter dem zu unserem Erstaunen ein alter Röhrenfernseher lag, was skurril aussah, fast wie ein archäologischer Fund.

Wir legten uns in den Halbschatten auf Marias Decke und unterhielten uns. Sie vertrat die Ansicht, es sei wichtig, immer positiv und optimistisch zu bleiben und sich auf diese Weise umzuprogrammieren. Ich meinte, das könne man versuchen. Doch wenn es einem nicht gut gehe, dann sei es auch hilfreich, herauszufinden, was die Gründe dafür seien, und nicht alles einfach nur wegzulächeln.

Sie schloss die Augen und schwieg. Endlich mal. Einzig die Brandung war zu hören. Kurz nachdem ich einen großen Schluck Wasser getrunken hatte, machte mein Darm Geräusche wie ein altes Heizungsrohr und ich musste dringend kacken. Ich nahm das Klopapier aus meinem Rucksack und verschwand flugs hinter einem kargen Busch. Der Stuhlgang war immer noch recht dünn. Dann legte ich mich mit meinem immer noch gluckernden Darm wieder neben Maria und fragte mich, ob sie sich wünschte, dass ich sie verführte, wozu ich mich aber gerade leider überhaupt nicht in der Lage fühlte.

Nach wenigen Minuten räkelte und streckte sie sich, blinzelte träge, streichelte sich den Bauch und flüsterte, ich solle das auch bei mir machen, das würde den Bauch beruhigen, womit sie recht behielt. Auch wenn ich mir ziemlich blöde vorkam so selbststreichelnd unter einem toten Tannenbaum am indischen Ozean.

Mit belegter Stimme sagte ich schließlich, ich würde mich jetzt mal abkühlen gehen, zog meine Badehose an und nahm zum ersten Mal an diesem Tag meine grün getönte Sonnenbrille ab. Prompt verloren alle Konturen an Schärfe und das Gucken in eine völlig überbelichtete Welt strengte mich an. Maria schälte sich aus ihrem Mini-Wildlederrock, unter dem sie ihr Bikinihöschen trug. Gemeinsam sputeten wir auf Zehenspitzen über den heißen Sand in den pisswarmen Ozean, in dem wir auch nach über fünfzig Metern im Wasser noch stehen konnten und überwiegend kleine Wellen gemächlich auf uns zuwanderten. Es dauerte dennoch nicht lange, bis eine etwas größere Woge Maria umriss und an den Strand zurückspülte, wie eine Puppe, was sie merklich einschüchterte. Sie meinte, sie sei kurzsichtig. Ich blieb von da an in ihrer Nähe. Sie griff nach meiner Hand, was schön und beklemmend zugleich war. Ich dachte beiläufig an die Trennung von meiner Freundin, worunter sie und ihre Kinder noch sehr litten, und fühlte mich schuldig. Dabei hatte ich doch meine Gründe gehabt, oder nicht?

Wir tobten wie ein frisch verliebtes Paar durch die Wellen, als plötzlich ein Mann am Strand stand, der uns zuwinkte. Wir gingen zu ihm. Er hatte einen kleinen mobilen Drucker um den Hals hängen, wollte uns für Geld fotografieren und die Bilder dann gleich ausdrucken. Maria war prompt in ihrem Künstlerelement, gab dem Mann und mir Anweisungen und ließ Fotos von uns machen, wie wir im Schneidersitz unter dem Nadelbäumchen saßen und fernsahen. Die Bilder wurden dann von Maria kritisch in Augenschein genommen.

Ich hoffte, dass dieser Kunstwahnsinn bald ein Ende finden würde, zog meine kurze Jeans an und schob mir die Sonnenbrille auf die Nase. Da kam auf einmal auch noch ein junger Mann auf einem klapprigen weißen Gaul den Strand entlang geritten und bot uns an, uns auf dem Pferd, das rote, traurige Augen hatte, spazieren zu führen. Ich lehnte dankend ab, weil mir die Vorstellung, hier unter der gleißenden Sonne auf dem augenscheinlich kranken Tier zu sitzen, völlig absurd erschien. Maria hatte diesbezüglich keine Bedenken. Sie zog sich ihren Rock an und ließ sich auf dem Tier posierend ablichten, während ich cool neben dem Gaul stehen und aufs Meer glotzen sollte, wobei ich mir wie ein Vollidiot vorkam. Als wir uns die Bilder jedoch ansahen, musste ich zugeben, dass sie tatsächlich einen gewissen künstlerischen Touch hatten.

Wir sollten langsam zurückfahren, wenn wir unterwegs noch etwas essen wollten, meinte ich irgendwann betont gelassen, obwohl ich mittlerweile etwas genervt war. Sie ließ noch drei weitere Fotos machen und ausdrucken, dann bezahlte sie endlich die beiden Männer und verabschiedete sich überschwänglich bei dem Pferd, das so aussah, als würde es jeden Moment tot umfallen.

Auf dem Rückweg hielten wir an einem Fort, das auf einem Hügel oberhalb eines Flusses stand. Portugiesen hatten es vor einigen hundert Jahren gebaut und nun war es ein edles Hotel und Restaurant, in dem Maria unbedingt speisen wollte. Sie bestellte für sich gedünstetes Gemüse mit Kartoffeln, etwas anderes könne sie aufgrund diverser Lebensmittelunverträglichkeiten, wie sie meinte, nicht essen, und ich nahm wegen meines Durchfalls das Gleiche. Die anderen Gäste hatten sich alle ziemlich in Schale geschmissen, weshalb mir Marias hautzeigender Cowgirl- und mein Sonnyboy-Aufzug etwas peinlich waren.

Ein kurzer Blick von der Burgmauer runter auf den Fluss, dessen gelbliches Wasser sich in den Ozean ergoss wie eine eiternde Wunde, ließ mich erschaudern. Die Sonne nippte bereits am Horizont, was bedeutete, dass wir uns beeilen sollten, wenn wir nicht im Dunkeln zurückfahren wollten. Das Essen wurde gebracht und schmeckte köstlich, dennoch musste ich danach eilig auf die Toilette.

Kaum hatten wir uns auf den Rückweg gemacht, wurde es schlagartig stockfinster, so als hätte jemand eine Jalousie heruntergelassen. Der Scheinwerfer war zudem falsch eingestellt, er strahlte blöde in die Baumkronen und war mir kaum eine Hilfe. Ich musste höllisch aufpassen, nicht zu schnell über die Bumps zu rollen oder mit einer Kuh zusammenzustoßen, was schon manch einem Touristen nachts zum Verhängnis geworden sei, wie Maria warnte.

In einigen Dörfern loderten zig kleine Feuer und es roch nach verbranntem Plastik, wovon uns leicht übel wurde. Außerdem kühlte uns der Fahrtwind ziemlich aus, weshalb Maria näher an mich heranrückte – endlich – und ich ihren Busen an meinem Rücken spüren konnte.

Als wir schließlich in Arambol ankamen, war ich völlig fertig und mein Nacken schmerzte doller denn je. Ich wollte nur noch in meine Hütte und mich ausruhen. Doch Maria bat mich, ganz reizend mit Wimperklimperblick, noch mit ihr tanzen zu gehen. Sie meinte, südlich von Arambol, im Souce, solle wohl eine Party stattfinden. Sie hatte recht. Hunderte Leute tanzten in der Nähe des Strandes unter einem riesigen alten Baum zu lauter, bassiger Musik, die zwei schrille Typen mit Keyboards erzeugten.

Wir holten uns etwas zu trinken, begaben uns auf die Tanzfläche, wo Maria von einem Rastaman einen Joint gereicht bekam, an dem sie zwei Mal zog, ehe sie ihn mir hinhielt. Obwohl ich vor ein paar Jahren mit dem Kiffen aufgehört hatte, rauchte ich das wohlig riechende Gras. Aus den Blicken der anderen konnte ich schließen, dass wir auf der Tanzfläche ein tolles Paar abgaben. In der Tat gingen wir in der Musik auf wie zwei Blumen in der Morgensonne. Ich rief Maria zu, dass wir auf der Welt seien, um zu spielen. Sie strahlte übers ganze Gesicht, meinte, den Spruch nehme sie fürs Banner. Schließlich tanzten wir eng umschlungen und knutschten.

Ich schlug Maria irgendwann vor, zu mir oder zu ihr zu fahren, aber das wollte sie nicht, weil sie sich selbst nicht traue, wie sie meinte. Das verstand ich nicht so ganz und wollte nicht mehr mit einer Dauererektion und Nackenschmerzen tanzen. Also verabschiedete ich mich kurzentschlossen von Maria.

Während ich am dunklen Strand entlangwanderte, ließ ich den Tag mit Maria Revue passieren und lachte Tränen über die vielen grotesken Situationen, die ich mit ihr erlebt hatte. Über mir hing die Milchstraße wie eine Sprechblase am pechschwarzen Himmel, und Sternschnuppen rasten wie geplatzte Träume auf den Horizont zu. Ich war in meinen Gedanken versunken, als mich plötzlich fünf, sechs Hunde, die aus dem Nichts kamen, kläffend einkreisten.

»Was wollt ihr denn?«, fragte ich zunächst noch heiter, bis ich schlagartig begriff, dass sie es ernst meinten, denn sie knurrten mich aggressiv mit gefletschten Zähnen an. Ich bekam es mit der Angst zu tun, wollte dennoch Größe und Stärke zeigen, schrie, wenig von mir selbst überzeugt, sie sollten verschwinden und schlug mit meinem Rucksack nach ihnen. Den bekamen sie rasch zu packen und begannen, entschlossen an ihm zu reißen.

»Aus! … Aus! Ihr scheiß Viecher. Aus!«, brüllte ich nun mit tieferer Stimme und trat einem dieser Köter wütend in die Seite.

Doch davon ließen sie sich überhaupt nicht beeindrucken. Sie wollten mich bei lebendigem Leib verspeisen, befürchtete ich. Ich überlegte, meinen Rucksack loszulassen und ins Meer zu fliehen. Jedoch drängten sie mich immer weiter von der Wasserkante weg. Da tauchte auf einmal rechts von mir ein großes Tier auf, ein Büffel oder ein Stier, der laut muhte und schnaufte. Die Hunde erschraken und liefen zu meiner Überraschung winselnd davon.

Ich bedankte mich bei dem imposanten Tier, das wie selbstverständlich neben mir hertrottete, als wolle es mich beschützen. Irgendwann blieb es abrupt stehen und schien mir sagen zu wollen, dass ich von nun an alleine klar kommen müsste. Es schnaufte erschöpft und ließ seinen schweren Kopf hängen, den ich vorsichtig streichelte, was es spürbar genoss.

Eine gute Stunde später kam ich völlig fertig an meiner Hütte an, fiel erschöpft ins Bett und träumte von einer sehr sinnlichen, erotischen Frau, die mich auf wundersame Weise am Lagerfeuer verführte.

Als ich morgens so ganz alleine im Bett liegend mit höllischen Nackenschmerzen erwachte, der Worte noch fern, musste ich weinen.

23.01.17
Es war eine dieser Nächte gewesen, in denen ich schreibend versuchte, mich gründlich zu ergründen, was mir völlig misslang, und machte mich schließlich verwirrter denn je am frühen Morgen auf den Weg zu Martin, um nicht schon wieder seine geführte Meditation zu verpassen.

Seine ruhige, fast schon vibrierende, klare Stimme lud mich dazu ein, meinem unruhigen Geist eine Pause zu geben, indem ich mich ganz bewusst auf meinen Atem, die Geräusche der rauschenden Palmen, des Meeres und meines Herzschlags konzentrierte. Meine Hoffnung war wohl, dass ich so wieder komplett in meinem Körper ankäme, von dem ich mich getrennt fühlte. Und tatsächlich, nach der Meditation fühlte ich mich wie ein neuer und wacherer Mensch. Auch Martin lächelte, als gäbe es nichts Schöneres als diesen Moment. So gingen wir schweigend zu unserem Stammrestaurant, um zu frühstücken.

Gunnar gesellte sich zu uns, zeigte auf den Ozean und die Delfine, die vorbeizogen wie geheimnisvolle Freunde. Wenn das Meer nicht so wild wäre und ich nicht diese verdammten Nackenprobleme hätte, wäre ich zu ihnen hinausgeschwommen, wie die Frau, die ich fast jeden Morgen dort draußen beobachtete.

Um elf Uhr hatte ich einen Massagetermin bei einer alten Freundin von Martin, die sechs Kilometer entfernt wohnte. Er empfahl mir, dort mit dem Taxi hinzufahren und danach am Strand entlang zu Fuß zurückzugehen. Die neunzigminütige Massage war tatsächlich ganz zauberhaft, sehr sanft und entspannend. Danach habe ich mich noch ein bisschen mit der Masseurin und ihrem Lebenspartner unterhalten, die auf meine Nachfrage hin meinten, sie würden seit siebzehn Jahren in Goa leben und hätten sich vor einer Ewigkeit bei einem Seminar, das vom indischen Philosophen Osho geführt wurde, kennengelernt. Weiter erzählten sie, was ich schon von vielen gehört hatte, dass hier früher, bevor die Raver kamen, alles deutlich mehr Spirit gehabt habe.

Der Rückweg am Strand entlang war anstrengend, weil es viel zu heiß in der gleißenden Sonne war. Ich wollte Goa gerne bald verlassen und nach Gokarna fahren, aber solange ich Durchfall hatte, würde ich bleiben, beschloss ich. So oder so ähnlich erging es angeblich schon vielen, die hier schließlich nie mehr weggekommen sind, erfuhr ich später von Gunnar, der mich fragte, ob ich am Abend mit auf ein Mantra-Rockkonzert kommen wolle.

24.01.17

Arambol, ein Ort mit vielen Ecken, Ritzen und Kanten, wo sich all jene tummeln, die der Sehnsucht - nach weiß der Teufel was - verfallen sind. Selbst die Märchen aus Tausendundeine Nacht sind nichts gegen all das bunte Treiben in Arambol. Wenn man nur nicht alle paar Meter vergiftet werden würde. Wobei diejenigen, die hier schon seit Jahren regelmäßig herkamen, immun gegen die indische Pest waren. Meine neuen spirituellen Freunde, also der Geistestrainer Martin und der Heilpraktiker Fabrizio, meinten während des Mittagessens, ich solle das Gescheiße als innere Reinigung sehen - ganz offensichtlich gäbe es einiges, was ich loszulassen hätte. Ich beschimpfte sie als Schwätzer und diese beiden Spaßvögel lachten sich schlapp. Fabrizio riet mir, ich solle mir eine Papaya kaufen und die schwarzen Kerne essen, weil die ein natürliches Antibiotikum enthielten. Ich nickte mürrisch. Martin fragte mich, nachdem ich meinen Teller Reis mit Ketchup aufgegessen hatte, worum es in meinem Roman *Das Kino bin ich* ginge. Und als ich es ihnen erzählte, waren sie schwer beeindruckt. Besonders der Satz: »Nein, ich will sie (meine Exfreundin) nicht finden, ich möchte sie nur suchen«, den ich als möglichen Schlüsselsatz bezeichnete, gefiel ihnen.

Und wo ich schon mal dabei war, mein literarisches Geplänkel zu erläutern, erzählte ich auf Martins Nachfrage hin, worum es in meinem neusten Werk *Komfortzone* ging. Nämlich um Helle, der verlassen und betrogen in Bern ein neues Leben anfängt. Er ist von nichts wirklich überzeugt und nimmt nichts wirklich ernst und immerzu gerät er von einem Drama ins nächste.

Manchmal frage ich mich, ob ich auf verworrene Weise Helle bin? Weil auch ich gehöre nicht der bürgerlichen Schicht an, lebe in der Unterwelt und bin ein Dämon, der mit zischender Zunge der kollektiven Verblödung beiwohnt und jubelt, sobald die Denkmäler zerbersten.

26.01.17

Da höre ich tatsächlich aus der Tiefe des Raumes jemanden laut sagen: »Fünftausend Jahre alte Kultur, und die sind nicht mal in der Lage, Mülleimer aufzustellen. Sollen die ruhig so weiter machen, dann können die irgendwann das ganze Land einschmelzen und den Klumpen Scheiße zurück über den Indischen Ozean schieben und nördlich von Madagaskar an Afrika ranpressen, wo Indien vor 38 Millionen Jahren auch hergekommen ist. Schade ist es eigentlich nur um den Himalaya, der würde dann ins Meer kippen.«

27.01.17

Gut, dass ich auf Fabrizio gehört habe, Er hatte mir ja geraten, meinem verstimmten Darm Zeit zu geben, die Papayakerne zu essen und auf keinen Fall irgendwelche Medikamente zu nehmen, da das Immunsystem mit jeder Herausforderung wachse. Und tatsächlich, ich hatte die Hoffnung schon aufgegeben, stoppte der Durchfall am fünfzehnten Tag meiner Reise und ich fühlte mich wie ein neuer Mensch – leichter und geschmeidiger. Papaya sei Dank!

30.01.17

Oft gaben die Bankautomaten hier kein Geld raus, weil sie leer waren. Wöchentlich durfte man siebzig Euro in bar wechseln und musste dafür zwei Stunden warten und acht Unterschriften leisten. Das lag daran, dass die indische Regierung plante, das Bargeld ganz abzuschaffen, wovon natürlich nur die Banken profitieren würden. Ich habe gestern in einer Bank, in der die Menschen auf zwölf Quadratmetern wie Tiere eingepfercht standen, lauthals verkündet, dass Indien einen neuen Gandhi samt Revolution bräuchte. Dem stimmten beinahe alle Anwesenden lächelnd zu.

Die Gespräche, die ich mit den Shopbesitzern in Arambol führte, haben mir gezeigt, unter welchen unwürdigen Bedingungen sie arbeiten und leben mussten, damit es den Touristen, die sich hier in ihrer Spiritualität suhlten, an nichts fehlte.

Diese Leute kamen zumeist aus Nordindien oder Nepal, arbeiteten jeden Tag 16 Stunden und schliefen in ihren Shops, fernab der Heimat, auf dem Fußboden. Sie konnten dennoch von dem erwirtschafteten Geld kaum leben. Die Touristen und Traveler feilschten um jede Rupie, weil sie am liebsten mit hundert Euro zwei Wochen hinkommen wollten. Überall streunten magere Hunde herum, die von den Touristen mehr geknuddelt und gefüttert wurden als jedes andere Wesen in der Milchstraße. Und am Ende der Saison wurden die Hunde alle vergiftet, weil kein Mensch wusste, wohin mit all den Tieren. Im Grunde musste man sich Indien als ein gigantisches Wesen vorstellen, das mal gelassen, mal heiter, mal hysterisch vor sich hin blutete und eiterte, sodass die Seelen der Einheimischen, das Land, das Grundwasser und dadurch auch das Meer schon Vergiftungssymptome zeigten.

31.01.17

Arambol, Stadt der Träume. Übermorgen wollte ich nach Palolim, im Süden Goas, weiterziehen. Dieser Ort soll deutlich mehr weibliche Energien transformieren als Arambol. Das meinte jedenfalls Martin, der mir Palolim dringend empfohlen hatte. Auch wenn in Arambol hauptsächlich Männer Führungsrollen innehatten, sprach gegen Martins Theorie, dass hier deutlich mehr selbständige Frauen als Männer Massagen und sonstige Dienstleistungen anboten und Yoga unterrichteten. Der Strand war gerade in den Morgenstunden voll von ihnen, wie ich heute morgen wieder beobachten konnte, als ich auf dem Weg zu einer Verabredung mit Maria war.

Eine Gruppe Frauen wälzte sich im Sand, sie zuckten und stöhnten mit verbundenen Augen zu düsteren Klängen, als wollten sie irgendwelche Dämonen vertreiben. Mir schauderte, vermutlich gehörte ich als männliches Wesen auch zu ihren Dämonen. Dabei sollte ich mich für sie freuen und mich an Ort und Stelle von ihnen töten lassen. Doch so weit war ich noch nicht, dachte ich reumütig, und zog weiter. Als nächstes kam ich an einer Gruppe athletischer Russinnen vorbei, die Akrobatik-Yoga praktizierten und mich keines Blickes würdigten. Belustigt kommentierte ich das Schauspiel in meinem Kopf: Ja, fein, Po in die Höhe, Kopf in den Sand. Handstand geht auch. Super. Und sogar Spagat. *Very sexy!*

Ansonsten sah ich Frauen und Männer, die flott den Strand entlang wanderten. Zwei ganz sportliche Frauen joggten sogar. Die Fischer wuchteten ihre langen, schmalen Boote wie Rammböcke ins Meer. Viele Frauen und Männer saßen mit geschlossenen Augen da, das Gesicht der Sonne zugewandt, die mir schon um neun zu heiß war. Drei Inder schleppten Kokosnüsse durch die Gegend, die sie zum Verkauf anboten. Ich ließ mir eine für fünfzig Cent geben und trank sie mit einem Strohhalm leer. Hundert Meter weiter schmiss ich das Ding in einen Graben voller verwitterter Kokosnüsse, der aussah wie ein Massengrab voller Totenköpfe.

Mir war in den letzten drei Wochen aufgefallen, dass beinahe jeder, den man in Arambol traf, selbstlos mit Ratschlägen bezüglich der richtigen Einstellung, Meditationspraxis, und Ernährung um sich warf. Auf den Straßen wimmelte es von Gefühlsexperten und Gedankendompteuren, die ihr tiefgründiges Wissen gerne mit der Öffentlichkeit teilten, sodass ich manchmal herzhaft lachen musste. Die Verabschiedung von Maria stand bevor. Ich hatte mich in letzter Zeit immer mal wieder zum Spazierengehen und gemeinsamen Essen mit ihr getroffen. Zweimal hatte ich ihr dabei zugeschaut, wie sie in einem Café vor den Augen der neugierigen Gäste ein Bild entstehen ließ, indem sie blaue Farbe auf die Leinwand tropfte, die sie mal in die eine und mal in die andere Richtung fließen ließ.

Ich mochte Marias Blinzeln, ihre Sensibilität, ihren leisen Optimismus bezüglich ihrer Lebensmittelunverträglichkeiten, ihre Naivität und Neugier und dass zwischen uns, abgesehen vom ersten Ausflug, wenig sexuelle Energie zustande kam.

02.02.17

Ich kaute mein Omelett mit Reis. Dazu trank ich einen schwarzen Tee, den ich lange ziehen gelassen hatte, damit sich die Bitterstoffe entfalten konnten. Diese sollten gegen den Durchfall helfen, der mich seit gestern wieder plagte. Es war fast windstill. Das Meer lag wie gespannte Frischhaltefolie dort und konservierte den halben Erdball. Ganz am Ende des Horizonts reihten sich winzig-riesige Frachtschiffe, die Europa mit allerlei Kram versorgten, wie Perlen aneinander. Am Strand tummelten sich Menschen, nicht viele, aber genug, um anzuknüpfen. Und ich hing weiterhin an den Fäden des Puppenspielers, der gelegentlich von mir verlangte, ich möge die Menschen, die Pferde, die Hunde, die Leser, ja ganz Indien verraten, um zu retten, was die Liebe verspricht. Über allem ein milchiger Himmel.

Gestern verbrachte ich den halben Tag mit Ulf, einem knapp siebzigjährigen Rentner, der voller Lebenslust und wunderbarer Geschichten war. Hundertvierzig Jahre alt möchte er werden, wenn es jemand schaffte, dann er, davon war ich überzeugt.

Er meinte, das Loslassen sei schwer in Mode gekommen, doch man könne nur loslassen, was man tatsächlich besitze oder was man zumindest durchdrungen und verstanden habe. Wer dies missachte, den zerreiße es früher oder später.

Ulf hatte seinem Freund fünf Tage lang die Hand gehalten, als dieser kaum noch Luft bekam, und ihn schließlich in einen Flieger zurück nach Deutschland gesetzt. Und auch ich dachte manchmal, ich sollte Indien endlich verlassen, da mein Darm ganz offensichtlich zu sensibel und anfällig für dieses Land war. Sechs Kilogramm hatte ich schon abgenommen, meinen ehemals schönen Fußballerbeinen und dem knackigen Po fehlten mittlerweile die nötige Masse, sodass ich mir ein bisschen wie ein Flamingo vorkam.

Ach, ach, höre ich jetzt meine lieben Leser stöhnen und sagen: »Das ist Kopfsache, sei nicht dies, sei nicht jenes, sei immer optimistisch, dankbar und positiv, und poste nie wieder ein Bild von einem klapprigen Pferd am Strand unter der indischen Nachmittagssonne, auf dem eine stolze englisch-indische Lady namens Maria sitzt, die sich für eine außergewöhnliche Kunstfilmemacherin und Malerin hält.« Aber darauf werde ich nicht hören, denn ich schreibe ganz unverblümt über das, was mir begegnet.

Robin Becker, geboren 1975 in Bielefeld, bereist seit seinem 16. Lebensjahr mit Rucksack und Feder die Welt. Er ist gelernter Industriemechaniker und studierte in Potsdam und Bielefeld Sozialpädagogik. 2008 zog er nach Bern, wo die ersten Ideen für seine Romane *Das Kino bin ich* (2016) und *Komfortzone* (2019) entstanden sind. 2024 erscheint sein Episoden- Roman *Zwischenräume.* Während seiner Reisen schrieb er Storys und arbeitete intensiv an seinen Manuskripten. Von 2013 bis 2023 wohnte Robin Becker in Köln und Berlin und war freiberuflich als Familienhelfer sowie Autor tätig. Zudem organisiert und moderiert er in Köln seit 2021 monatlich die offene Welt-Bühne, bei der neben ihm noch andere Künstler*Innen auftreten. Seit 2023 lebt Robin Becker im Kanton Bern, wo er als selbstständiger Familienbegleiter und Schriftsteller arbeitet.

Ariana Emminghaus

Die Straße, die nur uns gehört

Gut geplant hatten wir diesen Urlaub nicht, auch wenn »gut« vielleicht sowieso kein adäquates Adjektiv ist, um Urlaubsplanung zu beschreiben. Es gibt viele Arten, Urlaube zu planen, von denen keine gut oder schlecht sein muss. Durchgeplant oder ungeplant kann er sein, vielleicht ist ein solches Präfix ein passender Ersatz für das Adjektiv.

Bei uns war es das *un-*, das diese Urlaubsplanung am besten beschreibt, die mehr aus Leerstellen als aus Listen bestand. Die Leerstelle war am Anfang nur die reine Überschneidung einer Ferienwoche in unseren jeweiligen Kalendern. Und in der fanden wir, ohne einen Plan mitzubringen, doch genau das, wonach diese Leerstelle verlangte.

Jetzt sind wir beste Freundinnen und wir haben einen Ort, der nur uns gehört, weil dieser Ort eine Erinnerung ist, die wir teilen. Aber zurück zur Leerstelle, zu einer Woche in zwei

Kalendern, zu Billigflugpreisvergleichen, ausschweifenden Telefonaten, viel zu viel Alltag zwischen den Zeilen und die genau richtige Sehnsucht nach Sangria auf der Zunge, zu dem Schriftzug auf zwei Online-Tickets: ALICANTE.

Uns beiden sagte dieser Städtename nicht viel, er hatte vor allem beim Billigpreisvergleich überzeugt, aber die Fotos, die auf der ersten Seite der Google-Ergebnisse auftauchten, waren verheißungsvoll genug. Sie wirkten wie der Blueprint eines Spanienurlaubs. Sandstrand, Mittelmeer, eine Stadtfestung – und die Sangria konnten wir förmlich schmecken.

Zusammen schauten wir auf das türkisblaue Wasser bei Google. Wir kannten uns noch nicht so lange, setzten auf ein Gefühl, das uns sagte, dass wir gut miteinander reisen könnten, ein häufig harter Test für Freundschaften und für uns doch eigentlich der Beginn einer solchen. Wir kannten Alicante gar nicht, wir setzten auf das türkisblaue Wasser, das uns sagte, dass man dorthin gut reisen könnte. Wir nickten uns gegenseitig zu, machten uns keine Gedanken, buchten den Urlaub und waren bereit.

Strand, dachte ich damals, kann nie schaden.

Und eine beste Freundin, das denke ich jetzt, habe ich dringend gebraucht. Ich wusste es nur noch nicht.

Und so will ich nicht länger von Leerstellen erzählen, aber auch nicht vom Türkis des Mittelmeers.

Sangria floss, natürlich, aber wir wanderten auch stundenlang über wechselnde Oberflächen, sandige und felsige, zugemüllte und verwucherte. Wir besichtigten die lokale Burg, wir kauften uns Fußkettchen aus aufgefädelten Kaffeebohnen und trugen sie barfuß im Meerwasser spazieren, wir gaben so viel Geld für Frozen Joghurt Toppings aus, dass wir keins mehr fürs Abendessen übrig hatten, wir versetzten unsere Hostel-Mitbewohner:innen in Erstaunen darüber, dass wir nicht nur auf der Durchreise waren:

Nein. Nein, wir bleiben hier. Ja. Ja, die ganze Woche.

Nein, nur hier. Ja, hier. Nur hier, ja.

Es war schon dunkel, als wir das Hostel verließen. Der Vollmond, der uns zu Beginn der Woche begrüßt hatte, nahm in dieser Nacht bereits ab. Der Lärm aus Clubs und Kneipen drang gedämpft auf den gepflasterten Weg heraus, den wir hinabspazierten, um vom höher gelegenen Hostel zum Stadtzentrum zu gelangen – wenn eine Stadt, in der die meisten nur auf der Durchreise sind, überhaupt so etwas wie ein Zentrum haben kann. Der Lärm erzählte zumindest von einem Zentrum. Und wir folgten ihm.

Obwohl wir in den vergangenen Tagen und Nächten bereits viel durch die Straßen gelaufen waren, hatten wir keine Orientierung in dieser Durchreisestadt. Unsere Planlosigkeit zog sich durch. Sie zog sich durch die Gassen in Alicante. Aber es gab jetzt schon Orte, die wir mieden:

In diesem Club hatte uns ein schmieriger Typ angetanzt und nicht mehr von uns abgelassen.

In dieser Kneipe gab es anscheinend nur Stammgäste oder geschlossene Gesellschaften.

Da an der Ecke war uns schon von hier aus die Musik zu laut –

und so liefen wir über die Pflastersteine, die vom Mondlicht beschienen von etwas anderem zu erzählen schienen als der Beat dieses Songs, dieses spanischen Songs, der in dieser Woche überall lief, dieses Ohrwurmsongs mit dem eingängigen Beat, der Soundtrack aller Durchreisenden, dieser oft mitgegrölte Song, überall lief er in dieser Woche, dieser eine Song, der lief an jeder Ecke, auch an dieser jetzt gerade –

und hinter der Ecke waren wir auf einmal ganz woanders. Unser Blick folgte den Pflastersteinen, die leise glänzten und matt flüsterten. Langsam hoben wir den Blick, wahrscheinlich haben wir es nicht gemeinsam getan, aber hier beginnt die Erinnerung, die wir teilen, das hier, das ist der Anfang:

In der Straße vor uns wuchsen Pilze. Am Rand dieser Seitenstraße standen überlebensgroße, leicht schiefe Fliegenpilze. Ihre weißen Stiele schimmerten bläulich. Wir legten die Köpfe in den Nacken und sahen über uns die überdimensionalen Lamellen, schwungvolle Bahnen auf der Pilzhutunterseite. Sogar bei der spärlichen Mondbeleuchtung, die diese Nacht erlaubte, erkannten wir, wie rot diese Pilze waren, rot mit weißen Punkten, ganz klar durch ihre Farbe und Musterung als Fliegenpilze zu erkennen. Sie schauten uns an. In den langen Stielen zeichneten sich Gesichter ab, faltig und gutmütig blickten sie uns an. Sie schauten auf uns herab, diese langen Stielgesichter, mit hängenden, leicht geröteten Wangen, großen, ovalen Augen, und wir guckten erstaunt zurück.

Und dann waren da kleinere Pilze, auch ganz klar Fliegenpilze, aber mit breiten, bauchigen Stielen, bequem tief am Boden wuchernd. Die Stiele zierten aufgemalte Grashalme, ebenfalls überproportional groß, und dann sahen wir: In den tief liegenden Fliegenpilzstielen, in den bauchigen, nicht den länglichen Stängeln, waren kreisrunde Fenster.

Wo waren wir denn hier gelandet? In den Tagen und Nächten, die wir planlos durch Alicante gewandert waren, war uns ein solcher Pilz noch nie aufgefallen. Geschweige denn, eine ganze Straße voll mit solchen Pilzen.

»Eine Pilzstraße!«, riefst du. Oder sagte ich das? Schon machte das keinen Unterschied mehr.

Natürlich waren es keine echten Pilze. Das hier schien eine Mischung aus Stadtdekoration und Kinderspielplatz zu sein. Wir kletterten in die Fliegenpilze hinein und winkten uns durch die kreisrunden Fenster zu. Wir schossen Fotos von unseren kleinen Körpern im Vergleich zu den riesigen Pilzen. Wir rutschten eine Rutsche hinunter. Wir drehten Videos von dieser Rutsche, die gestaltet war wie eine Raupe und ja, die ganz offensichtlich für Kinder gedacht war.

Die Pilzstraße. Natürlich waren es keine echten Pilze, ja, natürlich gibt es für alles eine Erklärung, und doch: Für eine Millisekunde, für einen ersten Augenblick, als wir um die Ecke bogen, gab es sie nicht. Keine Erklärung, keine Orientierung, keinen Plan. Nur eine surreale, magische, mondbeschienene Straße, ein Eingang in eine andere Welt, so etwas wie ein Wunderland oder wie ein Wurmloch. Eine andere Welt, in die wir einfach so eingebogen sind, und die so lange bestand, in all ihrer magischen Unmöglichkeit, in ihrer millisekundenlangen Unerklärlichkeit, genauso lange, bis wir uns gefragt haben, wo wir denn hier gelandet waren.

Und die Unmöglichkeit wurde unser Spielplatz und diesen einen Beat, den Soundtrack, den wir uns mit allen Hostel-Mitbewohner:innen teilten, den hörten wir nicht mehr. Diese Straße hatten wir bei keiner Google Suche gefunden. Die Pilzstraße hatten wir tagsüber nie gesehen. Vielleicht gab es sie nur jetzt? Vielleicht waren wir doch, die Raupe rutschend, in einer anderen Welt gelandet?

Wo die Pflastersteine leise schimmerten und matt flüsterten. Wo die Pilze bis in den Himmel ragten. Wo wir neugierig und ganz auf uns allein gestellt waren, so kindlich und erwachsen zugleich, so wie man es ist und sein muss und wird, wenn man mit Anfang zwanzig zu zweit Urlaub in Spanien macht, in einer Stadt mit fremdem Namen, in einem Hostel mit Mehrbettzimmern, bei einer Erkundungstour, die nach allen Seiten geht.

In alle Seitenstraßen hinein. Die Pilzstraße. Wir hatten sie gefunden, wir hatten sie dokumentiert, wir hatten versucht, uns den Standort zu merken.

Aber am nächsten Tag fanden wir sie nicht mehr. Auch die nächste Nacht nicht. Die Pilzstraße – einfach verschwunden. Die Pilzstraße, so sagten wir uns, war nur bei Nacht zugänglich und gehorchte ihren eigenen Regeln. Dadurch, dass wir sie so lange nicht wiederfanden, dehnte sich die Unmöglichkeit der ersten Millisekunde weiter aus.

Es sollte Tage dauern, bis wir endlich die Orientierung gewonnen hatten, und in die richtige Seitenstraße einbogen. Bei Tageslicht und mit Passant:innen verlor die Pilzstraße all die Magie, die ihre Entdeckung und ihre scheinbare Verflüchtigung ihr verliehen hatte.

Es war nicht mehr die Pilzstraße; jetzt war es die Straße mit den Pilzen.

Aber die Pilzstraße blieb uns.

Die Absurdität des Um-die-Ecke-Gehens und plötzlichen Innehaltens. Das geteilte Wo-sind-wir-denn-hier-gelandet. Das Spielen und das Wundern. Das Dokumentieren und das Verflüchtigen. Und das Lachen. Ja, das Lachen.

Wir waren nicht auf der Durchreise und konnten so in ein Wurmloch fallen. Unsere Fußkettchen sind von einem Tag auf den anderen zu Freundschaftsbändchen geworden.

Die Pilzstraße ist uns geblieben. Allein das Wort »Pilzstraße« ist einer von mittlerweile vielen Insidern. Schon dreimal haben wir uns gegenseitig Kuchen in Pilzform zum Geburtstag gebacken, ohne Absprache. Du hast mir weiße Tennissocken mit Fliegenpilzmotiv geschenkt. Ich habe dir Ohrringe geschenkt, an denen Fliegenpilze mit Stielen aus Perlmutt baumeln. Du hast bei einer künstlichen Intelligenz im Internet Bilder generieren lassen zum Text »*two women drinking tea in front of friendly mushroom house*«. Du hast mir diese Bilder geschickt. Wir schicken uns Zeichnungen und Memes und BuzzFeed Quizzes, wenn sie auch nur entfernt etwas mit Pilzen zu tun haben. Diesen Sommer habe ich dir zum Geburtstag eine Tasse geschenkt, der Henkel: ein Fliegenpilz. Wenn man so ganz ohne Orientierung unterwegs ist, kann man in eine ganz neue Welt stolpern. In unserem Fall ist das nicht die Pilzstraße an sich. In unserem Fall ist es, wie wir die Pilzstraße entlang gegangen sind. Wie wir sie gefunden haben. Wie wir auf ihr gespielt haben. Wie wir sie bewundert und angestarrt haben. Wie wir sie wieder verloren haben. Wie wir uns gefunden haben, gegenseitig, und gemerkt haben: Das hier, das ist es doch. Wir gehen die Pilzstraße entlang, zusammen.

Die Pilzstraße ist ein Ort, der nur uns gehört, weil er die Erinnerung ist, die wir teilen.

Wir sind beste Freundinnen geworden, scheinbar zufällig, weil wir spontan einen Urlaub zusammen gebucht haben und eines Nachts um diese eine Ecke gebogen sind. Aber wie zufällig kann eine Freundschaft sein, die mit einem Wunder beginnt? Es gibt sie doch, die Pilzstraße, unmöglich, unerklärlich, da ist es wieder, dieses un-, das hatten wir doch am Anfang, es gibt sie, unauffindbar, unheimlich – und es gibt: uns.

Ariana Emminghaus, geboren 1995, studierte zunächst Schauspiel in Ludwigsburg. Dort entwickelte sie die einstündige Solo-Performance *ein allgemeiner gedanke (und ich hatte ihn) (jetzt nicht mehr)*, die u.a. zum UWE-Festival in München eingeladen wurde. Anschließend studierte sie am Schweizerischen Literaturinstitut und Szenisches Schreiben an der UdK Berlin. Ihr Klassenzimmerstück *Zu spät, zu spät* hatte im Oktober Premiere am Theater am Markt in Eisenach. Ariana Emminghaus ist temnitzschreiberin 2023.

Leonie Claire Oesterreich

Der Fuchs

Ein schwarzer Schatten beim Wechseln des Klimperfilms im
Dreischritt vor die Folie des Morgengrauens geschoben.
1. Vom feuchten, satten Daneben –
2. auf den Asphalt,
3. vor den Bug des SUV's.

Der Fuchs manifestiert sich im dritten Wimpernschlag,
bei 120 km/h.
Ausgeblendet im Scheinwerferlicht: Meister Reinecke
im grauen Pelz.

Es könnte vom Geräusch her auch ein Schlagloch sein, nicht mit 120 km/h, eher mit 10 km/h über die glitschigen Pflastersteine irgendeiner Altstadt im Herbstlaub.

So könnte auch der Trommellauf einer zu voll beladenen Waschmaschine klingeln, die Daunenkissen im Schleudergang.

Wenn wir die Fähre, wie ursprünglich geplant, um 13 Uhr genommen hätten, wäre es »nichts« gewesen.

»Achtung, hier soll es Wildtiere geben!«, so hätte das Schild mit dem schwarzen Musterhirsch auf gelb gebrüllt und das wäre alles gewesen.

»Gute Fahrt am Vormittag!«

Der Tag hätte sich vor dem Starten des Motors geordnet, die Tierwelt wäre auf *mute* gestellt worden, weil ins Gebüsch geschlagen: Rotwild, Raubwild, soll's hier geben. Verzieht sich aber, wenn der Morgen graut, der Asphalt zur Straße wird.

Geht es also nur um die falsche Fähre? Die zu frühe? Weil unsere wegen Schlechtwetter ausfiel?

Erinnern wir uns richtig, im Präsens:
Der Wecker geht um 4 Uhr, wir wollen nach Hause. Alles ist klamm. Die Hündin hebt nicht mal den Kopf und grollt, als wir sie vom Bett schicken wollen. Zu früh für das tagaktive Tier und uns Menschen. Das Zimmer eng, wir kleben beim Vorbeigehen aneinander. Die Schlüssel auf das Pult der verlassenen Rezeption gelegt und das Geräusch der Schlüsselkarten auf dem speckigem Lederbezug hallt im Kopf nach, wie die Tür nachklingt, die hinter uns als zugefallen steht, wie die Kofferrollen schleifen, auf feuchtem Versiegelungsgrund.

Wir haben hier keine bleibende Stadt, kein Bett mehr zum Schlafen. Das Vakuum der Nacht in der Fremde macht die Sicherheit der Routine klein.

Wir *sollten* jetzt nicht wachen.

Wir *wollen* trotzdem los.

Wir schneiden das Draußen, das milde Salz der Atlantikluft vor dem Hotel ins Innere des Wagens, indem wir die Lüftung starten, den Spiegel richten, den Hund im Reisekörbchen anschnallen. Und siehe da, unsere Wirkmacht zeigt sich im Aufklaren der beschlagenen Scheiben.

Gut.

Wir setzen auf die Konzentration der Fahrerin, die viele Tage gefahren ist und weiterfahren wird. Fahren kann. »Alles ist sicher, hier im Panzer.« Das wollte ich eigentlich ironisch denken und trotzdem suche ich den Horizont nach den ersten Strahlen ab.

Und jetzt aus der Rückschau:
Ich bin konzentriert gefahren. Ich dachte, ich wäre nicht müde. Ich war nicht müde! Das Tempolimit ausgereizt, aber nicht überschritten.

Und plötzlich

1, 2, 3.

Der Blick voll Neugier.

Holterdiepolter.

Ich steige nicht aus.

Hier im fremden Land, mitten auf der Autobahn bei 120 km/h, um 5:30 Uhr, wir brettern eh schon seit zehn Sekunden weiter, den Leitlichtern der Straße folgend. Das Navi weiß nichts von dem Vorfall, es zeigt dieselbe Strecke, keine Warnmeldung oder Mordanklage blinkt.

Du, das Kissen aus dem gemeinsamen Bett über der rechten Schulter zusammengeknüllt, sodass es den Kopf stützen kann, bist durch meinen Mord, den Trommelschleudergang, nicht mal aufgewacht. Wir, schon zwei Kilometer weiter, um uns niemand und nichts.

Ich versuche zu spüren.
Wissen die Wälder von uns?

Es war doch so:
Es gab den Plan zu reisen. Wie bei all unseren anderen Urlauben. Die halbe Reise bereits davor erlebt, durch die gläsernen Augen anderer. Gelbe Punkte auf Google Maps, die nur noch durch unsere Fahrt zur Routenkette verbunden werden mussten. Stadt für Stadt, Beweise im Fotostream abgelegt.

Zwischen Startpunkt A, Bridgets Guesthouse und Zielpunkt B, dem Fährenterminal in Dover, gibt es kein Anhalten, keine Pause, keinen WILDUNFALL.

Nur die leichte Vibration des Wagens, das Leuchten des Navimonitors, das Rascheln der Lüftung. Kein zermalmter Körper, keine Lunge, die kollabiert, kein Dreck an der Stoßstange unseres roten Jeeps. Keine Schuld.

Ich muss tanken, irgendwann.
Ich muss, obwohl der Tank nicht leer ist.

Obwohl der Tank nicht leer ist.
Erst nach dem Zahlen traue ich mich, es streift mein Blick die Stoßstange: Hängt da was, was mich verrät? Keine …

Du wolltest keinen Kaffee, du wolltest deinen Kopf nicht heben, du wolltest dich nicht wecken lassen, schiebst das verrutschte Kissen wieder unter den Kopf.

Es muss nicht passiert sein. Zum dritten Mal nicht:
Ich habe keinen Mucks gemacht, der Schatten für Sekunden kurz dementorhaft von links nach rechts, ein leichtes Entweichen von Luft, drinnen, mit Sitzheizung, aber kein

Ausweichversuch, kein Zucken in meinem Handgelenk. Der Vorhang der Pupillen zieht sich zu, dann Schleudergang.

Dann

1,

2,

3,

Schleudergang.

Selbst die Hündin hat nichts gemerkt, sie schläft hinten angeschnallt in ihrem Reisekörbchen.

Aber natürlich wenigstens Hybrid.

Leonie Claire Oesterreich, geboren 1990 in Oberhausen, studierte Germanistik, Philosophie und Erziehungswissenschaften in Jena, Düsseldorf und Bochum. Sie arbeitet als Lehrerin für die Fächer Philosophie und Deutsch in Wuppertal.

Nadire Biskin

Sommerlöcher im Herzen

Es ist ein warmer Tag im Juli. Ich liege auf einer luxuriösen Sonnenliege am Strand von Antalya und habe drei Tage nichts anderes zu tun, als zu lesen, nachzudenken und Musik zu hören. Darauf habe ich mich schon lange gefreut. Wenn ich ehrlich bin, seit meiner Kindheit. Denn während viele Menschen vor der Verschärfung der Klimakrise, vor Corona und Inflation fröhlich durch die Gegend gejettet sind, hat es bei mir Jahrzehnte gedauert, bis das auch nur annähernd möglich war. Auch Miesmuscheln probiere ich diesen Sommer zum ersten Mal, obwohl sie in der Region, die ich schon unzählige Male besucht habe, eine Delikatesse sind – aber von vorn. Ich bin 35 Jahre alt und in Berlin-Wedding aufgewachsen. Anders als viele Familien aus der Mittelschicht schafften wir es damals in den 1990er Jahren nur jedes zweite Jahr in den Urlaub. Meine Mutter arbeitete als Reinigungskraft, außerdem bekamen meine Eltern eine Aufstockung vom Jobcenter. Jedes Jahr mussten wir bangen, ob der Sachbearbeiter, bei dem meine Eltern ihre »Ortsabwesenheit« anmelden mussten, gnädig ist und uns seinen Segen gibt. Noch entscheidender aber war unsere finanzielle Situation. So gab es auch Zeiten, in denen wir vier Jahre lang nicht wegflogen. Und wenn doch, dann immer mit demselben Ziel: die türkische Provinz Antalya, wo ein Teil meiner Familie lebt.

Für meinen Vater, Sohn eines türkischen Gastarbeiters, war es lange kein Problem, wenn wir nicht in den Urlaub fuhren, denn seine Eltern lebten bis zu ihrer Pensionierung mit uns in einem Haus. Erst dann zogen sie in die Türkei, nach Bucak, eine Stadt etwa 85 Kilometer von der Stadt Antalya entfernt. Meine Mutter aber kam 1981 als sogenannte Importbraut nach Deutschland und zog nach der Eheschließung zu meinem Vater und seiner Familie. Ihre eigene Familie blieb in dem kleinen Dorf, aus dem sie kam, in der Nähe der Stadt Bucak. Somit konnte meine Mutter ihre Eltern nur im Sommer sehen – und eine Reise in die Türkei diente nicht nur der Erholung, sondern war eine Reise zu Mutters Schoß, zu Vaters Schultern.

Sprache verbindet, Sprache trennt

Als Kind hoffte ich immer, dass unser Reiserhythmus mit dem von möglichst vielen meiner Freund*innen übereinstimmte. Sonst fühlte ich mich im Sommer ziemlich allein, so wie die anderen, die zu Hause bleiben mussten, weil sie keine Pässe mehr hatten oder Aufenthaltstitel besaßen, die das Reisen nicht erlaubten. Und obendrein waren da die roten Zahlen auf den elterlichen Konten. Unsere Straße, unser Kiez war dann immer so ruhig wie über Weihnachten, wenn alle Zugezogenen aus Berlin verschwinden und zu ihren Eltern fahren.

Gab die Deutschlehrerin uns am ersten Schultag nach den großen Ferien die Aufgabe, einen Aufsatz über unsere Erlebnisse zu schreiben, fiel der in den Jahren, in denen wir nicht flogen, ziemlich monoton aus. Unsere Tage sahen dann in etwa so aus: Mein Bruder und ich fuhren abwechselnd mit dem einen Fahrrad, das wir besaßen, bis zur nächsten Straßenecke und wieder zurück, immer hin und her. Oder wir saßen stundenlang vor dem Fernseher. Ab und zu spielten wir auf dem Hof mit zwei anderen Kindern Fußball, während uns rauchende Nachbarn vom Fenster aus zuschauten. Manchmal half ich Mutter. Ich rollte mit ihr Weinblätter.

Doch wenn ich ehrlich bin, waren die Reisesommer in der türkischen Provinz nicht viel besser. Keiner der Verwandten hatte Zeit für uns, sie arbeiteten alle auf den Feldern, sowohl Eltern als auch Kinder. Mutter musste mit ihrer Schwiegermutter Tomatenmark herstellen, Vater bei seinen Schwägern mit seinen Marlboro-Zigaretten aus Deutschland angeben, und wir plagten uns gelangweilt mit Sonnenstichen herum. Der Familienbesuch war körperlich genauso überfordernd wie emotional und kognitiv.

Neben der Langeweile setzte mir noch etwas anderes zu. Wir wohnten meist in Bucak, einer kleinen Stadt, und ich war ein Großstadtkind. Jede Verkäuferin, jeder auf dem Markt und jeder im Geschäft – und wenn Mücken und Kühe hätten sprechen können, dann vermutlich auch sie – fragten, wo ich herkomme. Das war kein Rassismus. Ich galt dort einfach als privilegiert, weil ich aus Deutschland kam und Türkin bin und weder einer religiösen noch ethnischen Minderheit angehörte.

Ich reagierte auf die Frage mit einer rhetorischen Pause, blickte meinem Gegenüber in die Augen und sagte, ich bin almancı, Deutschländerin. Noch heute antworte ich so. Als Kind und Jugendliche aber lag ich nachts oft wach und diese »othernden« Gespräche mit Türkeitürken, in denen meine Herkunft aus Deutschland mit meinem Wesen, meinen Eigenarten verbunden wurde, spielten sich wieder und wieder vor meinem inneren Auge ab. Mir wurde damals klar, wie mächtig die Zunge eines Menschen ist. Die Zunge und Sprache, auf Türkisch hieß beides dil, unterschieden meinen Bruder und mich von den anderen. Zu Hause in Berlin Wedding sprachen wir wie die meisten deukisch, also ein hybrides Deutsch-Türkisch. In Bucak aber, wo meine Deutschländer-Großeltern in den Neunzigern hingezogen waren, und im Dorf meiner Großeltern mütterlicherseits, verstand man uns oft nicht. Dort sprachen die Menschen nur Türkisch.

Nur eine Autostunde entfernt wiederum, in Antalya, wo am Strand Miesmuscheln verkauft wurden, wohin die Deutschländer aus allen Regionen der Türkei und Deutschlands kamen und neben deutschen, polnischen und russischen Tourist*innen ihren Urlaub verbrachten, da sprach man neben Türkisch mindestens auch Deutsch. Mit jenen Tourist*innen saßen wir im Flugzeug, mit ihnen standen wir in der Schlange für die Passkontrolle, warteten auf unsere Koffer am Gepäckband – dann trennten sich unsere Wege. Sie wurden vom exklusiven Abholservice in ihre all-inclusive Fünfsterneresorts gebracht, während wir von meinem Großvater empfangen wurden, der mit Tränen in den Augen und zitternden Beinen am Ausgang auf uns wartete und uns an einen Ort brachte, wo es kaum gepflasterte Wege gab und wir nicht einmal Rad fahren konnten. Jene Momente meiner Kindheit lehrten mich die Banalität von in Kilometern gemessener Entfernung. Die Distanz, die ich zu den anderen Reisenden empfand, ließ sich in dieser Maßeinheit nicht ausdrücken, ich empfand sie damals als unüberbrückbar.

Selbstverständlich äußerte ich als pubertierende und fordernde Jugendliche irgendwann selbst den Wunsch, in einem Hotel an der türkischen Riviera zu übernachten. Der Strand war mein Sehnsuchtsort, wo Menschen sahen und gesehen wurden, wo die Stars aus dem türkischen Fernsehen Urlaub machten und Menschen schwarze Meeresfrüchte aßen, die, wie ich viele Jahre später erfuhr, Miesmuscheln oder auf Türkisch midye heißen. Doch meine Eltern konnten mir diesen Wunsch nie erfüllen. Mutter sagte, wir haben keine Zeit, wir müssen zur Familie. Außerdem hätten uns all die Mitbringsel aus Deutschland – Kaffee, Cremes und Co. für die Familie und Nachbarn, die weniger haben als wir – neben den überteuerten Flugtickets sowieso schon zu viel gekostet. Ich war sauer und damals nicht empathisch genug, um meine Eltern zu verstehen. Heute, als Erwachsene, verstehe ich ihre Zerrissenheit.

Die feinen Unterschiede

Mit Anfang zwanzig bekommt das Thema Reisen für mich eine andere Bedeutung. Meine größte Reise führt mich zu der Zeit von Wedding, wo ich geboren bin, aufwuchs und dank Gentrifizierung weiterhin leben muss, nach Berlin-Mitte, wo ich an der Humboldt-Universität Philosophie und Spanisch auf Lehramt studiere und arbeite. Jedes Mal, wenn ich von der Müllerstraße auf die Chausseestraße wechsele und damit den einen Bezirk verlasse und den anderen betrete, stelle ich mir vor, ich sei eine Mexikanerin, die täglich in ihrer mexikanischen Grenzstadt die Grenze zu den USA überschreitet, um dort für ein besseres Gehalt bei McDonald's zu arbeiten.

Auch viele meiner weißen Kommiliton*innen aus der oberen Mittelschicht haben sich auf die Reise gemacht, doch unsere Reisen sind Lichtjahre voneinander entfernt. Während sie oft aus der Beengtheit einer westdeutschen Provinz in die Großstadt Berlin geflohen sind, lege ich einen mühsamen Aufstieg von der Arbeiterklasse in die akademischen Kreise hin, inklusive Bafög-Schulden und Dispo. Von den meisten meiner Mitstudierenden fühle ich mich damals so weit entfernt wie von den Miesmuschel-Tourist*innen in Antalya. Es ist die Zeit, in der ich Miesmuscheln mit dem alkoholischen Getränk rakı verbinde, mit Livemusik, dem Geräusch von fallenden Würfeln auf Backgammonbrettern, mit dolce vita. Miesmuscheln rangierten für mich in derselben Gruppe wie Austern und Kaviar – weit weg von mir und meiner Familie. Wir waren diejenigen, die hart arbeiteten, wir sorgten uns um unsere Gesundheit und ums Geld. Die schwarzen Meeresfrüchte aber aßen Homo-ludens-Leute, nicht Bauern wie wir.

Diese Weltenreise zwischen Berlin-Wedding und Berlin-Mitte lehrt mich im Laufe meines Studiums abermals, dass Distanz nicht das gleiche ist wie geografische Entfernung. In der Mensa und nach den Seminaren werden Elfenbeinturmdebatten geführt oder sich über die »Was guckst du«-Berliner*innen aus den sogenannten Brennpunktstadtteilen wie dem Wedding lustig gemacht. Selbstverständlich niemals so offensichtlich, dass man es als direkte Beleidigung hätte verstehen können. Keiner macht sich angreifbar, keiner fühlt sich angreifbar. Außer mir. Eine Debatte macht mir in dieser Zeit besonders zu schaffen: Es geht um die Frage, ob Eltern mit ihren schulpflichtigen Kindern frühzeitig in den Urlaub fliegen dürfen sollten, weil die Tickets dann günstiger sind, ob das moralisch verwerflich sei oder nicht. Ich fühle mich persönlich betroffen, weil sich meine Eltern diese Frage zu meiner Schulzeit jedes Jahr aufs Neue stellten. Und doch mische ich mich kein einziges Mal ein. Ich hätte auch gar nicht gewusst, wo ich anfangen soll. Vielleicht damit, dass man derlei Fragen nicht universal beantworten kann? Vielleicht mit dem Einwand, dass manche Menschen nicht durch die Gegend fliegen, weil sie die Welt entdecken wollen, sondern weil sie verzweifelt versuchen, die Fremdheitslücke zu ihren Kindern zu schließen, die ein anderes Land als ihr Zuhause betrachten als sie selbst?

Einmal sagt die Mitbewohnerin eines Freundes in ihrer Neuköllner WG-Küche, Billigflüge versauten das Klima und gehörten abgeschafft. Ich verlasse die Küche. Am nächsten Tag laufen wir uns in der Uni über den Weg. Sie grüßt mich nicht. Ich realisiere einmal mehr, dass ich anders bin. Es fing schon bei den Eltern an. Ihre Eltern reisten, weil sie neugierig waren und sich entspannen wollten. Meine Eltern aus Liebe zu ihren Eltern, aus Nostalgie und – aus Pflicht. Die Billigflugdebatte half da nicht weiter.

Das Mitteilen solcher Gedanken fällt mir damals schwer, auch heute ist das noch so. Der Philosoph Ludwig Wittgenstein beschreibt eine solche Kommunikationsbarriere am Beispiel eines Löwen. Selbst wenn ein Löwe die Sprache der Menschen beherrschte, würde er nicht mit ihnen kommunizieren können. Denn es reicht nicht, die gleiche Sprache zu sprechen. Man muss auch die Lebensform teilen, ähnliche Erfahrungen machen. Sonst versteht man einander nicht. So geht es mir, wenn ich über das Reisen spreche. Theoretisch habe ich alle Worte, und doch ergeben sie für andere nicht immer einen Sinn.

Nadire Biskin

Auf keinen Fall Türkei

In meinen Zwanzigern meide ich das Reisen in die Türkei. Ich fürchte mich davor, dass meine Verwandten sich diskriminierend über Marginalisierte in der Türkei äußern könnten. Ich weiß mittlerweile, dass alle Menschen, manchmal sogar ungewollt, diskriminieren können. Selbst wenn ich in der Türkei nicht davon betroffen bin, weil ich dort der Dominanzgesellschaft angehöre, möchte ich nichts damit zu tun haben. Ich möchte ja gerade Urlaub von Deutschland machen und Deutschlands Hauptstadt heißt auf meiner Landkarte Diskriminierung.

Ich lese Artikel in deutschen Medien zum Umgang mit Diskriminierung in Familien. Es heißt, wenn sich ein Familienmitglied zu Weihnachten etwa rassistisch äußert, soll man den Mund aufmachen und widersprechen. Ich stimme dem zu. Alles andere wäre doch nur Fakeharmonie, denke ich. Ich stelle mir vor, an einem Tisch zu sitzen. Ich spreche Verwandte an und sie haben keine Einsicht. Sie wollen sich nichts sagen lassen, von mir, der aus ihrer Sicht gut betuchten Deutschländerin. Ich fliege also nicht mehr in die Türkei. Es würde mich nur noch türkischer machen als ich schon bin, denke ich damals, und türkisch ist das Allerletzte, was ich unter den Studierenden an der Humboldt-Universität sein möchte.

Dabei lerne ich in meinen Studienjahren auch, dass ein Migrationshintergrund nicht per se als ein Defizit gesehen wird. Im Gegenteil: Außergewöhnlich! Interessant! finden viele »Normale« das Anderssein der »Anderen« manchmal. Nur ist Türkischsein nicht wie Brasilianischsein oder Französischsein – Türkischsein wird mit Bildungsferne assoziiert. Einmal sagt eine Kommilitonin im Seminar, man könne sich das

Niveau an der Schule, an der sie ihr Praktikum machte, vorstellen. Schließlich hätten dort 99 Prozent einen türkischen oder arabischen Hintergrund. Keiner stört sich daran, obwohl sich alle so gern gewählt ausdrücken. Ich fange an, mein Vermeidungsverhalten gegenüber der Türkei zu intellektualisieren: Das Land habe ähnlich wie so viele andere Länder zwar schöne Landschaften, aber kein schönes System. Die Menschen litten nicht nur an einem wirtschaftlichen Mangel, sondern auch an einem Mangel an Demokratie. Ganz zu schweigen davon, dass die Türkei - vermutlich wie jede andere Nation - ihre Minderheiten wie Aramäer*innen, Alevit*innen, Kurd*innen, Sinti*zze und Rom*nja und Geflüchtete unterdrücke. So oder so ähnlich rechtfertige ich in dieser Zeit meine Abwesenheit. Mein Umfeld in Berlin bestätigt mich darin, auch meine Kommiliton*innen argumentieren gerne so, wenn es darum geht, wohin man noch reisen könne und wohin nicht. Manchmal frage ich meine diskussionsfreudigen Geisteswissenschaftlerfreund*innen dann aber doch, ob sie dann nicht auch aufhören sollten, nach Brandenburg zu fahren, weil da doch so viele Nazis wohnen. Ich frage sie, ob wir nicht besser auswandern sollten, weil der deutsche Staat von Rechten unterwandert ist. Ich frage sie, ob man die richtigen mit einem Reiseboykott trifft oder nur jene, die wenig verdienen und das Land auch nicht einfach so verlassen können, weil ihnen dafür die Mittel fehlen. Ich frage, wie wir uns dann zu Myanmar, Italien, den USA oder Saudi-Arabien verhalten sollten. Doch das sind Länder, die anscheinend zu nah oder zu fern sind für den kritischen Blick meiner Gesprächspartner*innen.

Das alles sind keine rhetorischen Fragen. Es sind Fragen der Ethik, der Philosophie, sie fußen auf der Grundsatzfrage: Wie soll ich handeln? Die Freund*innen aber, denen ich diese

Fragen in ihren WG-Küchen, in Bibliotheken oder nach Seminaren stelle, distanzieren sich von mir, mal stillschweigend, mal mit Ankündigung. Manchmal gehe auch ich.

Bis heute sind diese Fragen in meinem Kopf. Und mit ihnen die Erinnerungen an meine verzweifelten Versuche mitzuhalten mit denen, die schon immer die richtigen Pässe hatten, die richtigen Reiserucksäcke und Kreditkarten. So fliege ich während meines Studiums anstatt in das Land meiner Mutter lieber nach Italien, nach Spanien, nehme den Zug nach Polen, unternehme Tagesausflüge. Um mitreden zu können. Denn wer nicht mitreden kann, hat weniger Erfolg. So denke ich in diesen Jahren, und so rechtfertige ich mich auch vor meiner Familie. Weil für meine Mutter meine Bildung und finanzielle Unabhängigkeit am Ende doch wichtiger ist als meine Teilnahme am Familienurlaub, hat sie Verständnis.

Doch mein Selbstverleumdungswille und das Mitreden- und Mithaltenwollen hat auch seine Grenzen. Ich verweigere prekäre Urlaube mit Zelt am Strand, ich möchte auf kein Festival, wo es teure Drogen und schmutzige Toiletten gibt. Ich möchte nicht auf matschigem Boden in der Natur unterwegs sein. Als rassifizierte Weddingerin fühlt sich meine bloße Existenz schon wie ein einziger Survival-Trip an, das genügt.

Auch Fernreisen unternehme ich in dieser Zeit nicht, obwohl ich mir das finanziell sogar erlauben könnte, denn wie die anderen, spare auch ich. Jedoch nicht für den Urlaub. Ich spare, um darauf vorbereitet zu sein, dass meine Eltern und ich kurzfristig in die Türkei fliegen müssen, falls jemand aus der Familie stirbt. Ich spare, falls ich krank werde und weniger verdiene. Ich spare, um neben dem Studium nicht so viel arbeiten zu müssen und genügend freie Zeit zum Lernen zu haben. Ich spare für den Notfall.

Die wenigen Reisen innerhalb Europas, die ich mache, kündige ich dafür in den sozialen Medien an. Auf Facebook poste ich: »Auf dem Weg nach …«, als wäre es ein wichtiges Ereignis. 2017, da habe ich mein Studium bereits abgeschlossen, gebe ich auf der Plattform meinen Standort an, eine Flixbusstation. Darunter poste ich einen Kommentar mit der Frage: »Wann bin ich so privilegiert, dass ich nicht mehr das Bedürfnis habe, auf Facebook zu informieren, dass ich reise?« Die Miesmuscheln in Antalya schlummern derweil irgendwo in meinem Kopf.

Für Großvater Mehmet

Zweimal fliege ich während meines Studiums dann doch in die Türkei. Das erste Mal, weil mein Deutschländer-Großvater im Sterben liegt. Ich möchte ihn ein letztes Mal sehen, im Krankenhaus. Ihm den Schweiß von der Stirn abwischen, selbstgekochtes Essen bringen. Ich habe ein schlechtes Gewissen bei seinem Anblick, ich weiß, er wird sterben und ich war viel zu selten da.

Beim zweiten Mal fliege ich nach Izmir. Meine Freundin Johanna macht dort ein Erasmusjahr. Wir besuchen Pamukkale, wo alle wegen der beeindruckenden Kalkterrassen hinfahren. Endlich lerne auch ich den Ort kennen, der so viele Postkarten ziert. Ich stehe mit Johanna barfuß auf den schönen Terrassen, schaue in die Ferne und lasse meinen Gedanken freien Lauf, während Tourist*innen um uns herum für das perfekte Urlaubsfoto posieren.

Mit einer dieser Tourist*innen komme ich ins Gespräch. Einer deutschen Frau, die regelmäßig in die Türkei fliegt. Sie ist ganz entrüstet, als ich sage, dass ich noch nie in Belek war.

Ein Ort unweit von Antalya, den sie schon mehrmals besucht hat. Vermutlich wäre sie umso überraschter, wenn sie wüsste, dass ich auch die berühmten Kalkterrassen zum ersten Mal besuche – und das dank Johanna, einer Deutschen.

Genauso enttäuscht sind auch all jene, die mit mir eine politische Debatte über die Türkei führen wollen und feststellen, dass ich oft weniger über die Türkei weiß als sie. Wie soll es auch anders sein, frage ich mich, wenn ich Spanisch studiere und mich vor allem mit Lateinamerika befasse. Wenn ich europäisch leben und reisen muss, um dazuzugehören. Wenn sie alle von ihrer Liebe zu Schweden erzählen und die Goldkettenträger am Flugschalter in die Türkei belächeln. Ich soll so viel wissen, tun oder nicht tun. Ich komme gar nicht mehr mit.

Eine neue Zeit?

Ich schließe mein Referendariat mit dem zweiten Staatsexamen ab. Ich begleiche meine BaföG-Schulden. Ich fange an zu arbeiten und kann mir endlich einen Urlaub leisten, ohne jeden Cent umzudrehen. Doch wie so oft stellen sich mir neue Hindernisse in den Weg. Erst eine Pandemie, dann ein Burnout und jetzt ist alles teurer. Trotz alledem sitze ich diesen Sommer im Flugzeug Richtung Antalya. Neben mir sitzt ein deutscher Mann, etwa Mitte vierzig, ohne Migrationshintergrund. Er kommt aus Sachsen, reist mit Frau, Schwiegermutter, Stieftochter, deren Mann und Kind. Eigentlich wäre er dieses Jahr gerne woanders hingeflogen, erzählt er. Doch die Familie könne sich woandershin keinen Flug und keinen Aufenthalt in einem All Inclusive Fünfsternehotel leisten. Ich entscheide mich, nicht mit ihm darüber zu diskutieren, wie problematisch ich diese Aussage finde. Der Flug dauert dafür nicht lang genug, und wer bin ich, um es besser zu wissen? Im Stillen denke ich mir, ich könnte mir den Flug in ein anderes Land zwar leisten, aber erholen kann ich mich am Ende doch nur dort, wo ich – ganz die brave Tochter – Urlaub, Arbeit und Familienbesuch miteinander verbinden kann. Ohne schlechtes Gewissen, jemanden zu vernachlässigen. Gleichzeitig zweifle ich daran, ob so ein Zustand überhaupt erholsam sein kann.

Doch dieser Sommer ist besonders. Denn ich will meine Zeit diesmal nicht nur auf dem Land verbringen, sondern auch in Antalya, und zwar nicht am Stadtrand, wo meine Cousine lebt und wo die Avocados wachsen, sondern gefühlt mitten in der Stadt, am Strand. Am Strand! Ich bin etwas aufgeregt und habe Angst, dass sich der Kindheitstraum als Kartenhaus erweist, das in sich zusammenbricht.

Meine Mutter und ich sind am Lucky 13 Beach. Um uns herum sprechen die Menschen Farsi, Hebräisch und Urdu. Ich bin überrascht über das internationale Publikum und dann beschämt, weil ich überrascht bin. Ich möchte hier Urlaub von Deutschland machen, aber es sind so viele Deutsche hier, sage ich zu Mutter. Mutter sagt nichts. Sie schaut mich nur an, wie sie mich früher angeschaut hat, wenn sie meine Kleidung zu freizügig für den Aufenthalt auf dem Land fand.

Ich lerne am Strand, dass es auch hier zwei Klassen gibt. Es gibt den öffentlichen Strandabschnitt, wo jeder seine Sachen selbst mitbringen muss und keinen Eintritt bezahlt, und es gibt den Strandabschnitt mit Anschluss an eine Bar. Dort dröhnt Musik aus den Lautsprechern, abends gibt es sogar Livemusik. Hier haben gefühlt alle türkischen Männer eine weiße Frau als Begleitung. Hier gibt es Liegen und Sonnenschirme. Hier kommt nur rein, wer zahlt. Damit die Trennung der Klassen nicht auffällt, wechseln sich die Abschnitte ab. Es erinnert mich ein wenig an die Gentrifizierung von sogenannten Brennpunkten in Berlin. Ich finde meine Gedanken dabei selbst anstrengend, weil ich mich doch eigentlich entspannen will.

Ich entscheide mich am Lucky 13 Beach für die teuerste Strandliege. Sie kostet umgerechnet 20 Euro pro Tag. Ich muss an meinen türkischen Expat-Freund Kaan denken, der einmal sagte: »In Deutschland seid ihr Deutschländer Ghetto und in der Türkei seid ihr High Class.« Meine Liege ist der Beweis. Sie befindet sich in der ersten Reihe, hat einen weichen gelben Bezug und einen Beistelltisch. Und während ich da so rumliege zwischen all den anderen Liegen und Sonnenschirmen, muss ich an die Nachbarin in Bucak denken. Bei jedem Besuch lerne ich ein neues Wort oder eine neue Phrase von ihr. Dieses Mal hat sie mir beigebracht, dass man sich »innerhalb und außerhalb des Schirms befinden kann«. Jetzt verstehe ich, was sie meint. Die Verkäufer am Strand, immer die Sonnengebräuntesten, sind außerhalb der Schirme. Sie sprechen das ländliche Türkisch, wie meine Mutter und ich. Sie sagen *kararmak* (dunkel werden) statt *bronslaşmak* (sich bräunen). Aber sie werden ungeschützt dunkler und ich bleibe geschützt blass. Weil ich Sonnencreme aufgetragen habe, LSF 50. Ich bin mit einem deutschen Personalausweis eingereist. Ich habe ein deutschsprachiges Buch dabei. Und meine Mutter, die die wenigen Male, die wir in meiner Kindheit und Jugend am Strand waren, mit ihrer Kleidung ins Wasser ging, trägt diesmal einen Burkini.

Die Verkäufer haben Sesamringe, süße Halka und Miesmuscheln dabei. Bei deren Anblick erinnere ich mich an die Schüler*innen der Willkommensklasse, die ich zuletzt geleitet habe. Sie fragten mich, ob ich die reisgefüllten Miesmuscheln aus der Türkei schon mal gegessen hatte und legten mir nahe, sie unbedingt zu probieren. Ich rede mir ein: Wenn ich hier Miesmuscheln kaufe, unterstütze ich die Arbeit eines armen Mannes. Damit argumentiere ich wie all jene, die in Deutschland eine Reinigungskraft einstellen. Es ist lächerlich, denke ich, und meine Laune droht zu kippen. Trotzdem winke ich den Miesmuschelverkäufer schüchtern zu mir. Ich habe noch nie in meinem Leben jemanden zu mir gewunken, keinen Kellner, kein Taxi. Ich lächle ihn an, grüße und kaufe zwei Miesmuscheln für nicht mal einen Euro. Zum Probieren und um mein schlechtes Gewissen zu beruhigen, ob der sozialen Kluft zwischen ihm und mir.

Mutter kommt aus dem Wasser und stellt sich zu dem Verkäufer unter den Schirm. Sie fragt, was das Schwarze in meinen Händen sei, probieren möchte sie nicht. Ein Meerestier. Sie erwidert verwirrt: »Wo ist da bitte ein Tier?« Ich weiß, dass man das kognitive Dissonanz nennt, aber wie Meeresfrüchte auf Türkisch heißen, weiß ich nicht. Selbst wenn ich es wüsste – Mutter könnte damit nicht viel anfangen. Ich lasse mir Zitrone auf die Muscheln pressen. Und dann schlucke ich sie eher, als dass ich sie kaue.

Der Verkäufer und Mutter bleiben noch eine Weile unter dem Schirm. Ich muss an eine Stelle im Buch *Keine Aufstiegsgeschichte* von Olivier David denken. Er schreibt: »Wenn ich ins Museum gehe, betrachte ich die Werke aus den Augen der Maler und Lackierer [...]. Ich sehe die Welt mit ihren Augen und stellvertretend für sie fühle ich mich überall fremd. Inzwischen [...] auch in meinem Herkunftsmilieu.« Ich stelle mir eine romantische Beziehung mit dem Verkäufer vor: Wir haben eine kleine Wohnung im Erdgeschoss, mit Schimmel an der Wand, Wasser tropft durch die Decke. Wir leben mit wenig, aber glücklich. Ich möchte dem Muschelverkäufer sagen: Eigentlich gehöre ich zu dir, zu euch. Gleichzeitig denke ich: Ich wollte da weg und jetzt, wo ich da weg bin, möchte ich zurück. Aber das kann ich nicht. Ich komme mir lächerlich vor. Der Verkäufer fragt mich, ob es mir schmeckt. Mutter und er schauen mich gespannt an. Ich bin froh, dass ich eine Sonnenbrille trage und ihnen nicht in die Augen blicken muss. Ich finde die Miesmuscheln ungenießbar. Ich nicke brav und wünsche dem Mann einen schönen Tag.

Nadire Biskin, geboren 1987 in Berlin, hat Philosophie und Spanisch an der Humboldt Universität zu Berlin studiert sowie ihr Referendariat mit dem 2. Staatsexamen abgeschlossen. Sie hat mehrere Jahre als Lehrerin gearbeitet und fing parallel zum Referendariat an zu schreiben. Seit 2022 ist sie eine der Schreibwerkstattleiter*innen des Programmes »Weltenschreiber« vom Literaturhaus Rostock. Sie schreibt für verschiedene Medien journalistische und essayistische Texte sowie Prosa. Ihr Newsletter heißt AUSZEIT-fyi. Ihr Debütroman *Ein Spiegel für mein Gegenüber* (dtv) ist 2022 erschienen. 2023 hat sie ein Recherchestipendium von der Otto-Brenner-Stiftung erhalten. Dieser Text wurde im August 2022 in der überregionalen Tageszeitung taz veröffentlicht.

Livia Mai

Zwischen Tür und Angel

Endlich sitze ich im Flieger. Ich bin erleichtert, dass alles geklappt hat. Das lange Sitzen ist scheiße, aber wow, ist das Fliegen schön!

Ich habe Schokolade und Knäckebrot gekauft und irgendwie schmeckt über den Wolken alles doppelt so gut. Ich liebe das Gefühl vom Abheben beim Start, ich liebe die Turbulenzen, die meinen Bauch kribbeln lassen. Ich liebe die Aussicht, mein Buch, die Musik aus meiner New York Playlist und sogar die Bordverpflegung. Mein Sitznachbar isst einen halben Babybel mitsamt der roten Wachsschicht und ich bewahre ihn davor, dass ihm das gleiche mit der zweiten Hälfte passiert.

Hoffentlich bekommt der arme Kerl keine Verdauungsprobleme. Wir kommen ein bisschen ins Gespräch und ich kann mir kaum einen entspannteren Start für meine Reise vorstellen.

Das Flugzeug landet in Boston. Von dort soll ich nach New York weiterfliegen. Mein Herz blutet, weil ich mich eigentlich strikt gegen Kurzstreckenflüge wehre. Aber dieses Mal geht es nicht anders. Zuerst steht mir aber noch die formelle Einreise in die Vereinigten Staaten bevor. Die Schlange ist lang und die Officer hinter ihren Glasscheiben gucken grimmig wie Raubkatzen. Als ich dran bin, trete ich nach vorn an den Schalter und lächle so nett, wie ich kann.

»Warum sind Sie hier?«

»Für ein Programm der United Nations in New York.«

»Wie heißt das Programm?«

Ähm, *»Youth Assembly something.«*

»Wo werden Sie bleiben?«

Darauf bin ich vorbereitet und nenne ihm die Adresse meines Hotels in New York. Ich bin der Meinung, das sollte erstmal reichen, aber er lässt nicht locker.

»Wie lange geht das Programm?«

»Eine Woche.«

»Was planen Sie nach dem Programm?«

Jetzt wird's kompliziert. Ich entscheide mich für die Kurzform und sage: »Ich bleibe bei einer Freundin.«

Kurz sieht er aus, als würde er gerne nach dem Namen, der Adresse, der Telefonnummer, dem Beziehungsstatus und dem Kontostand meiner Freundin fragen, und erfahren ob sie in den letzten 16 Monaten im Libanon war, aber dann entscheidet er sich doch dagegen, schiebt mir meinen Pass unter der Glasscheibe zu und sagt dann viel freundlicher: *»Safe travels!«*

Irgendwie ist es auch schön, nach seinen Reiseplänen gefragt zu werden. Ich bin nicht sonderlich gut im Alleinsein und für einen Moment hat es sich angefühlt, als hätte ich meinen ganz persönlichen, zugegebenermaßen etwas besitzergreifenden, Reiseberater.

Scheinbar stürmt es in New York, daher wird mein ekliger Inlandsflug von Boston nach New York gecancelt. Das bedeutet, dass ich wohl bis morgen früh in Boston festsitzen werde. Irgendwie erfasst mich in solchen Momenten immer eine tiefe Gleichgültigkeit und Ruhe. Ich könnte in Panik geraten, ich könnte mich ärgern und frustriert sein, aber was hätte ich davon? Alles, was jetzt passiert, liegt sowieso nicht mehr in meiner Hand, sondern in der des Zufalls und der Fluggesellschaft. Ich sollte wahrscheinlich nachfragen, ob ich irgendwo ein Hotelzimmer für die Nacht bekommen kann, aber die Schlange am Infopoint ist so lang, dass ich keine Lust habe mich anzustellen. Stattdessen quatsche ich einen Typen an, der aussieht, als wäre sein Flug auch abgesagt worden. Erst auf Englisch, weil er einen US-amerikanischen Pass in der Hand hält, dann auf Deutsch, weil er aus Darmstadt kommt.

Von da an machen wir alles zusammen. Keine Ahnung warum, vermutlich weil wir uns beide ziemlich verloren fühlen und vielleicht auch, weil wir uns ein bisschen ähnlich sind. Zusammen finden wir heraus, dass die Fluggesellschaft uns kein Hotel zur Verfügung stellt, weil sie nichts für den Sturm kann, aber dass wir vielleicht Feldbetten am Flughafen bekommen. Max ist sauer, ich bin immer noch im Gleichgültigkeits-Modus. Um uns die Zeit zu vertreiben, fahren wir in die Stadt und quatschen über Gott und die Welt. Die Sonne geht gerade unter und rotes Licht reflektiert von den Glasfassaden der Hochhäuser. Ich fühle mich unsichtbar in dieser Stadt, die mich nicht kennt und die ich nie kennen werde. Wie ein Geist auf der Durchreise, kaum da und gleich wieder fort. Nur hier für die nette Aussicht.

Wir holen uns bei Subway Sandwiches und setzen uns damit in einen süßen, kleinen Park. Es fühlt sich ein bisschen an wie ein erstes Date, vielleicht auch wie ein zweites. Mit einem Unterschied – wir sind ehrlicher zueinander, als es Fremde sonst sind und wir wissen beide, dass wir nur hier sitzen, weil wir in diesem Schlamassel zusammen besser dran sind als alleine. Es gibt nichts zu verbergen. Wir lachen viel, reden über Sport, Schule und Bücher, über Freunde und Sommerpläne. Er liest viel, was mich irgendwie überrascht. Plötzlich finde ich ihn ehrlich gesagt ganz nett, wie er da auf der Bank sitzt und schmollt, weil ich ihn einen Nerd genannt habe. Es sind nicht viele andere Leute unterwegs. Hin und wieder laufen süße Ratten über den Weg und ab und zu quatschen uns ein paar Drogendealer an. Ich verstehe kaum ein Wort. Eigentlich kann ich gut Englisch, aber irgendwie ist mein Kopf noch nicht ganz darauf eingestellt. Vermutlich bin ich wirklich nur ein Geist auf der Durchreise – oder die Leute hier nuscheln einfach gewaltig. Das wird schon werden. Wir fahren erst spät in der Nacht mit dem Bus zurück zum Flughafen und es fühlt sich an, als läge zwischen unserem Kennenlernen und der Fahrt bereits eine ganze Woche.

Am Flughafen finden wir zwei freie Feldbetten und schieben sie ganz dicht zusammen. Zum Einschlafen schauen wir *Könige der Wellen,* diesen Film mit den surfenden Pinguinen. Der Film ist super, aber ich bin so müde, dass ich bereits nach wenigen Minuten einschlafe. Gegen zwei Uhr morgens wache ich wieder auf. Verschlafen drehe ich den Kopf, Max ist auch wach. Er scrollt auf seinem Handy und ich rücke näher an ihn heran, um mitzuschauen. Er lässt es zu, dass sich unsere Köpfe berühren und lehnt sich sogar ein bisschen an mich.

»Meinst du dein Feldbett hält uns beide aus?«, frage ich nur zum Spaß. Und im nächsten Moment zieht er mich zu sich rüber.

Wir sind uns sehr nah, aber nicht zu nah. Unsere Beine verschränkt, mein Kopf an seiner Schulter, keiner sagt was, im Hintergrund spielt leise Flughafenmusik. Wir liegen eine Weile so da und ich dämmere vor mich hin, ohne richtig zu schlafen. Alles ist schön.

Dann sitzen wir im Flugzeug. Er verpennt den Start, ich die Landung und wir haben kaum noch Worte.

Einmal fragt er, was das heute Morgen war und ich sage: »Ich fand's okay, fandest du's okay?« Und er nickt und lächelt ein bisschen und den Rest nehmen wir schweigend hin. Als wäre es selbstverständlich, sich nach 10 Stunden schon so vertraut zu sein. Wir wissen beide, dass das hier keine Romanze ist. So eine Verbindung, wie sie zwischen uns bestand, entwickelte sich nur in Momenten des Aufbruchs, zwischen zwei Welten, ohne Fixpunkt, wenn die Seele umherirrt und dann jemanden findet, der da ist, der fest ist. Und dann klammert man sich ganz still und leise an diesen festen Punkt, fühlt sich sicher und vergisst alles, was war oder sein wird. Dann fallen die Mauern aus Hemmungen, die einen sonst umgeben, trübe wie Milchglas, und alles wird klar, verletzlich und so ehrlich wie nie zuvor.

Ich merke erst, wie sehr ich mich an ihn gewöhnt habe, als er aus der U-Bahn steigt, mich kurz umarmt und dann zwischen dicht gedrängten Menschenleibern verschwindet. Auf einmal ist alles leer und ich bin wieder allein.

Livia Mai, geboren 2001 in Berlin und aufgewachsen in Brandenburg, studiert Geographie an der Friedrich-Schiller-Universität in Jena. Nebenbei arbeitet sie im Zirkus als Trainerin. Sie ist in ihrem Leben schon viel allein gereist und verarbeitet ihre Begegnungen und Erlebnisse in ihren Texten … Die guten und die schlechten. Dieser Text beinhaltet eine Gute.

Sebastian Garthoff

Szene aus Budapest

Immer, wenn ich in Budapest bin, treffen wir uns auf ein Bier. Für den Nachmittag haben wir uns in der Fehérvári úti Vásárcsarnok verabredet. Im Gegensatz zur Großen Markthalle am Ende der Fußgängermeile Váci utca ist diese im Süden der Stadt kein Touristenmagnet, nur ein quaderförmiges Gebilde aus Beton und Glas.

Vor dem Gebäude schlafen manche Schnapsleichen ihren Rausch aus. Im Inneren gibt es das, was es in jeder Budapester Markthalle gibt, auf der unteren Ebene die Obst- und Gemüsestände, auf der Galerie die Fressstände, das Essen dort vor allem *töltött* und *rantott*, gefüllt oder paniert, wie so vieles in der ungarischen Küche. Nach dem Ende meiner Budapester Jahre konnte ich lange nichts mehr sehen, was *töltött* oder *rantott* war.

Thomas macht es nichts aus. Er hat sich von Marikas Ételbár eine panierte Hühnchenbrust geholt, isst sie an einem Stehtresen, daneben steht ein Dreher Bak, sein heiß geliebtes Schwarzbier.

»Ach, der verlorene Sohn«, begrüßt er mich.

Tatsächlich könnte ich sein Sohn sein. Thomas ist Jahrgang 1960, ich bin 24 Jahre später zur Welt gekommen. Unsere Lebenswege haben sich in den mittleren Nullerjahren in Budapest gekreuzt. Für mich war es die erste Auslandsstation, für Thomas sollte es vorerst die letzte werden.

»Und, wie ist es, wieder zurück zu sein?«, fragt er mich.

Ich antworte ehrlich. »Sie haben die Metro-Stationen erneuert, neue Züge, saubere Stationen – nur die Unterführungen riechen immer noch nach derselben Mischung aus Pisse und Gebäck.«

Er lacht auf. »Wenn man hier wohnt, bemerkt man so etwas gar nicht mehr.«

»Beim Károlyi kért haben sie die Trennmauer zum Petőfi-Literaturmuseum entfernt, es ist wieder ein zusammenhängender Komplex, ist schön geworden.«

»Ach, tatsächlich?«, fragt Thomas erstaunt. »Wenn man nie dort vorbeikommt, kriegt man das gar nicht mit.«

Ich blicke mich um. Am Nebentisch sitzt ein älterer Mann im Rollstuhl, vor ihm ein Glas mit einer bräunlichen Flüssigkeit, wahrscheinlich Unicum. Ziemlich früh am Tag für Kräuterschnaps, aber er sieht nicht so aus, als hätte er heute noch etwas vor.

»Den nennen sie hier Stalin«, flüstert mir Thomas zu.

»Warum das denn?«, hake ich nach.

»Na, sieh ihn dir doch mal genauer an.«

Ich wage einen verstohlenen Blick und muss schmunzeln.

Tatsächlich hat er dieselben Züge wie der alte Sowjet-Diktator. Aber wahrscheinlich ist er nur ein einsamer, alter Trinker. Vielleicht würde er sich gerne mit uns unterhalten, aber wir reden Deutsch. Er weiß nicht, dass wir beide Ungarisch können. Thomas natürlich besser als ich, schließlich lebt er hier seit zwei Jahrzehnten. Mein Aufenthalt beschränkte sich auf vier Jahre. Es war absehbar, dass unsere Zeitung eingestellt würde, es war die Zeit der Finanzkrise, überall fehlte es an Geld. Seitdem komme ich einmal im Jahr als Tourist zurück. Meist verbringe ich die Tage damit, durch die Stadt zu spazieren. Mir gefällt es zu sehen, wie sie sich entwickelt.

»Das Ethnografische Museum ist jetzt im Stadtwäldchen«, berichte ich Thomas von meinen aktuellen Entdeckungen. »Hochmodern, das Museum selbst unterirdisch, das Dach in Form einer Wippe gestaltet, mit einem Garten verziert. Auch das Haus der ungarischen Musik soll großartig sein, aber da bin ich nicht vorbeigekommen. Nur den neuen Spielplatz habe ich gesehen, wahrscheinlich der größte und modernste in ganz Ungarn.«

»Tja, der Kelch ist an mir vorübergegangen«, sagt Thomas und nimmt einen Schluck von seinem Schwarzbier. »Immerhin scheinen sie zumindest manche EU-Gelder sinnvoll investiert zu haben.«

Wir könnten uns jetzt über die ungarische Politik auslassen, aber wir lassen es. Wir halten beide nichts von Orbán, aber wir wissen auch, dass die Opposition nichts taugt. Worüber also reden?

»Wo bist du eigentlich untergebracht?«, fragt Thomas stattdessen. Gute Frage, sie lenkt vom drohenden Schweigen ab.

»Corvin Negyed.«

»Ist das nicht nur Brachfläche?«, fragt er.

»Schon lange nicht mehr, hinter dem Corvin-Kino ist ein ganz neuer Stadtteil entstanden, moderne Wohnhäuser, Gastronomie – und mittendrin der Grund.«

»Ach, der Grund«, sagt er überrascht, »das war dort?«

Der Grund – Schauplatz der Handlung von *Die Jungs von der Paul-Straße,* der Jugendbuchklassiker von Ferenc Molnár. Direkt gegenüber meiner Unterkunft ist heute eine Open-Air-Kneipe im Stil einer Ruinenkneipe. So sehen viele Kneipen in Budapest heutzutage aus, es sind die neuen Wahrzeichen, die nach der Jahrtausendwende ein ganz neues Publikum in den ehemaligen Ostblock gezogen haben, Billigtouristen, die hier saufen, grölen, kotzen. Ich gehe nicht mehr hin. Ich habe sie alle durch. Thomas muss ich gar nicht fragen, ich weiß, dass er nur an seiner Markthalle hängt. Also wieder Schweigen. Ich nippe an meinem Bier, er an seinem, der alte Mann neben uns hat seinen Unicum ausgetrunken und rollt davon.

»Denkst du manchmal eigentlich darüber nach, zurückzukommen?«, frage ich schließlich

»Ha, ständig«, lacht er. »Aber was soll ich nach all den Jahren dort machen? In die Straßenbahn werde ich mich sicher nicht mehr setzen.«

Thomas hatte mir einmal erzählt, dass er seine berufliche Laufbahn als Straßenbahnfahrer in Ostberlin begonnen hatte, danach Religionsstudium in Jena, danach Finnougristik in Göttingen, schließlich entdeckte er seine Leidenschaft fürs Funken und Radio, landete beim Auslandsradio in Finnland, schließlich Budapest, jetzt noch immer Budapest.

»Vielleicht kehre ich zur Rente zurück«, sagt er schließlich, »lang ist es ja nicht mehr hin.«

»Apropos lang«, sage ich verlegen und deute auf meine Uhr. Seit meiner Ankunft ist etwas weniger als eine Stunde vergangen. »Ich fürchte, ich muss langsam wieder, du bleibst noch?«

»Natürlich«, antwortet er. »Auf mich wartet heute nichts mehr.«

Auf mich schon, will ich sagen, aber ich lasse es. Für mich gibt es hier keinen Alltag, das ist mein Vorteil, für mich gibt es nur Entdeckungen. Wir verabschieden uns, verabreden uns für das nächste Mal, wann immer es sein wird. Als ich aus der Markthalle trete, wartet auf mich eine Stadt, die entweder Vergangenheit ist oder Zukunft, alles, nur nicht Gegenwart. Vielleicht ist das der beste Zustand, den es für Städte geben kann. Und für Menschen genauso.

Sebastian Garthoff, geboren 1984, lebte mehrere Jahre als Reporter in Budapest. Derzeit arbeitet er als Redakteur bei einem Berliner Medien-Startup. Er ist Autor eines Budapest-Reiseführers sowie der Online-Reportage-Reihe *Szenen aus Budapest.* Im September 2024 erscheint sein Spannungsroman *Exit Budapest.*
sebastiangarthoff.de

重慶大廈
CHUNGKING MANSIONS

Katia Sophia Ditzler

Der Palast des Frühlings

Ich kam zwei Stunden bevor mein Visum auslief in Hongkong an. Es war der zweite Januar 2013. Die Apokalypse hatte zwei Wochen zuvor, also am 21. Dezember 2012, nicht stattgefunden. Der Sonnenaufgang war rosig gewesen, der Sonnenuntergang hatte an die Farben einer Fehlgeburt erinnert. Ich beeilte mich und durchquerte 5000 Kilometer China per Anhalter.
Die nächsten Nächte verbrachte ich im Gebüsch der Universität, auf der Couch eines Schaufensterdekorateurs, dann am südlichsten Strand Hongkongs.

Den hatte mir ein deutscher Austauschstudent namens Oliver empfohlen. Ich war in einer Marschrutka, die durch mit gezähmten Dschungel versetzte Straßen ritt, zum Stanley Beach gefahren. Am Strand baute ich mir ein Lager und vertraute auf Gott und darauf, dass die Gegend reich genug war, um etwaige

Diebe und Raubmörder sich nicht für mich interessieren zu lassen. Außerdem hoffte ich darauf, dass es keinen Tsunami geben würde, immerhin waren wir ja nur wenige Tausend Kilometer vom Pazifischen Feuerring entfernt.

Morgens erwachte ich, lebendig, neben einer im Sand spielenden deutschen Bankerfamilie, die mich höflich-mitleidig ansah. Zwar hat das mit der Eroberung des Lebensraums im Osten nicht geklappt, aber Deutsche waren trotzdem in allen Ecken des Globus anzufinden, wo die Welt nur an ihrem Wesen genesen konnte. Die Familie meinte, sie hätte den Umzug drei Jahre zuvor nie bereut.

Dann fuhr ich nach Kowloon, stellte mich in den Eingang einer U-Bahn-Station, spielte Gitarre und sang. Ein blonder Hippie stapfte vorbei und starrte mich wütend an. Ich starrte wütend zurück. Dann erinnerte ich mich daran, dass es in der Nähe ein Couchsurfing-Treffen geben sollte und ging hin, ich fühlte mich einsam.

Der blonde Hippie saß da, entschuldigte sich für seinen wütenden Blick und stellte sich als Dubs aus Australien vor.

Dubs sagte: »Komm mit, ich kann mein Hostelzimmer mit dir teilen.«

So wurden wir Freunde und lebten fortan in den Blöcken der Chungking Mansions. Chungking bedeutet Frühling. Der Hochhauskomplex hatte aber nur bedingt mit einem McMansion zu tun.

Wir waren am billigsten Ort einer der teuersten Städte der Welt, wie immer an solchen Orten geschahen die magischsten Dinge. Die Chungking Mansions waren ein Hochhauskomplex im Stadtteil Kowloon. Über diesen Ort als Mikrokosmos der Globalisierung war bereits eine kulturanthropologische Doktorarbeit geschrieben worden und 25 Prozent aller subsaharischen Mobiltelefone hatten einmal die heiligen Hallen des ersten und zweiten Stocks passiert.

Wenn man in die Chungking Mansions ging, wurde man von allen Seiten bedrängt, sei es, dass man Zimmer angeboten bekam oder sich in ihren Konzepten nicht unterscheidende Restaurants beworben wurden. Meist wurde man einfach nur sexuell belästigt.

An diesem Ort gab es alles: erfolgreiche und vernichtete Existenzen; die besten Samosas; Gold; Schmuggelware; Masala Chai; Drogen und ihre Süchtigen; gefälschte Markenkleidung; polyglottes Catcalling; auf der Straße davor gaben volltätowierte Frauen anderen volltätowierten Frauen dicke Packen von Geldscheinen hoher Nennwerte.

Ich versuchte einen pakistanischen Samosaverkäufer damit zu beeindrucken, dass ich Nusrat Fateh Ali Khan, Abida Parveen und die sufistische Qawwali-Musik kannte und sehr schätzte.

»Sehr schön. Ich mag westliche Musik. Adele«, antwortete er, und ich fragte mich, ob für ihn der Westen eine einzige, riesige, undefinierbare Masse war oder ob er so meinen kulturanthropologischen Bonding-Versuch schelmisch unterband.

Ich stolperte von Tag zu Tag. Ich war 20. Nichts konnte schief gehen.

Der Aufenthaltsraum war eigentlich ein gefliester Korridor, in dem alle herumlungerten und rauchten.

Im Hostel freundete ich mich mit Dmitri an, wir stritten uns über vieles. Ilja, ein sehr gesund aussehender Junge vom Baikalsee, war fasziniert, dass wir uns nicht prügelten.

»Wir debattieren«, sagte ich, stolz auf meine im Westen erzogene Toleranz, die Liberalität der russischen Diaspora, die mich den Zuhausegebliebenen überlegen machte.

»Ja, entweder Debatte oder Schlägerei, sagte mein Professor immer«, sagte Dmitri. Und: »Russland wird zerfallen. Der Ferne Osten wird unabhängig werden. In ein paar Jahren wird man als gesunder, arbeitsfähiger Mann in den Fernen Osten gehen und dort sein Glück machen können. Kalifornischer Goldrausch in Vladivostok und auf der Kamchatka, nur kälter und ohne Hollywood.«

Wir fuhren einmal zu dritt in den dörflichen Osten Hongkongs. Es dauerte lange, bis wir die sonntäglich schlafende Stadt verlassen hatten, die leer war, als seien ihre Einwohner von einer Neutronenbombe atomisiert worden. Wir waren umgeben von Hügeln und Wald. Gingen ohne Plan, bei jeder Weggabelung nahmen wir die Abzweigung nach rechts. Nach zehn Minuten lichtete sich der Wald, vielleicht war hier mal ein Steinbruch gewesen, man konnte ins Tal blicken. Ein verlassenes Haus war an den Hügel geschmiegt. Die Möbel waren weggetragen worden, Müll und Äste lagen herum. In einer Ecke lag ein rotes Plastikschild mit dem Schriftzeichen 福 Fú, Glück.

»Nehmen wir mit«, sagte Dmitri.

Es war ein Dekoartikel, einer, den man in jedem Laden finden konnte, gerade jetzt, wo es so kurz vor dem Mondneujahr war. Dann gingen wir wieder in den Wald. Er fand einen Wanderstock. Er schlug das Ende auf den Asphalt des Wanderwegs, der Stock zerbrach und zehn Kakerlaken folgten Flugbahnen wie vereinsamte Gebäudeteile nach einer Explosion.

Zurück in Kowloon legten wir das Glück neben unsere Gitarrentaschen und waren fortan sehr erfolgreich. Jeden Tag erspielten wir uns das Hostelgeld.

In Kowloon strich der kühle Wind um den Körper. Kowloon hieß Neundrachen und ich verstand nie weshalb, es gab doch nur einen zehn Meter großen Teddy im Hof einer Mall. Aus ihm strahlte goldenes Licht heraus, er blickte majestätisch in Richtung Hongkong Island. Hier irgendwo gab es Wohnungen, in denen die Menschen in Schlafkäfigen schliefen, die für die Quadratmeterzahl sehr teuer, aber trotzdem die billigste Möglichkeit waren, hier zu leben.

Das Violett der Bettlaken war das Violett der Esoterikläden, es war der 16. Stock im Block A. Hier öffnete sich das Scheitelchakra. Chan war Amerikanerin, 40, hatte eines der unteren Etagenbetten und das violette Laken unter die Matratze des oberen Bettes geklemmt, um wenigstens etwas Privatsphäre zu haben. Sie biss kleine Stücke von Pak Choi ab.

»Es ist nicht zu fassen, wie billig Gemüse außerhalb der USA ist.«

Lange aß sie, ein Ritual der Einverleibung von Lebensenergie. Die Strünke verstaute sie in einer Plastikschale, wickelte sie vorsichtig in Klarsichtfolie.

»Warum bist du hier?«, fragte ich sie.

»Ich warte auf ein Visum für China. Bin Englischlehrerin an einer Schule in Shanghai. Aber an der Grenze haben sie Verdacht geschöpft, dass ich mit einem Touristenvisum arbeite. Meine Wohnung ist in Shanghai, so wie ich sie verlassen habe.«

Wir blieben in Kontakt. Sie bekam ihr Visum nicht, nach einem Jahr war sie immer noch im selben Hostel, ihre Koje mit purpurnen Bettlaken vor fremden Blicken geschützt. Noch später sollte sie immer mehr abgleiten und verrückt werden. Dann schaffte sie es, für kurze Zeit nach China einzureisen, hielt es nicht lange dort aus, kehrte nach Chicago zurück. Dort schaffte sie es nicht mehr, Fuß zu fassen, wurde immer seltsamer und erratischer.

»Ich bin überall gewesen,« sagte Chan, »sogar in der Antarktis. Ich habe einen echten Pandabären in den Armen gehalten, die Bilder sind in Shanghai geblieben und verloren.«

Ich sah mein zukünftiges Ich in ihr und beschloss, nicht so zu werden. Einen Tag später kam der Besitzer des Hostels und beschimpfte mich: Er hatte mich mit Chan verwechselt, drohte mir mit dem Rauswurf, weil sie offenbar bereits bei ihm verschuldet war und ihre Übernachtungskosten nicht beglich. Es dauerte eine Weile, ihn davon zu überzeugen, dass wir nicht ein und dieselbe Person waren. Aber vielleicht ging es ihm genauso wie mir: Ich sah meine Zukunft in ihr, er sah Chan in mir.

Ein alter Australier, James, designte tagelang Induktionsspulen. Angeblich war er früher mal Physikprofessor gewesen, dann war er verrückt geworden und lebte mit Unterbrechungen seit 20 Jahren in den Chungking Mansions. Er sagte, er forsche zu freier Energie, die die Welt von ihrem Energie- und Ressourcenhunger befreien würde. Er zeichnete Skizzen auf Papier und fotokopierte sie. Seine Flyer legte er im Eingangsbereich aus oder pinnte sie an die Wände, mit einem Link zu seinem Blog versehen. Wenn er betrunken war, spuckte er beim Sprechen und hielt flammende Reden über die Überlegenheit und zivilisatorischen Errungenschaften der angelsächsischen Rasse.

Dann theoretisierte er darüber, dass es keine Magie gäbe, sondern nur Präkognition. Dass man alles, was man sich wünsche, und was dann wahr würde, einfach in der Zukunft gesehen und gespürt habe, und dass es deshalb zum Wunsch geworden sei. Währenddessen übergoss er Chinakohl mit kochendem Wasser und zerstampfte ihn mit Stäbchen in einer übergroßen alten Konservendose ohne Etikett. Dann sprach er darüber, wie ironisch es doch wäre, wenn man im letzten Leben Jude und in diesem ein Deutscher geworden sei, denn die Seele würde wandern und Erfahrungen machen wollen, um das Dasein als Opfer und Täter auszuprobieren.

Youssef hörte mich im Foyer Gitarre spielen, wiegte den Kopf, schaute nachdenklich aus dem Fenster. Er war in Algerien geboren, in Frankreich aufgewachsen und jetzt versuchte er, ein Business in Hongkong aufzubauen.

»Möchtest du einen Job?«

»Auf jeden Fall«, sagte ich.

»Jemand so Talentiertes wie du sollte auf jeden Fall einen Job hier haben.«

»Auf jeden Fall«, sagte ich.

»Du solltest in einer Bar spielen.«

»Auf jeden Fall«, sagte ich, »kannst du helfen?«

»Ich habe da eine Freundin.«

Am nächsten Tag kam eine ältere Frau mit einem großen Bauch.

»Sie hat einen Nachtclub in Wan Chai«, stellte uns Youssef vor. »Hier ist eine Musikerin.«

Sie ließen mich ein Lied spielen.

»Ja, ich könnte sie nehmen«, sagte sie. »Kann sie Massagen geben?«

»Keine Prostitution! Kunst«, rief Youssef.

»Wer braucht Kunst? Ohne Massagen kein Geschäft«, sagte die Frau, stand auf und ging. Ich saß im Stuhl und kicherte. »Hör auf zu lachen«, sagte Youssef, »du hast dir gerade deine Karriere verbaut.«

Einen Monat später traf ich zufälligerweise eine andere

junge Frau in China, die ebenfalls Youssef kennengelernt hatte. Nur meinte sie, dass er ein Haifischflossenbusiness hatte starten wollen, ansonsten aber bereits ein florierendes Heroingeschäft besäße. Hongkong war Goldritterland.

Hongkong war der Ort, an den man zum Arbeiten ging. Wer es sich leisten konnte, hatte philippinisches Personal. Sonntags war ihr freier Tag, dann bevölkerten sie die Plätze, tanzten und sangen. Eines der Dienstmädchen lud mich ein. Ich spielte und sang mit ihnen, wie sich das nun mal gehört als Hippie.

Laut eines Reiseführers war das ein authentisches Erlebnis. Ob für den Lonely Planet die Filipinos Kulisse waren oder er zum Unterwandern von Klassenunterschieden aufrufen wollte, war unklar.

»Es wäre gut, wenn du hier bleibst«, sagte Dubs, »es passieren seltsame Dinge hier.«

»Was denn?«

»Gestern war ein philippinisches Mädchen hier. Sie sagte, sie wolle Zeit mit mir verbringen.«

»Und dann?«

»Hat sie sich auf mein Bett gesetzt, angefangen zu weinen und gesagt, sie wolle nicht mehr als Prostituierte arbeiten. Ich solle sie ficken, ich könne alles mit ihr machen was ich wolle. Dann hat sie gesagt, dass sie ihr Leben hasse. Sie hat mir gesagt, ich solle sie umbringen, auf die Art, die mir am meisten Spaß machen würde. Das habe ich abgelehnt, anschließend wollte sie aus dem Fenster springen, tat das dann aber doch nicht.«

Ich beschloss, einen Spaziergang zu machen, beschloss, die Treppe zu nehmen.

Im 13. Stock kam ich an Flecken vorbei, die so aussahen, wie Blut und Gehirnmasse in Filmen an Wänden nach einem Kopfschuss aussahen. Jemand hatte versucht, die Flecken zu übermalen, aber es war diesem Jemand nicht besonders gut gelungen.

Wir bekamen einen Gast aus Singapur. Pearl, sie war fröhlich. Ein Tomboy, gerade fertig mit der Uni, Business hatte sie studiert. Zweieinhalb Jahre später begann sie einen Blog über ihre Lebertransplantation. Die Transplantation war erst erfolgreich, dann stieß ihr Körper die Leber ab. Ihr Sterben beschrieb sie öffentlich auf Social Media, wurde interaktiv vollzogen. Ihr letzter Beitrag war: »*My body is starting to shut down*« und eine Nachricht darüber, dass sie bald mit dem Schöpfer wiedervereint sein würde. Sie wurde kremiert und kam in ein Urnengrab.

An einem Tag tauchte eine laute, amerikanische Frau auf. Sie war ungefähr Mitte 40, ihr Sohn Mitte 20. Der Sohn war desinteressiert. Sie trug eine Strickmütze, die sie nie absetzte.

Mit allen nichtenglischen Muttersprachlern sprach sie überlangsam, überdeutlich, überlaut. Ich verdrehte jedes Mal die Augen, wenn ich sie sah. Ihr Sohn fläzte sich immer nur in den Stühlen und sprach mit niemandem.

»Ihr müsst alle still sein, ich habe ein Vorstellungsgespräch.«

Sie telefonierte mit jemandem im Irak, und ich fragte mich, wie sie überhaupt überleben wollte dort mit ihrer Art. Dann sagte sie, schrill: »Ich bin schon vor langer Zeit zum Islam konvertiert und fühle mich deshalb in muslimischen Ländern sehr wohl!«

Alle anwesenden Kinnladen klappten kurz herunter, aber das war nicht von langer Dauer. Ein kleiner Plottwist, aber es gibt nichts, was es nicht gibt, und hier war man jede absurde oder nicht so absurde Rekombination menschlicher Eigenheiten gewohnt.

Sie wollte eine Stelle als Entwicklungshelferin im Irak antreten, hatte Gott schon vor Jahren gefunden und ihre Familie ebenfalls überzeugt.

Ihre Tochter war später jedoch abtrünnig geworden.

Die Strickmütze trug sie als einen unauffälligen Hijab. Ihr Sohn saß weiterhin misslaunig in einer Ecke.

Richard, ein schwarzer Südafrikaner, skypte jeden Tag am Tisch im Aufenthaltsraum.

»Wir müssen den Verkehrsminister miteinbeziehen«, flüsterte Richard, und: »Die Minenbesitzer werden sich dagegen stellen.«

Dann stritt ich mich mit einem Amerikaner darüber, ob der Kapitalismus oder der Kommunismus besser sei.

»Wenn mein Nachbar ein schönes Auto kauft, bin ich motiviert mehr zu arbeiten, um mir ein schöneres Auto zu kaufen. Das ist genial!«

Und in guter russischer Manier attackierte ich ihn mit Verachtung für seinen Konsumerismus.

»Ihr redet aneinander vorbei. Ohne Toleranz und Verständnis geht nichts. Würdet ihr euch unterhalten, dann würdet ihr auch Gemeinsamkeiten finden«, sagte Richard.

Ich versuchte trotzdem, die zivilisatorischen Errungenschaften der Sowjetunion zu propagieren.

»Und weißt du, wie groß Amerika einfach ist?«, rief der Amerikaner, an dessen Namen ich mich nicht erinnere. »Ich bin aus Hawaii – schau dir die Karte an. Das alles ist Amerika. Von einer kleinen Insel im Pazifik bis zu einer Militärbasis in Australien.«

»Der UN-Botschafter wird davon nicht begeistert sein«, murmelte Richard in sein Headset-Mikrofon. »Im letzten Jahrhundert war das Weltzentrum New York, jetzt ist es Hongkong. Im nächsten Jahrhundert wird es in Afrika sein.«

In Hongkong lernte ich zum ersten Mal, dass man Masken nicht zum eigenen Schutz trug, sondern bei eigener Krankheit aus Fürsorge und Verantwortungsbewusstsein gegenüber den anderen, um sie nicht anzustecken. Ich versank in Scham in Anbetracht dieser Zivilisiertheit, ungefähr so, wie sich Kreuzritter gefühlt haben mussten, bevor sie Jerusalem eroberten und die Bevölkerung massakrierten.

Ich blieb an Orten immer so lange, bis ich mich den Durchreisenden überlegen fühlen konnte. Nach drei Wochen spürte ich, dass es Zeit war, zu gehen. Ich fuhr mit der blauen U-Bahn-Linie aus dem Freihafen in die Volksrepublik, wo ich in die rote U-Bahn-Linie umstieg. Ich verließ Hongkong und fuhr nach Guangzhou.

Dubs blieb mit Richard in Kontakt. Er ging nach Yangshuo in Guangxi und wurde dort Englischlehrer. Manchmal musste er einen Visa-Run nach Hongkong machen, dafür nach Hongkong fahren. Bei seinem ersten Visa-Run nach Hongkong nahm Richard ihn zum Abendessen mit in ein Edelhotel, wo ihn alle philippinischen Musikerinnen kannten und ehrerbietig behandelten. Bei seinem zweiten Visa-Run konnte er Richard nicht mehr finden. Er fragte bei Bekannten nach. Richard war auf offener Straße erschossen worden. Niemand wusste von wem. Er hatte Dubs gesagt, dass die Angst vor einem Attentat der eigentliche Grund seines Wohnens im Hostel war.

Dubs kehrte nach Australien zurück, zog nach Melbourne und wurde Anwalt. Unter anderem für Asylrecht.

Katia Sophia Ditzler, geboren 1992, studierte in Leipzig, Kyjiw, Moskau, Yogyakarta und Berlin Literarisches Schreiben, Ethnologie und Schattenpuppentheater. Arbeitet interdisziplinär zwischen Text, Klang, Video, Performance und Extended Reality. 2022 erschien der multimediale Gedichtband *Lieder der Dreistigkeit.* Sie ist mit 19/20 von Deutschland nach Singapur per Anhalter gefahren und lebt und arbeitet heute in Berlin. *katiasophiaditzler.com*

Petra Clamer

Damals in der Toskana

Ja, man weiß es: Rundreisen mit dem eigenen Auto haben viele Vorteile. Man ist unabhängig. Man kann bleiben, wo man will. Und wie lange man will. Doch diese glückselige Unabhängigkeit ist so brüchig wie Laub im Spätherbst. Fahrten von A nach irgendeinem B können für Paare schnell zur Zerreißprobe werden. Zumindest war das bei uns so. Zu jeder Jahreszeit.

Er war zumeist der Fahrer. Ich die Beifahrerin. Verantwortlich für die beste Route, das richtige Näschen für ungeplante Abstecher, den nächsten Zwischenstopp, die schönsten Ausflüge entlang des Weges, die Gestaltung des Tages. Bis zum späten Nachmittag waren wir uns immer einig. Ja, wirklich immer.

Selbst wenn mein Näschen mal versagte. Doch dann nahte der Abend. Der krönende Abschluss eines anstrengend langen, aber großartigen Tages sollte unsere Unterkunft für die Nacht sein.

»Oh, die sieht doch schön aus!«

»Mmm.« Weiter.

»Guck mal, ein Schild. Wollen wir abbiegen?«

»Mmm.« Weiter.

»Da vorne ist was. Wollen wir anhalten?«

»Mmm.« Weiter. So geht es weiter. Immer weiter.

Die Sonne sinkt. Der Horizont kommt ihr bedrohlich nah. Das Erspähen möglicher schöner Unterkünfte wird langsam schwieriger. Ein neugieriges Abbiegen nach rechts oder links wird sinnlos. Neugier kostet einfach zu viel Zeit. Die haben wir nicht mehr. Aus meinen Vorschlägen wird ein Drängeln. »Da, wollen wir uns das jetzt mal anschauen?«

Seine Antworten bleiben aus oder werden lakonisch: »Noch nicht.«

Leider weiß ich nur allzu genau, was kommen wird: Er setzt sich durch. Doch damit leider auch unser Pärchenglück fahrlässig aufs Spiel. Die Dämmerung setzt ein. Er wirkt erschöpft. Ich bin es auch. Mein Drängeln ist verstummt. Meine Laune sinkt schneller als die Sonne. Doch auch sie ist mittlerweile untergegangen.

Nun suchen wir auf einer einsamen Nebenstraße nach einer Bleibe, in der wir auch etwas zu essen bekommen können. War da ein Ortsschild? Ich glaube nicht. Ein paar Häuser lassen jedoch darauf schließen, dass wir ein kleines Dorf erreicht haben. Irgendwo im dunklen Nirgendwo der Toskana. Eine Art Kneipe ist flackernd erleuchtet. Ob man dort auch etwas zu essen bekommt? Vielleicht sogar ein Zimmer? Wir halten an.

Na ja, er hält an. Warum er genervt ist, bleibt sein Geheimnis. Warum ich es bin, weiß ich. Unsere fröhliche Stimmung ist dahin, kaum noch eine Erinnerung. Unsere Laune so düster wie die Bar, die wir betreten. Daneben ein kleiner Raum mit wackeligen Tischen und Stühlen. Zumindest wirkt es so.

Es gibt noch ein Zimmer. Es gibt auch Essen. Das Zimmer mit Fenster zum Hof ist nur eins: besser als weiterfahren und weitersuchen. Besser als im Auto schlafen. Denn wenn man abends nicht sieht, wo man einschläft, wird man morgens durch die abwegigsten Dinge geweckt. Also Augen zu und durch. Augen zu und durchschlafen. Hoffentlich! Denn man sieht ja nicht, was da draußen im Dunkeln ist. Ein Hühnerstall, eine Mülldeponie, ein Atomkraftwerk oder eine Raketenabschussrampe. Ja, ich weiß: Ich übertreibe.

Wir holen unsere kleine Übernachtungstasche aus dem Auto, stellen sie neben das Bett auf einen morschen Stuhl und gehen die knarrende Holztreppe hinunter. Wir reden kaum. Wir setzen uns an den einzigen freien Tisch. Nicht in das volle Nebenzimmer, sondern an das kleine Quadrat in einer Ecke der Bar, das man uns mit einer Kopfbewegung zeigt. Die Barfrau kommt und fragt nach unserem Vino-Wunsch. Hier? Nur Wasser, bitte. Toskana hin oder her. Sie geht. Sie fragt nichts mehr. Gibt es keine Karte? Was soll's, mein Appetit ist eh vergangen. Das Wasser kommt, gefolgt von Brot und ner Tunke. Ja, das klingt gemein. Ist es auch.

Wir vermeiden Blickkontakt. Wir schweigen uns an. Wir dippen fast gleichzeitig ein Stückchen Weißbrot in dieses cremige Etwas. Zum Glück berühren sich unsere Hände nicht. Wir beobachten missmutig die Gäste in dem schummrigen Nebenraum. Die Lautstärke überlagert das Sichtbare. Wo sind wir hier bloß gelandet?

Ungefragt kommt unsere Bedienung wieder. Sie lächelt uns an und stellt jedem von uns einen Teller Ravioli hin. Er nickt nur. Ich versuche ein Lächeln. Es wird ein wenig schief. Ich ahne mittlerweile, dass es hier nur ein einziges Menü gibt. Daher vorhin nur die Frage nach dem Vino. Daher keine Karte.

Mein Messer bleibt liegen. Ich brauche es ja auch nicht. Ob es fühlt, dass ich eh lieber stochern wollte? Kann Essen überhaupt schmecken, wenn man so verärgert ist? Sich fragt, was das Ganze soll? Und warum man eigentlich immer noch und immer wieder diese Art von Urlaub macht?

Die Teigware gleitet von der spitzen Gabel auf spitze Zähne. Ich kaue mürrisch. Doch welche Überraschung! Die Ravioli sind köstlich. Zaghaft schleicht sich erstes Wohlgefühl in unsere Ecke. Der nächste Gang kommt. Angelehnt an Saltimbocca. Nur noch köstlicher. Ach was, der pure Wahnsinn. Höchste Schule der Kochkunst! Das schmeckt alles unglaublich. Der Koch oder die Köchin haben hundert Sterne verdient. Wir werden gutlauniger, redseliger und übereinstimmiger. Liebe geht nicht durch den Magen. Viel zu profan! Liebe entsteht bereits am Gaumen, im Mund. Eine Geschmacksexplosion. Genüsslich. Sinnlich. Während des Desserts werden wir euphorisch. Wir reden wieder. Wir lachen wieder. Warum auch nicht? An allen Tischen wird gesprochen und gelacht.

Ungefragt landen zwei kleine Gläser auf unserem Tisch. Einfach so. Eine Art Centerba, also hochprozentige Kräuter. Zumindest riecht es danach. Ich mag keinen Schnaps. Noch weniger Kräuterschnaps. Doch es wäre unhöflich gewesen, nur daran zu nippen und ihn dann meinem Gegenüber unauffällig zuzuschieben. Ach was, es wäre ein Sakrileg gewesen, eine Entweihung des unfassbar leckeren Menüs, eine Beleidigung für unsere unbekannten Freunde im Nebenraum, die Barfrau, die Küche, die Toskana, ja für ganz Italien und den Abend.

Ich trank. Aus einem Schnaps wurden vier. Für mich. Für meinen Mann einer mehr. Das Selbstgebrannte schmeckte großartig. Es war eine schöne Nacht. Es war ein herrlicher Morgen. Ein niedliches Zimmer. Ein malerischer kleiner Ort. Das beste italienische Essen. Das größte Toskana-Erlebnis. Aber weiß Gott kein Freifahrtschein für weitere Unterkunftssuchaktionen im Dunkeln. Mein Mann sah das natürlich anders. Für ihn war unser Fund der beste Beweis, um seinen Stiefel weiter durchzuziehen. Einmal um den gesamten italienischen Stiefel herum. Und dann in anderen Ländern. Auch wenn wir nie wieder so viel Glück hatten. Doch die Hoffnung schläft ja bekanntlich zuletzt ein.

Petra Clamer, geboren 1958, ist Marketing-Kommunikationswirtin, Ghostwriterin und als Referentin an Land und auf hoher See unterwegs. Sie begleitete Cook in die Südsee, war mit Marco Polo in China und durchquerte mit Heinrich Barth die Sahara. Aus jugendlichen Gedankenreisen sind mittlerweile über 60 Länder geworden. Immer mit dabei: Interesse an Geschichte und Geschichten, an Menschen und Mythen, ihr Blick auf Zusammenhänge, Liebe zum Detail, ein Notizbuch, die Kamera und passende Schuhe.

Manolo Ty

Leuchtende Erinnerung

Der Himmel spannte sich dunkel über das Karibische Meer. Nur schwache Reflexionen des Sternenlichts ließen erahnen, wie hoch die Wellen waren, über die die Karaka mit geblähten Segeln dahinschoss. Ich saß allein am Steuer und hielt Kurs, während die anderen unter Deck schliefen. Immer Ausschau haltend nach irgendetwas, das die Eintönigkeit durchbrechen könnte. Es ist diese Monotonie, die die Nachtwache auf einem Boot so besonders macht. Man fühlt sich mit der Welt verbunden. Die Gedanken sind frei, sie kommen und gehen, bis nur noch eine meditative Langeweile zurückbleibt.

Noch vor ein paar Wochen plante ich ein eigenes Luxushotel zu eröffnen. Doch dann löste eine mir bis dahin völlig unbekannte Investmentbank eine weltweite Finanzkrise aus, die meine Investoren verschlang. Deprimiert buchte ich ein

Ticket nach Nicaragua, um aus meinem Alltag auszusteigen und mir über ein Fernstudium die Theorien der Wirtschaftswissenschaften anzueignen. Ich verbrachte zahlreiche Tage mit stochastischen Rechnungen und Cuba Libres, die man hier Nica Libres nannte, langen Busfahrten über holprige Pisten und Gallo Pinto, Reis mit Bohnen, bis mein Reisepass aus meinem Besitz in die Hände irgendeines Schwarzhändlers überging. Die folgenden Verstrickungen verschlugen mich in eine Bar an der Karibikküste. Ein handgeschriebener Zettel hing an der Tür. Er war nicht groß oder auffällig. Man hätte ihn leicht übersehen können. »Crew gesucht«, stand darauf geschrieben. Anstatt bei dem Kellner einen Drink zu bestellen, fragte ich ihn nach dem Autor der Nachricht und machte mich dann auf die Suche. Tom war Franzose und wollte mit der kapitalistischen Gesellschaft seines Landes nichts mehr zu tun haben. Er war der Kapitän der Karaka, einem Segelboot, das der Philosophie des Anarchismus folgte und auf dem die Herrschaft von Menschen über Menschen und überhaupt jede Art von Hierarchie als Form der Einschränkung von Freiheit abgelehnt wurde. Die Karaka segelte unter der Flagge Hongkongs und bildete, aufgrund des internationalen Status als Sonderverwaltungszone, eine Art rechtsfreien Raum auf Hoher See. Tom finanzierte sein Aussteigerleben mit kleineren Schmuggeleien von beispielsweise Vanilleschoten aus La Réunion und lukrativen Tauschgeschäften. In meinen Studienunterlagen, die ich immer noch mit mir herumschleppte, nannte sich das Arbitrage: Die nahezu risikolose Gewinnerzielung durch das Ausnutzen von Preisunterschieden auf unterschiedlichen Märkten. Dummerweise hatte ein Barrakuda Tom beim Speerfischen auf Kuba vor Kurzem den rechten Unterarm zerfleischt, was seine Arbeit an Bord erschwerte. Und hier kam ich ins Spiel.

In den nächsten Wochen wurde ich Teil der siebenköpfigen Bootscrew und lernte das Segeln. Wir verbrachten viel Zeit auf kleinen tropischen Inseln oder in den Flussmündungen des Chagres im Regenwald. Wir sammelten Wurzeln und Früchte im Dschungel oder Muscheln und Langusten auf dem Meeresgrund. Bei indigenen Stämmen, die seit Tagen auf Regen warteten, tauschten wir Kokosnüsse gegen frisch gefiltertes Regenwasser, das wir in stürmischen Nächten auf See mit einer Plane an Deck aufgefangen hatten. Da wir keinen Kühlschrank an Bord hatten, zog ich regelmäßig, nachdem ich genug über den freien Markt gelesen hatte, mit der Harpune los, wobei mir die neugierigen Barrakudas mit ihren scharfen Zähnen mehr Respekt einflößten als die Haie. Hier war ich etwas befangen, muss ich zugeben. Mit Mehl und Hefe, die wir uns vor der Abfahrt besorgt hatten, buken wir täglich frisches Brot oder Pfannkuchen. Das Essen und das Leben an Bord waren einfach, aber köstlich. Wir lebten in den Tag hinein und stürzten von einem Abenteuer ins nächste.

Meine Kamera und mein Tagebuch bekamen dabei einen immer größeren Stellenwert in meinem Leben. Ich wollte nicht, dass diese Momente jemals ein Ende fanden und vermied jeden Gedanken an meine Rückkehr in die »richtige« Welt da draußen, in der man mit Geld bezahlte. Aber ich wusste, dass ich irgendwann zurückkehren musste, denn ich wollte nicht bis ans Ende meiner Tage auf der Flucht sein. Wie aber konnte ich dieses Gefühl der Leichtigkeit des Seins konservieren?

In dieser Nacht löste eine Überlegung die nächste ab, sie zogen mit den Wellen am Bug des hin und her schaukelnden Schiffes vorbei. Die Segel waren prall gefüllt und wir kamen gut voran. Während ich auf die weißlich schimmernde Gischt der dunklen Wellenkämme schaute, traute ich plötzlich meinen

Augen nicht mehr. Sie leuchtete. Ein blau-grüner Schein. Die mondlose Dunkelheit diente als Leinwand für ein künstlerisch anmutendes Naturspektakel: fluoreszierendes Phytoplankton. Millionen mikroskopisch kleine Algen, die bei Berührung oder Irritation mit Biolumineszenz reagierten, um ihre Fressfeinde abzuschrecken. Dann hörte ich ein Klicken, ein Pfeifen und Quietschen. Woher kam es? Es vervielfältigte sich. Wurde lauter. Ich blickte mich mit weit geöffneten Augen um. Das Meer leuchtete. Funkelnde Pfeile schossen aus allen Richtungen auf das Boot zu. Es waren Delfine.

Schnell lief ich zur Vorderseite des Zweimasters. Die Wellen waren nach wie vor stark und brachen leuchtend am Rumpf. Auf der Seekarte waren an diesem Punkt 4000 Meter Meerestiefe verzeichnet. Unvorstellbar, was da unter uns alles lauerte. Ein falscher Schritt, und man war verloren. Der Wellengang würde einen verschlucken und jeder Rettungsversuch wäre zum Scheitern verurteilt. Doch gerade diese immerwährende Gefahr erzeugt Achtsamkeit. Man handelt bewusster und schärft seine Sinne. Umso intensiver spürte ich mein Herz in meiner Brust pochen, als ich mich in den stählernen Bug legte, um das Wasser unter mir zu berühren. Es funkelte, als meine Finger im Wellental die Oberfläche durchbrachen. Die Delfine malten mit ihren Bewegungen immer neue leuchtende Linien auf die glitzernde Leinwand, nur durchbrochen durch ihre Sprünge in die fast pechschwarze Nacht. Ich war in eine neue Welt eingetaucht. Ein Rausch der Sinne. Ein Gefühl von grenzenloser Freiheit, wie ich es seitdem nie wieder erlebt habe. Ich kann nicht einmal sagen, wie lange dieses Schauspiel andauerte. Doch so schnell wie es gekommen war, so schnell schien es auch wieder zu verschwinden. Meine Kamera lag dabei die ganze Zeit unter Deck, sicher verstaut in einer Tasche unter meinem Bett. Es wäre sinnlos gewesen zu versuchen, dieses Wunder digital einzufangen. Zu schwach war das Licht für den alten Sensor. Zu stark die Bewegungen des Bootes. Zu unfassbar die Magie des Augenblicks. Und doch denke ich oft über das Foto nach, das hätte sein können.

Noch an Bord der Karaka ließ ich mein altes Leben zurück und entschied mich, Fotograf zu werden. Ausgelöst durch ein Bild, das nur in meiner Erinnerung existiert.

Manolo Ty, geboren 1985 in Hagen, ist vor allem für seine sozialdokumentarischen Fotografien und seine Porträts bekannt. Als Fotograf, Autor und Abenteurer besuchte er über einhundert Länder. Seine fotografischen Arbeiten sind ein Amalgam zwischen Kunst, Dokumentation und Fotojournalismus. Seine Werke wurden bei internationalen Ausstellungen in Galerien und Museen zwischen Berlin, Jakarta und New York gezeigt. Manolo Ty ist Autor mehrerer Bildbände über das kulturelle Erbe von Gesellschaften, nachhaltige Reisen und den menschengemachten Klimawandel. In Zusammenarbeit mit der UNDP drehte er den prämierten Dokumentarfilm *Gender X,* der sich mit den Rechten von transgender Frauen in Pakistan auseinandersetzt. Er lebt und arbeitet in Berlin.

Karin Lochner

Big Trouble in Big Apple

Ich war 20 Jahre alt und ungewollt schwanger. So stand ich mit dickem Bauch vor einem Richter in einem Gerichtssaal in New York. Ein paar Tage zuvor war ich am Flughafen JFK verhaftet worden. Mein Hab und Gut konfisziert. Und das Schlimmste überhaupt: Ich hatte keinen Pass und kein Geld mehr.

Als ich in New York ankam, hatte ich bereits kaum etwas dabei, nur ein mittelmäßiges Abi in der Tasche und ein Baby im Bauch.

In Deutschland habe ich ein paar Monate für eine Münchner Schauspielerin als Kindermädchen gejobbt. Die Mutter, Beatrice, war mitten in einer Tournee durch Deutschland. Ich kümmerte mich in ihrer Abwesenheit um ihre Tochter, brachte sie in den Kindergarten, zur Ballettschule und zu den Faschingsfeiern ihrer Freundinnen. Ich offenbarte meiner Auftraggeberin bereits am ersten Arbeitstag, dass ich schwanger sei und mein Baby laut errechnetem Termin im Juli auf die Welt kommen werde. Am 14. Juli 1985. Der Sturm auf die Bastille ereignete sich am 14. Juli - ein gutes Omen. Ein historisches Datum.

»*So soon?*« Beatrice nutzte gerne Anglizismen. »Gar kein Problem, dann gehen Sie abends nicht in die Disco«, sagte sie pragmatisch.

Meine Chefin spielte Mitte der 80er Jahre in zahlreichen Filmen mit, sie hatte kaum Zeit für ihre Tochter. In meiner Naivität sagte ich ihr, dass ich bis kurz vor der Geburt als Kindermädchen zur Verfügung stehe. Nach New York, wo sie hingeheiratet hatte, könne ich leider nicht mitkommen, bedauerte Beatrice.

»Hm, ja«, stimmte ich ein bisschen traurig zu.

Das Leben in einer Münchner Altbauwohnung voller Antiquitäten war angenehm. Das sechsjährige Mädchen, um das ich mich kümmerte, war ein originelles Kind mit einem starken Willen. Heute ist auch sie eine berühmte Schauspielerin und jedes Mal, wenn ich sie im Fernsehen bewundere, denke ich: Sie hat mit mir Schwimmen gelernt, war mit mir Schlittenfahren. Ich habe ihren Schlafanzug zurechtgelegt, sie übers Wochenende mit zu meinen Eltern in ein bayerisches Dorf genommen. Meine kleine Judith.

Mit dem nächsten Kindermädchen, meiner Nachfolgerin, das mit nach New York kommen sollte, klappte plötzlich etwas nicht mehr. Also war ich als Kandidatin wieder im Spiel.

Beatrice rief mich aus einer Stadt in Norddeutschland an, wo sie gerade gastierte: »Gehen Sie zum Konsulat, holen Sie sich ein Visum. Und zum Reisebüro. Holen Sie sich ein Flugticket. Wir wollen, dass Sie mit uns nach New York ziehen! *Very soon!* Aber erwähnen Sie mich im Konsulat nicht, mit keinem Wort.« Ich solle bei keiner Behörde, schärfte sie mir ein, weder einer deutschen noch einer amerikanischen, etwas von meinem Umzug mit ihr nach New York erzählen. Sie sei prominent und ärgere sich ständig über die Artikel in der Klatschpresse. Sie werde sogar von Paparazzi verfolgt.

Umzug nach New York

Ich war von der Idee, nach New York umzuziehen, begeistert. Mein Kind würde in New York geboren werden und hätte dann automatisch die amerikanische Staatsbürgerschaft! Was für eine Aussicht.

Judith und ihre Mutter reisten kurz darauf mit einem Frachter und den Antiquitäten von Bremerhafen nach New York. Judith überreichte mir zum Abschied stolz ihren Eisbären, ein Stofftier, das fast so groß war wie sie selbst. Pippo solle mir während unserer zehntägigen Trennung Gesellschaft leisten und dann zusammen mit mir die Reise nach New York antreten.

Ein paar Tage später, als sie gerade mitten auf dem Atlantik war, rief mich Beatrice auf dem Festnetz an (damals gab es noch keine Handys). Atemlos sagte sie: »Gut, dass ich Sie erreiche, bringen Sie unbedingt den Schmuck mit, den mir mein Mann geschenkt hat. Ich habe ihn vergessen. Ins Handgepäck bitte.«

Der Schmuck des amerikanischen Gatten. Ich kannte Tony noch nicht. Er war reich, mutmaßte ich. Er fuhr einen Rolls Royce und lebte in einem Hochhaus mit Blick auf den Central Park. Tony war einst der Psychiater von John Lennon gewesen.

Ich sollte ein paar Tage vor den beiden ankommen und die Wohnung in New York für ihre Ankunft vorbereiten. Außerdem sollte ich Beatrice bei der ersten sich bietenden Gelegenheit unauffällig den Schmuck ihres Mannes zukommen lassen. Mir würde schon einfallen, wie ich das am besten anstelle.

Sie schrie förmlich in den Hörer: »Ich bin beim Kapitän und darf nur zwei Minuten reden. Haben Sie mich verstanden, Karin? Den Schmuck ins Handgepäck.«

Ich stieg in mein Flugzeug nach New York und setzte den Eisbären Pippo neben mich. Das Flugzeug war fast leer. Leere Flugzeuge – das gibt es heute nicht mehr. Auch die Fluglinie ist längst Geschichte.

Auf dem Flug über die Wolken nach New York schrieb ich einen langen Brief an eine französische Austausch-Freundin aus Abiturzeiten. Sie wusste von meiner Schwangerschaft, da wir uns bereits, als ich noch in München lebte, gegenseitig Briefe geschickt hatten. Ich erzählte ihr immer, wie es mir und dem Baby ging, heute war es unruhig. Ich legte eine Hand auf meinen Bauch und schrieb auf Französisch: Ich fühle, wie das Kind in meinem Bauch strampelt.

Als ich schlaftrunken in New York aus dem Flugzeug stieg, winkte man mich aus der Schlange zur Passkontrolle heraus. Aus jedem Flieger eine Stichprobe. Eine Uniformierte taxierte mich mit prüfend und wollte dann meine Papiere sehen. Ich zeigte den Stempel vom Konsulat: Ich hatte ein Drei-Monats-Visum. Die Frau mit dem strengen Seitenscheitel wollte sehen, wie viel Geld ich bei mir trug. Ich hatte gerade mal 100 Dollar. »Wo wollen Sie hin? Adresse?«, fragte sie und rief ein paar Kollegen herbei.

Sie bildeten einen Kokon um mich herum. Ich blickte auf eine Wand aus golden glänzenden Uniformknöpfen. Wie das

Kaninchen vor der Schlange erstarrte ich. Ich sollte weder die Namen von Beatrice und Tony erwähnen noch, wo ich in New York zu residieren gedachte. Ich hatte nichts, keine Namen, keine Adresse. Ich wurde noch am Flughafen in ein Zimmer ohne Tageslicht abgeführt. Jetzt waren die Uniformierten nicht mehr so freundlich und sagten nicht mehr Miss oder Madam zu mir. Ich begriff, dass ich verhaftet wurde. Das Bühnenbild und die Dramaturgie hätten jeder Kafka-Verfilmung zur Ehre gereicht. Ich musste mein Handgepäck öffnen. Natürlich kam der Schmuck zum Vorschein. Ich war selbst überrascht, wie er funkelte und wie viel es war.

»Was soll das?«, fragten die Beamten.

»Ich trage gerne Schmuck«, versuchte ich zaghaft, die Situation zu retten.

»Blödsinn, was wollen Sie mit dem Schmuck in den USA?«

Das Verhör dauerte Stunden, alles wurde genauestens hinterfragt und untersucht. Nicht nur die Ketten, Armreife und Ringe. Der Brief an meine französische Freundin wurde laut verlesen. Die streng dreinschauende Beamtin konnte einigermaßen gut Französisch ablesen, aber niemand im Raum verstand den Sinn. Das war mein Glück, sonst wäre bekannt geworden, dass ich schwanger bin. Ich fühle, wie das Baby in meinem Bauch strampelt, übersetzte die Beamtin mit: Ich fühle mich wie ein Baby, dem man in den Bauch kickt.

»Was soll das heißen?«, fragte sie mit scharfer Stimme.

Ich zuckte mit den Schultern, stammelte. Ich schwitzte und hatte Durst. Ich musste auf die Toilette.

»Was willst du hier?«, wurde ich immer wieder gefragt. »Mit 100 Dollar in der Tasche kannst du höchstens zwei Nächte überbrücken.« Die Uniformierten nahmen mir der Reihe nach alles ab. Den Schmuck, meinen Pass, meine handgeschriebenen Briefe, mein Adressbuch mit der Telefonnummer, die ich wählen sollte, falls bei der Ankunft auf dem Flughafen etwas schiefgehe. Der Eisbär Pippo und mein Koffer mit meiner Kleidung durften nach einer gründlichen Untersuchung das Flughafengebäude mit mir verlassen.

Tony wusste von alldem nichts und hatte in der Zwischenzeit nach mir Ausschau gehalten. Er hatte jede Frau, die den Flughafen verließ, egal ob jung oder alt, gefragt, ob sie Karin sei. Selbst die, die eindeutig nicht schwanger waren, amüsierte er sich, als wir uns endlich fanden. Er deutete mit den Händen die Taille einer sehr schmalen Frau an und schmunzelte: Sogar gertenschlanke Frauen, ohne 7-Monats-Baby-Bauch, habe er angesprochen. Er lachte laut und wollte gar nicht mehr aufhören. So hatte ich mir keinen Rolls-Royce fahrenden Promi-Psychiater vorgestellt. Ich war in Gedanken versunken, während die Lichter der Großstadt an uns vorbeiflogen.

»Wir sind gleich zu Hause«, kündigte Tony an, *»very soon.«*

Der Gerichtsprozess

Ich war ohne Pass und musste mich innerhalb von fünf Tagen bei einer amerikanischen Behörde melden, gestand ich. Tony seufzte, als er hörte, warum ich stundenlang am Flughafen festgehalten worden war. Dass der Schmuck entdeckt worden war und mich verdächtig gemacht hat. Da muss man kein Sherlock Holmes sein, analysierte er und offenbarte blitzend weiße Jacketkronen. Er sei einfach nur erleichtert, mich endlich nach Hause bringen zu können. Ich sollte schließlich alles für seine neue *Family* vorbereiten. Aber ihm schwante, dass meine holprige Ankunft auch *Trouble* bedeutete.

Ich erklärte ihm, dass ich am Montag zum Office of Immigration musste, da sie mir am Flughafen meinen Pass, mein Geld und meine Briefe abgenommen hatten.

Er schaute verwirrt. »*What the heck?*«

Ich zeigte ihm die Papiere, die ich am Flughafen bekommen hatte. Er murmelte leise, während er die Dokumente nach etwas Bestimmtem durchsuchte. Da waren sechs Adressen von Anwälten drauf, die mich kostenlos vertreten würden.

»Das ist in den USA gesetzlich so vorgeschrieben«, sagte Tony stolz. »Und alle Anwälte auf deinem Zettel sprechen Deutsch«, verkündete er. Ich war beeindruckt.

Er ging nochmal die Liste der Gratisanwälte durch, kratzte sich dann an seiner Millionärsstirn und proklamierte: »Ich zahl dir einen Anwalt, die kostenlosen taugen nichts.«

Irgendwie haben wir es mit den Anwälten dann doch vermasselt. Tony vergaß, einen anzuheuern und ich traute mich nicht, ihn daran zu erinnern. Ich marschierte also am Tag der Anhörung ohne juristischen Beistand los, vom Central Park West Richtung Süden. Ich hatte mir zwei Stunden Fußmarsch ausgerechnet. Mit den öffentlichen Verkehrsmitteln in New York kannte ich mich noch nicht aus. Damals kursierten außerdem allerlei Horrorgeschichten über die Subway. In meiner Heimat hatte mich gefühlt das ganze Dorf davor gewarnt.

Pippo, Judiths Eisbär begleitete mich auf meinem Weg zum Gericht. Er sollte mir Glück bringen. Blumenhändler und Kioskbesitzer grüßten mich. Fast alle hatten einen Akzent. Ich gab Tony recht. New York ist wirklich ein *Melting Pot*. Nie wolle er anderswo wohnen, hatte er geschwärmt.

»Wenn der Gerichtstag vorbei ist, zeige ich dir meine Stadt«, hatte er zum Abschied an diesem Morgen gesagt.

Das Stofftier aus weißem Plüsch trug ich auf meiner Hüfte. So verdeckte ich meine Schwangerschaft, die niemand bemerken sollte. Die New Yorker waren so liebenswert exzentrisch, dass es nicht weiter auffiel, wenn eine Erwachsene mit einem Stofftier am Bauch und Birkenstock an den Füßen durch die Straßen schlenderte, vorbei an schicken Businessleuten in Kostüm und Anzug. Die Sonne schien, es war ein prächtiger Maitag Mitte der 80er Jahre.

»*You look great!*«, riefen mir Passanten mit Blick auf den Eisbären zu.

Ich kam sehr pünktlich nach nur anderthalb Stunden in Downtown Manhattan an und hatte genügend Zeit, mich zu orientieren. Aus mehreren Seitenstraßen leuchteten mir rote Lampions entgegen und an den Häusern und Geschäften befanden sich chinesische Schriftzeichen. Mir wurde klar, nur ein paar Schritte entfernt lag der Eingang zur weltberühmten Chinatown. Doch irgendwie konnte ich mich am bunten Treiben in den Gassen nicht erfreuen. Meine Gedanken wirbelten durch meinen Kopf. Gleich würde ich einem Beamten der Einwanderungsbehörde gegenüberstehen. Mein Pass war weg. Ich würde bald ein Baby bekommen. Ich hatte in München meine Wohnung und mein altes Leben aufgegeben. Gleich würde sich alles entscheiden. Ich hatte Angst, Adrenalin rauschte durch meinen Körper.

Das Gebäude, in dem das *Office of Immigration* untergebracht war, habe ich sehr schnell gefunden. Riesige Türflügel, wie bei einer Kathedrale, flößten mir Respekt ein. Ich brauchte eine halbe Stunde, bevor ich das Aufzugsystem im Hochhaus durchblickte, und herausfand, wo das Büro »meines« Sachbearbeiters war. Der Wolkenkratzer hatte drei Aufzugsschächte. Ein Aufzug beförderte Personen vom Erdgeschoss in den 20.

Stock. Der nächste Aufzug fuhr vom 21. Stock ins 40. Obergeschoss. Ich musste zu Aufzug Nummer drei, der vom 41. in den 60. Stock fuhr.

Endlich hatte ich die Einwanderungsbehörde gefunden. Ich überreichte die Papiere, die ich am Flughafen erhalten hatte, der Dame hinter dem Schalter und erklärte ihr, dass ich keinen Pass mehr hatte. Deswegen sei ich gekommen.

»Ah, so ist das also, na dann warten Sie einfach, wir bringen dem Richter die Unterlagen.«

Eine andere Frau begleitete mich in einen großen Raum. Wahrscheinlich der Gerichtssaal. Als ich den Raum betreten wollte, hielt sie mich fest und fragte: »Darf ich Ihren Bauch berühren?«

Ich erschrak, offensichtlich sah man mir meine Schwangerschaft doch an?

Sie erzählte mir, sie habe gerade ein Kind verloren und es bringe Glück, den Bauch einer Schwangeren zu berühren. Sie schloss die Augen und atmete tief durch, während ihre Hand über meinen Bauch strich.

Ich werde ein kleines Mädchen bekommen, *»a tiny little girl«*, flüsterte sie mir zu. Sie spüre das. *»Everything is gonna be alright.«*

Dann wies sie mich an, mich in die letzte Reihe des Saals auf eine schlichte Besucherbank zu setzen. Ich solle warten, bis ich drankam.

Die amerikanische Flagge stand neben dem Richtertisch, ein Bild des aktuellen Präsidenten hing daneben an der Wand. Ronald Reagan. Er war gerade mit seiner Frau Nancy in Deutschland, während es mich in seine Heimat verschlagen hatte, in einen von Neonröhren beleuchteten Saal, in dem ich jetzt saß und wartete. Ich blickte auf sein gerahmtes Porträt. Noch vor ein paar Tagen hatte ich in Deutschland vor dem Fernseher gesessen und gebannt jeden seiner hollywoodreifen öffentlichen Auftritte verfolgt, die über unsere deutschen Bildschirme flimmerten.

Besonders in Erinnerung geblieben ist mir die historische Aufforderung des amerikanischen Präsidenten an Michail Gorbatschow, die Berliner Mauer zu öffnen.

»Tear down this wall!«, lautete die Zeile aus seiner Rede. Ich hatte am ganzen Körper Gänsehaut, als ich die Worte live im Fernsehen hörte.

Auch Beatrice war ganz hingerissen und schwärmte davon, welch fantastische Präsenz Ronnie doch hätte. Sie machte mich auf seine Körperhaltung und Gestik aufmerksam, imitierte sie.

»Das mussten wir alles in der Schauspielschule lernen«, erklärte sie mir eifrig. »Schauen Sie sich hingegen die deutschen Politiker an. Schlimm.« Sie zog die Stirn in Falten und schüttelte theatralisch den Kopf. »Kein Charisma. *Zero.*«

Im Gerichtssaal in New York hatte ich ebenfalls den Eindruck, als säße ich in einem Film. Das Bühnenbild, die Dramatik, alles passte. Mit mir war eine vietnamesische Flüchtlingsfamilie im Raum, *»boat people«*, die in den USA gestrandet waren und sich nun vor dem Richter erklären mussten. Eine junge Mutter stillte verstohlen ihr Kind.

Danach wurde einem illegalen mexikanischen Einwanderer der Prozess gemacht. Der Angeklagte hatte ein Gipsbein und schluchzte herzerweichend. Er war mit seinem gebrochenen Bein durch einen Fluss geschwommen, um die Grenze zu überqueren. Als nächstes trat eine junge, stoisch blickende Kenianerin vor den Richter. In ihrer Heimat drohte ihr die

Genitalverstümmelung. Sie war in einen Stamm hineingeboren worden, in dem das zur Tradition gehört und war deshalb ohne gültige Papiere in die USA geflohen. Der Richter hatte bereits ihren beiden älteren Schwestern den Prozess gemacht. So ging es den ganzen Tag weiter. Ein persönliches Drama nach dem anderen. Der Richter wischte sich immer wieder den Schweiß von der Glatze und blickte auf den Stapel mit Gerichtsakten, der vor ihm lag. Und den er langsam, aber stetig abarbeitete.

Der Mann, der hier über so viele Schicksale richtete, zeichnet sich vor allem durch eine Eigenschaft aus: Menschlichkeit. Alle, die mit mir im Gerichtssaal auf den kalten Besucherbänken auf ihre Anhörung warteten, durften in den USA bleiben, niemand wurde des Landes verwiesen. Ihre Augen leuchteten, als sie den Gerichtssaal verließen. Der amerikanische Traum war plötzlich zum Greifen nah. Trotz Sprachbarriere. Trotz Gipsbein. Für alle: Die Mutter, die ihr Baby stillte, die junge Frau aus Kenia, die der weiblichen Genitalverstümmelung entrinnen konnte und alle anderen, deren Schicksal an diesem Tag am seidenen Faden gehangen hatte.

Ich kam als Letzte dran. Der Richter sah auf seine Uhr. Es war schon spät. Er schickte die anderen Wartenden weg, sagte, sie kämen morgen dran.

Jeder Gerichtsprozess folgte einem festgelegten Ablauf. Ich gelobte, die Wahrheit zu sagen und nichts als die Wahrheit. Au weia, dachte ich und drückte Eisbär Pippo fest an mich. Hoffentlich endet das gut. Notfalls muss ich wieder nach Hause in mein bayerisches Dorf, tröstete ich mich. Die würden mich doch wohl nicht in den USA ins Gefängnis stecken?

Der Richter unterhielt sich mit mir, er fand es toll, dass ich fließend Französisch schreiben konnte. »Und Sie schreiben sogar mit Tinte?«

Ich war verwirrt. Dass mein Schulfüller eine Rolle im Prozess spielen würde, hatte ich am allerwenigsten erwartet. Der Richter wischte sich noch einmal über die glänzende Glatze, sah mir tief in die Augen und fragte, ob ich es trotz meiner mickrigen 100 Dollar schaffen würde, bis zum Datum meines Rückflugs klarzukommen. Das waren drei Monate. Ich holte tief Luft. Der Richter hob die Hand und bedeutete mir, innezuhalten. Er wolle – im Gegensatz zu den Beamten am Flughafen – keine Details wissen, sagte er mit gesenkter Stimme.

Ich atmete hörbar aus und antwortete nur: »Ja, das schaffe ich.« Sonst nichts.

Dann überreichte er mir meinen Pass, meine Briefe, den Schmuck. Ich musste die Rückgabe quittieren und durfte dann gehen.

»*Take care*«, wünschte er mir zum Abschied.

Mir liefen die Tränen über die Wangen, als ich in den Aufzug stieg. Ich würde ein Baby bekommen. Ein kleines Mädchen. Der unerwartet positive Ausgang meiner Verhandlung war ein gutes Omen. *Everything is gonna be alright.*

Ich spazierte durch Chinatown und setzte mich dann in ein kleines Café, um einen Grüntee zur Beruhigung zu trinken. Die junge Frau, die mich bediente, sprach kein Wort Englisch. Sie deutete auf Pippo und wollte mir etwas mitteilen oder mir ein Kompliment machen. Ich verstand ihre Worte nicht. Wir schafften es, uns irgendwie mit Händen und Füßen zu verständigen, und ich musste mehrmals laut und befreiend lachen.

Der Tee schmeckte an diesem Tag nach Freiheit. Nach dem amerikanischen Traum. Ich schlenderte wieder zurück zu dem Apartment an der noblen Adresse Central Park West, wo ich am nächsten Tag Judith und Beatrice empfangen würde. Es war Rush Hour in New York. Unzählige Menschen strömten an mir vorbei, alle mit ihren eigenen kleinen und großen persönlichen Dramen. Ich hatte das Gefühl, dass die ganze Welt auf den Avenues des Big Apple wuselte. Und ich mitten drin.

Wo mein Kind geboren wurde? (Übrigens wurde es kein kleines Mädchen, sondern ein schwerer Bub.) Ob er amerikanischer Staatsbürger wurde? Das ist eine andere New Yorker Geschichte. Die erzähle ich auch noch. *Very soon.*

Karin Lochner bastelte sich mit 13 Jahren ein Faschingskostüm als Rasende Reporterin. Fünf Jahre später veröffentlichte sie ihren ersten Artikel im Münchner Merkur. Seither schreibt sie über Reisen, Essen und Brauchtum. 2013 gewann sie den Walliser Medienpreis. Ein paar Jahre später die gastronomische Silbermedaille und die Auszeichnung München dankt. Wenn die Reporterin nicht unterwegs ist, unterrichtet sie Yoga und andere Bewegungskünste, die dabei helfen, sich biegsam in einen überfüllten Ochsenkarren zu schmiegen (Senegal), das Rütteln bei einer Überlandfahrt ohne Blessuren zu überstehen (Jamaika) oder das Schaukeln auf einem bockigen Kamel (Katar) mit Würde zu genießen.

Simone Harre

Fünf Seen und drei Inseln

Shanghai morgens um halb zehn. Mingyan hat gesagt, er möchte mich und meine Tochter, die mich dieses Mal begleitet, mit dem Auto abholen. Doch es ist nicht leicht, uns zu finden. Lane 74, eine versteckte Gasse neben einem kleinen Wohnblock an der großen Yan'an Road in der Nähe der Metrostation Nanjing West Road, viertes Haus rechts. Sehr privat. Und unweit der Former Residence of Mao Zedong. Wir warten doch besser draußen, dort, wo der Straßenwärter vor unserem Wohngebäude wacht und man uns sehen kann. Es ist sonnig, aber nicht so schwül und feucht wie die letzten Tage. Ein guter Tag für einen Ausflug. Mingyan hat eine lange Anfahrt, fast eine Stunde, nicht ungewöhnlich, trotzdem ist es mir unangenehm und ich hoffe, er findet uns schnell. Dann endlich: Er meldet sich, er hat 100 Meter weiter an einem Hotel geparkt, ist sich aber nicht ganz sicher, ob er wirklich richtig ist. Wir schicken uns gegenseitig Fotos von der Ansicht, von dort, wo wir stehen, und kommen überein, dass wir tatsächlich das gleiche, hohe Gebäude fotografiert haben. Ein Glück. Wir laufen los.

»Welche Farbe hat dein Auto?«, frage ich am Telefon.

»Braun, schokobraun«, antwortet Mingyan und winkt uns schon von weitem. »Simone?«

Ich nicke. »Hallo Mingyan«, sage ich. Wir begrüßen uns. Wir kennen uns nicht, wurden über eine gemeinsame Freundin miteinander verknüpft und werden doch heute einen Ausflug zu einer der Wasserstädte Shanghais zusammen unternehmen. Ich habe Bedenken, dass Mingyan meine Idee gar nicht so gut findet. »Na gut«, hatte er nur geschrieben. Und: »Ich komme dich abholen.« Aber unglücklich über das Treffen wirkt er nicht. Wir steigen schnell ein und es geht los.

»Nenn mich bitte Robert!«, sagt Mingyan gleich. »Wir sprechen heute Deutsch. Ich finde, Robert ist ein schöner deutscher Name. Ich habe mir den selbst ausgesucht.«

Hm ... Okay, Robert dann. Ich schnalle mich an. Robert, der Chinese, lenkt sein Auto auf die Autobahn. Es geht nur langsam vorwärts. Während ich die chinesischen Schnellzüge lobe, lobt er, wie Chinesen recht oft, die deutschen Autobahnen. Dort kann man schnell fahren. Und es gibt Ordnung. Jeder hat seine eigene Reihe, je nach Vorliebe der Geschwindigkeit. Typisch Deutsch eben. Alles hat eine Linie. Es wird schnell klar, Robert liebt nicht nur seinen deutschen Namen, er liebt und kennt auch das Land der Deutschen. Erst vor ein paar Tagen noch war er dort. Auch in Österreich. Freunde und viele Orte besuchen. Bald wird er sogar in Frankfurt für ein Jahr studieren und an der Uni seinen MA machen. Er ist Ingenieur, verheiratet, hat eine elfjährige Tochter, kommt aus Shanghai, lebt dort mit Frau und Kind in einer Zweizimmerwohnung, 90 Quadratmeter, und scheint, am Auto gemessen, ganz gut zu verdienen. Robert findet Shanghai super, aber in einen der modernen Wolkenkratzer würde er niemals ziehen wollen. Die kleineren deutschen Städte, die gemütlichen, solche wie Heidelberg, sind für ihn eine echte Alternative. Deutschland hat überhaupt viel Anziehungskraft auf ihn. Die Werte, die Demokratie, das Strukturierte. Es kommt seiner eigenen Ernsthaftigkeit und dem Wunsch nach Wissen entgegen. Das Wendige der Chinesen ist nicht sein Ding. Obwohl … Später, in der Wasserstadt Zhujiajiao, sagt er zu mir: »Du bist typisch Deutsch, fragst immer weiter«, was mehr nach Vorwurf klingt. Robert spricht hervorragend Deutsch. Ich bin sehr verwundert. Denn er studiert es nicht. Er will es einfach nur können, hat gerade mal einen kleinen Kurs gemacht.

Die Fahrt zur Wasserstadt, der berühmtesten Shanghais, so Robert, dauert recht lang. Einmal war er selbst schon dort. Und es scheint, als habe er doch Lust auf einen neuerlichen Besuch.

Wir kommen an. Steigen aus. Zahlen Eintritt. Wo geht es lang? Aha, dort … Ein verwinkelter Kanal leitet uns. Erster Eindruck: Zhujiajiao wirkt ein wenig wie die berühmte und anmutige Gartenstadt Suzhou, die ebenfalls am Fluss liegt. Nur ist hier alles kleiner und weniger nobel. Verträumt oder malerisch kann man es ebenfalls nicht nennen. Wir schlendern durch Gassen, gehen über Brücken, manchmal gibt es ein kleines Museum oder einen Tempel. Alles kostenpflichtig. Alles etwas sehr am Tourismus orientiert. Deutsche scheinen in Zhujiajiao selten aufzutauchen. Ich sehe Menschen mit einem Blick hin zu mir tuscheln, manchmal fragen sie Robert auch, wer wir sind. Wir laufen und laufen und mit Freude stelle ich fest, dass Robert seine Umgebung genauso neugierig betrachtet wie ich. Er blickt in die Läden hinein, er mustert die historischen Häuser, sucht nach interessanten Spuren der Vergangenheit und versucht sich vorzustellen, was für mich, die Fremde, interessant sein könnte. Vor einem mehrere hundert Jahre alten Privathaus bleibt er stehen. Es ist mindestens aus der Qing-Dynastie. Das Haus einer ehemals sehr reichen Familie, wie das Schnitzwerk vermuten lässt, ein hohes Eingangspodest und Malereien an der Wand. Es wird uns erlaubt, einzutreten und ein wenig umher zu gehen. Das Gebäude ist in sehr schlechtem Zustand. Doch alte Möbel lassen vergangenen Glanz erahnen. Sie stehen vereinzelt im Bauschutt, der überall in den zwei Stockwerken und auf einem kleinen Innenhof verstreut liegt.

Robert deutet nach oben zu einem Fenster. »Schaut mal«, ruft er, »das war das Zimmer der Tochter.«

Wir schauen und Robert erklärt: »Die Tochter musste so lange dort bleiben, bis sie heiratete. Nur an sehr wenigen großen Festen durfte sie ihr Zimmer verlassen. Kam sie ins heiratsfähige Alter, lud der Vater einige Männer ein. Diese konnte das Mädchen dann von oben beobachten. Direkter Kontakt war nicht möglich.«

Uh… Wir blicken wieder nach vorne. Hinein in den halbdunklen, modrigen Raum. Beobachten den Ururenkel – oder mit weiteren Ur davor gesetzt –, er sitzt mit nacktem Oberkörper inmitten zerbröckelter Vergangenheit und schlürft seine Mittagsnudeln. Von ehemaliger Vornehmheit keine Spur und dass wir in seinem Zuhause herumtapsen, stört ihn ebenfalls nicht. Er will nur wissen, ob wir aus West- oder Ostdeutschland kommen.

»Kommunistisch oder kapitalistisch«, erläutert Robert und lacht. »Er weiß nicht, dass es in Deutschland die DDR nicht mehr gibt.« Die Zeit hat eben ihre eigene Dynamik. Auch hier: Nach dem Tod Maos ging die zuvor enteignete Hälfte des Anwesens wieder an die Familie zurück. Immerhin. Diese Hälfte wird nun Stück um Stück erneuert. Für die andere Hälfte jedoch tut die Regierung nichts. Sie verkommt weiter. Eine Spaltung mitten durchs Haus. Vor einem alten Türbogen bleibt Robert schließlich etwas länger stehen und versucht eine Inschrift zu entziffern: »Im Herzen befinden sich fünf Seen und drei Inseln ...« Ein Gedicht. Blumig chinesisch. Ich weiß nicht, ob es mehr als eine poetische Bedeutung hat – Robert auch nicht –, aber wir finden, dass es sehr gut zur heutigen chinesischen Gesellschaft passt. Denn auch da gilt: Nur im Herzen findet sich der Ort, in dem Glück wohnt, der einzige Raum, den die Regierung nicht beobachten kann.

Später bei einem Kaffee, den Robert unbedingt braucht, sagt er: »Ich fühle mich wie in dem deutschen Film Die Anderen, man weiß nicht, wem man trauen kann. Niemals kann man sagen, was man denkt.« Und kritisiere man etwas auf WeChat, dem chinesischen Messenger, schreibe man in der nächsten Nachricht: »Haha, war natürlich nur ein Witz.« Alles und überall wird überwacht und Robert ist darüber nicht froh.

»Wenn du über das Glück der Chinesen schreibst, musst du auch über das Unglück schreiben«, sagt er, »über die Wahrheit.«

»Ich weiß«, sage ich, »das tue ich.“

Wir sind uns einig.

»Weißt du, China ist krank«, erklärt er freimütig, »so vieles stimmt hier nicht.«

»Und das Unglück?«, frage ich, »was bedeutet es für dich?«

»Hoffnung!«, die schnelle Antwort. Robert hat Angst, und, was nicht üblich ist, er spricht darüber, aber er hat keine Angst mir zu sagen, dass er nicht stolz darauf ist, Chinese zu sein, jedenfalls im Moment nicht.

»Natürlich«, schränkt er ein, »ich liebe mein Heimatland, aber ich mag die Regierung nicht.«

Neben uns im Café spielt ein kleiner Junge mit zwei Entenküken. Er geht nicht sehr zärtlich mit ihnen um, eher grob und wenig achtsam mit dem Leben dieser Tiere, aber die zwei kleinen, flauschigen Entchen kennen es nicht anders, sie scheinen zudem auf ihn gepolt zu sein und rennen ihm dennoch überall hinterher.

Robert betrachtet die armen Küken, die keine Wahl in ihrem Unglück haben und sagt vieldeutig: »Warst du schon mal in einem chinesischen Krankenhaus?«

Ich nicke. Der Umgang mit Menschen in einem Krankenhaus ist für Robert wie ein Symbol für die Menschlichkeit in seinem Land. Die langen Wartezeiten, die vielen Wartenden, die extrem kurzen Sprechstunden, die ungenügenden Beratungen und Behandlungen. Robert erzählt ausführlich. Er hat es mehrfach mit seiner kleinen Tochter erlebt und es scheint ihn tief geschmerzt zu haben. Ich denke an mein Interview, das ich in einer Psychiatrie führte, und daran, wie traurig dieser Ort war. Menschen, die stumm kamen und stumm gingen. Immer mehr Depressionen und nichts als Tabletten. Dann erzählt Robert von Eltern in einer chinesischen Stadt, die sich über die schlechte örtliche Schulbetreuung ihrer Kinder beklagt hatten. Eltern, die aufbegehrten, demonstrierten, dafür ins Gefängnis kamen.

»Einige von ihnen sind bis heute dort«, sagt er. »Eltern. Einfach nur Eltern.«

Jedes Bild, das er uns vor Augen führt, soll für sich selbst sprechen. Wahrheit in China tut weh. Glück ist eine Fassade.

Das ist Roberts Blick. Seine Emotion. Und immer wieder kommt er auf das belastende Schulsystem zu sprechen. Ein Thema für viele.

»Dann würdest du sagen, dass deine Tochter keine glückliche Kindheit hat?«, frage ich.

»Doch schon«, antwortet er, »ich gebe mir Mühe, den Druck zu entschärfen.«

»Wie?«, frage ich.

»Sie muss keine Nachhilfestunden nehmen.«

Wir gehen weiter. Erfreut bleibt er vor einem Fishnipping-Store stehen.

»Ah«, sagt Robert, »hier war ich schon mal.« Eine Erinnerung.

Ich sage: »Ich habe das auch vor zwei Jahren gemacht. In Dali, Yunnan. Kitzelt die ersten Minuten ganz schön.«

Robert nickt nur ernst und dreht sich um. Gegenüber ist ein kleines Postmuseum, das die Geschichte des chinesischen Postwesens und die Raffinesse der sicheren Datenübermittlung zeigt. Zwei Gemälde finden wir besonders spannend. Ein Bote wird hoch zu Ross und mit einer überaus wichtigen Depesche losgeschickt. Für den Fall, dass der Reiter auf diesem Weg aber vor Erschöpfung stirbt und vom Pferd fallen könnte, wird er so geschickt auf den Pferderücken gefesselt, dass er, auch als Toter, die Botschaft überbringen kann. Ein anderer trickreicher Weg der geheimen Übermittlung von Botschaften bestand darin, einem Diener den Kopf kahl zu scheren, die Nachricht auf den Hinterkopf zu tätowieren, zu warten bis die Haare wieder nachgewachsen sind, den selbst über die Nachricht Unkundigen und völlig unauffälligen Diener loszuschicken und am Bestimmungsort den Schädel einfach wieder kahl rasieren zu lassen. Eine menschliche Brieftaube für den einmaligen Gebrauch. Die Chinesen waren schon immer erfindungsreich und selten zimperlich. Menschen gibt es im Überfluss und das Menschsein ist sehr unbedeutend. Dies illustriert ein paar Schritte weiter auch das Bild einer geschichtsträchtigen Brücke, die über den Kanal der Stadt führt. Der Legende nach starb einst genau dort die Ehefrau eines reichen Mannes. Sie ertrank tragisch im Wasser. Erzürnt und verzweifelt darüber, brachte der Witwer daraufhin an dieser Stelle fortgesetzt Menschenopfer dar, kaufte Sklaven, ließ sie ertränken. Diese sinnlose und grobe Tat besteht als Touristenattraktion bis heute fort. Frauen mit Wasserkübeln, in denen kleine Schildkröten zappeln, stehen umher. Man kann die gefangenen Tierchen ins Wasser lassen und sich etwas wünschen.

Der Flair des Wasserdorfes befriedigt nicht meine Suche nach der tieferen Seele und Würde eines alten und vielleicht neuen Chinas. Sie bleibt auch nach Stunden vor allem touristisch und sehr lieblos. Es gibt leider jede Menge wenig ansprechende Souvenirshops, aber immerhin allerlei regionale Leckereien. Und da steht, oha, plötzlich eine Geisterbahn! So etwas habe ich in China noch nie gesehen, Robert auch nicht. Verwundert passieren wir das seltsame, ebenfalls ziemlich heruntergekommene und müffelnde Gruselding. Und dann ziehe ich Robert zurück.

»Bitte lass uns in die Geisterbahn gehen«, bettle ich. »Bitte, bitte!«

Diesmal ist Robert wirklich nicht begeistert und er hat auch etwas Angst, doch er gibt schließlich nach. »Du willst wirklich? Also gut, wir machen es.«

Yeah. Wir kaufen überteuerte Eintrittskarten und gehen hinein. Wir gehen zögerlich. Also gehen, denn dies ist kein

Fahrgeschäft, kein Wagen kommt angerollt, der einen durch den Schauder rattert, das muss man schon selbst machen. Noch schlimmer. Wir verschwinden hinter einem schwarzen Vorhang. Die erste Kabine erschreckt uns heulend und leuchtend mit einem grellen Gruselmonster, dann wird's stockfinster, so finster, dass man rein gar nichts sieht und es wirklich schaurig ist. Vorsichtig tasten wir uns vorwärts. Ich mache die Lampe des Handys an. Ein kleiner Schimmer erhellt das dürftige Ambiente. Eng aneinander gedrängt gehen wir weiter. Wieder blitzt ein Monster auf. Ich bereue bereits meinen Wagemut und stelle fest, der Raum ist größer als ich dachte. Was mag Robert nur denken? Diese doofe Deutsche, erst fragt sie so viel, dann zieht sie mich hier rein? Möglich. Froh sind wir jedenfalls beide, als wir aus dem finsteren Irrgarten herausfinden. Wir lachen erleichtert.

»Schau mal«, sage ich, »heute warst du in deiner ersten Geisterbahn.«

»Ja«, bestätigt Robert ausdruckslos. Vermutlich war es auch seine letzte.

Die Wasserstadt hat noch viele Winkel und Seitenwege, doch es ist spät geworden und die ersten kleinen Museen sind bereits geschlossen, so wie die TCM-Apotheke. Schade. Wir sind hungrig und suchen uns ein Restaurant aus. Aber die Restaurants sind ähnlich wie die Stadt. Das Essen schmeckt nicht und ist wenig appetitlich angerichtet. Das Wasser im Krug trauen wir uns nicht zu trinken, es riecht nicht gut. Der Tisch ist in eine dicke Plastikfolie eingewickelt, die beim Abräumen weggerissen wird. Unter ihr die nächste Plastikfolie. Hygienisches Schichtsystem. Die Essutensilien sind zwar aus Holz, jedoch ebenfalls in dickes Hartplastik eingeschweißt. Wir nehmen sie staunend in die Hand. Irgendwie symbolisieren sie das Widersprüchliche in diesem Land.

»Ich glaube, sie benutzen das Wasser aus dem Fluss auch zum Kochen«, sagt Robert.

Das sagt er allerdings erst nach dem Essen. Mit dem Blick auf den müffelnden Wasserkrug sehen wir uns vielsagend an. Und ich denke: Fortschritt nach außen und Wahrheit nach innen. Wo sind die Schnittpunkte? Wo ist die Wirklichkeit eines Landes? Gibt es sie? Kennen wir sie? Was wissen wir außerhalb von China, was wissen die Chinesen selbst? Was ist ein Leben wert und was, vor allem, ist den Menschen das eigene Leben wert? Werte, ach, die Werte! Eine ganz besonders strapaziöse Frage in einem Land, das vom Kollektiv und der Angst beherrscht wird und wo Geld und Status synonym für Glück stehen. Doch wie kann ich mir ein Urteil anmaßen? Vieles, was uns oder anderen heute falsch oder grausam erscheint, muss in größerem Rahmen gedacht werden. Eines Tages wird man mit Sicherheit auf uns als Ganzes zurückblicken und vermutlich ebenfalls einfach nur sagen: Ach je!

Und so ist die berühmte und zugleich etwas verwahrloste Wasserstadt in Shanghais Außenbezirk mir an diesem Tag ein kleiner Spiegel für so vieles, was es über das Land zu berichten gibt. Ich könnte sicher spektakulärere Geschichten erzählen, die ich in China erleben durfte. Doch ich mag besonders diese mit Mingyan, dem strebsamen Robert, denn sie enthüllt leise ernsthafte Gedanken und Innenwelten, die selten gehört werden und die es immer weniger gibt. Und mir geht es auch wie ihm: Ich liebe China. Aber ich liebe auch die Wahrheit. Vor allem eine, die sichtbar sein darf.

Simone Harre, Schriftstellerin und Glücksforscherin, interviewt seit 15 Jahren Menschen und porträtiert literarisch sowohl deren Lebenslinien als auch das jeweilige Glücksverständnis. Ihre Glücksporträtbücher erschienen im Emons-Verlag. Ihr Buch *China, wer bist du*, dessen Veröffentlichung eine fünfjährige Interviewarbeit in China vorausging, erschien 2020 im Reisedepeschen Verlag. Ihre neuesten Veröffentlichungen sind u.a. der biografische Roman Felix, eine jüdische Odyssee, der Lyrikband *Frieden und andere erotische Gedichte*, sowie der Roman *Der schöne Gesang des Fräulein Sonnabend.*

Welcome
to Berlin!

Veso Portarsky

Zum ersten Mal mit einem Bus in Berlin

In einem Reiseführer habe ich gelesen, dass man, um eine neue Stadt und die Mentalität der dort lebenden Menschen kennenzulernen, deren öffentliche Verkehrsmittel nutzen sollte.

Ich war vor zwei Stunden in Berlin angekommen und wollte mir die Stadt anschauen, deshalb stieg ich in einen Bus Richtung Zentrum und fuhr los. Irgendwann nach dem Brandenburger Tor entschied ich mich dazu, wieder auszusteigen. Der Bus hielt an. Die vordere Tür ging auf und Leute stiegen ein, die hintere Tür blieb jedoch zu. Bei den Bussen in meiner Heimatstadt Sofia gingen an jeder Haltestelle sämtliche Türen auf und zu und man konnte überall ein- und aussteigen.

Da ich dachte, die Fahrerin hätte einfach vergessen, die hintere Tür zu öffnen, wollte ich sie möglichst höflich darauf aufmerksam machen. Schließlich hatte ich einen Monat zuvor mit

Auszeichnung das deutsche Gymnasium in Sofia abgeschlossen, wo deutsche Lehrer mir fünf Jahre lang die Sprache von Goethe und Schiller beigebracht hatten. Es war an der Zeit, von meinen Sprachkenntnissen Gebrauch zu machen:

»Entschuldigen Sie bitte die Störung, würden Sie so freundlich sein, die hintere Tür aufzumachen?«, richtete ich vorsichtig, aber fest meine Bitte an die Fahrerin.

Zwischen ihr und mir lagen vier bis fünf Meter und mehrere stehende Passagiere versperrten den Weg. Ich musste sehr laut sprechen, damit es zu ihr vordrang. Der Bus war voll und ich hatte den Eindruck, dass die Fahrgäste mir plötzlich aufmerksam zuhörten. Alle starrten mich an.

»DRÜCKEN!«, kam ihre kurze Antwort.

Ach so, dachte ich mir, die Tür funktioniert nicht richtig und ich muss ein bisschen drücken. Das gibt's also auch bei Mercedes-Bussen in Berlin und nicht nur bei ihren Ikarus-Verwandten in Sofia!

Ich drückte mit meiner Schulter zuerst leicht, dann fester gegen die Tür. Sie blieb geschlossen und rührte sich nicht.

Ich entschied mich dazu, meine Bitte erneut an die Fahrerin zu richten, da der Bus zu voll war, um mich bis zur Vordertür durchzukämpfen, und nahm meinen ganzen Mut zusammen.

»Die Tür geht nicht auf. Bitte! Würden Sie so freundlich sein, die hintere Tür aufzumachen?!«

In meiner Stimme schwang ein Hauch von Verzweiflung und Hilflosigkeit mit. Ich war dem Willen der Fahrerin vollständig ausgeliefert und stand außerdem schon eine halbe Ewigkeit im Mittelpunkt der Aufmerksamkeit des gesamten Buspublikums. Hoffentlich hatte das bald ein Ende.

Doch zu meinem Erstaunen lösten meine Worte keine Reaktion aus: Die Fahrerin starrte ungerührt nach vorn. Auch die anderen Fahrgäste schienen nicht wirklich an meinem Wunsch interessiert zu sein und wandten sich langsam von mir ab. Wenn ich an dieser Station wirklich aussteigen wollte, musste ich jetzt schnell handeln. Ich durfte mich nicht einschüchtern lassen, schließlich war ich nach Berlin gekommen, um BWL zu studieren und später eine Führungsposition zu übernehmen. In einem Magazin hatte ich gelesen, dass zu den Eigenschaften einer Führungskraft Entscheidungsfreude und Durchsetzungsvermögen zählen.

Ich raffte mich auf und wurde lauter: »Die Tür geht nicht auf! Würden Sie bitte die Tür aufmachen?!«

Die Fahrgäste, die zwischen mir und der Fahrerin standen, starrten mich nun alle wieder an. Im Bus war es still. Furchtbar still. Alt und jung, Mann und Frau beobachteten mich schweigend. Ich durfte nun keinen falschen Zug machen.

»D-R-Ü-C-K-E-N!«, brüllte die Fahrerin überraschend laut. Ihr Schrei verdrängte gewaltsam die bleierne Stille. Es war ein sonderbarer Laut, etwas zwischen dem Geschrei eines neurotischen Esels und dem Bellen eines pflichtbewussten Hundes. Er schien nicht aus der Kehle, sondern aus dem ganzen Körper der Frau zu kommen und brachte die Zeit zum Stillstand.

Damals wusste ich noch nicht, dass die Berliner mit ihren Stimmlauten zu einer eigenartigen Tiergattung gehören, die nicht einfach einzuordnen ist. Die sogenannte Berliner Schnauze.

Alle Fahrgäste warteten auf meine Reaktion.

So mein Lieber, sagte ich erneut verzweifelt freundlich zu mir, heute ist dein erster Tag in Berlin. Dein erster Tag in Deutschland. Du kennst hier niemanden und hast vor, ein neues Leben anzufangen. Ohne Mama und ohne Papa. Auf eigenen Beinen stehen. Du willst BWL studieren und Manager werden.

Manager besitzen Entscheidungsstärke und Durchsetzungsvermögen. UND WENN DU DIESE SCHEIẞTÜR JETZT NICHT AUFKRIEGST, KANNST DU MUTTERSÖHNCHEN SOFORT DAS FLUGZEUG ZURÜCK NACH SOFIA NEHMEN!

Ich sammelte all meine Kräfte, suchte mit meinen Füßen einen Widerstand, legte entschlossen meine Hände an das Glas und fing an, mich mit meiner gesamten Leibeskraft gegen die Bustür zu stemmen. Ich wollte allen beweisen, dass ich es allein schaffen konnte. Ihr könnt mich alle mal! Euch werd ich's zeigen. Die Tür zitterte. Ich zitterte auch, hatte aber nicht vor aufzugeben. Der Kampf dauerte circa 40 Sekunden. 40 Sekunden, die mir wie 40 Jahre erschienen. Alle beobachteten mich, ohne ein Wort zu sagen. Irgendwann stand ein älterer Herr aus dem Publikum auf. Er hatte einen Gehstock an der Hand und nur noch wenige weiße Haare auf dem Kopf. Mit der Stockspitze drückte er auf einen roten Knopf an einer Haltestange und die Tür sprang auf. Total verschwitzt stieg ich aus, ohne zu wissen, ob ich weinen oder lachen sollte. Mein Herz pochte laut in meinen Ohren. Das schicke blaue Hemd klebte an meinem Körper, die Haare an meiner Stirn.

Ganz außer Atem lehnte ich mich an das Bushaltestellenhäuschen. Ich atmete eine Weile ein und aus und schaute auf den Boden. Als ich meinen Kopf hob, sah ich ein riesiges Poster vor mir hängen.

In einem mit roter Farbe gezeichneten Viereck stand mit großen, schwarzen Buchstaben geschrieben: »*Welcome to Berlin! Welcome to the capital of freedom, love and passion!*«

Ich traute meinen Augen nicht und las die Botschaft noch einmal leise vor. *Welcome to Berlin! Welcome to the capital of freedom, love and passion!*

Dann konnte ich nur meinen Kopf schütteln.

Veso Portarsky ist in Sofia geboren und aufgewachsen und absolvierte ein BWL-Studium in Berlin und Amsterdam. Sein erster Job nach dem Studium führte ihn zum Burda Verlag nach Offenburg und Moskau. Er lebte und arbeitete in Zürich, bevor er nach Berlin zurückkehrte. Auf seinen Reisen ließ er sich von Begegnungen und Erlebnissen inspirieren und schrieb all die verrückten Geschichten auf, die ihm unterwegs passierten. 2015 erschien sein erstes Buch *Der größte Orgasmus auf dem Balkan – Lustige Geschichten über das Leben eines Bulgaren in Berlin*, 2017 folgte *Der Wein, der nicht getrunken werden durfte* und 2019 *Prominenz – 24 Kurzgeschichten aus dem Leben der prominenten Menschen*. Sein Lyrikband *Poems around the world* mit Illustrationen des Berliner Ausnahmekünstlers Jonathan Meese, erschien 2021 im Killroy Media Verlag.

Sibylle Reuter

Luft

Der Messerstich reißt mich aus dem Schlaf. Die Klinge muss bis zum Griff zwischen meinen Schulterblättern stecken. Ich kriege keine Luft.

Mein erneuter Versuch, einzuatmen, erstickt in einem Hustenanfall. Mit dem verbliebenen Sauerstoff in meinem Gehirn stelle ich fest, dass ich in einem Hotelzimmer bin, mein Mann neben mir schläft und niemand da ist, der mir ein Messer in den Rücken rammen könnte.

Ich muss nur lüften, die Klimaanlage wird kaputt sein. Gleich ist es vorbei.

Der kalte Schweiß auf meiner Stirn sagt mir, dass die Raumtemperatur nicht die Ursache für meine Atemnot ist. Dennoch springe ich aus dem Bett, als hätte der Rauchmelder Alarm ausgelöst und will das Fenster aufreißen. Als ich den bodenlangen Vorhang zur Seite schiebe, sehe ich, dass es vernagelt ist. Draußen schwimmen die Lichter Bangkoks in der farblosen Dunkelheit der Morgendämmerung.

Mein Puls, der beim Aufstehen in die Höhe geschnellt ist, macht einen Bungee-Sprung und ich kann gerade noch meinen eigenen freien Fall verhindern, indem ich mich auf die Bodenfliesen setze. Vorsichtig versuche ich, noch einmal Luft zu holen und huste den Sauerstoff, der es tatsächlich in meine Lungen schafft, gleich wieder aus.

»Was ist hier los?«, höre ich ein Murmeln im Bett.

Obwohl ich jede kleinste Bewegung mit Messerstichen bezahlen muss, richte ich mich langsam auf. Meine Augen haben sich an die Grautöne im fremden Raum gewöhnt, sodass ich mich ein wenig orientieren kann. Mit letzter Kraft öffne ich die Zimmertür. Meine Hoffnung, im Flur besser atmen zu können, wird durch einen Hustenanfall abgewürgt. Die Türen des langen, fensterlosen Ganges halten stumm Wache.

Es geht vorbei. Es ist nur Husten. Die Luft hier ist zu trocken. Alles wird gut.

»Jetzt mach endlich die Tür zu, du weckst mit deiner Husterei noch das ganze Hotel auf!«, sagt Markus und dreht sich zur anderen Seite.

»Ich kriege keine Luft. Ich muss raus. Komm mit.«

Markus dreht sich zu mir, knipst die Nachttischlampe an, guckt auf die Uhr, reibt sich die Augen, richtet sich auf und schaut mir zu, wie ich in das Kleid von gestern Abend schlüpfe. Dann schafft es die Schnecke in seinem Kopf endlich ins Ziel und meine Worte erreichen ihn. Ich muss noch zwei Hustenattacken im Hotelflur unterdrücken, bevor er seine Jeans anzieht und die Tür hinter sich ins Schloss fallen lässt.

Draußen ist es plötzlich hell, als hätte jemand den Lichtschalter umgelegt, während wir im Aufzug waren. Die feuchtwarme Luft umarmt mich beim Versuch, die wenigen Schritte zu dem kleinen Park zu gehen, in dem wir am Morgen davor eine Gruppe Männer bei ihrem morgendlichen Tai-Chi fotografiert haben. Keine fünf Meter später löse ich meine Hand von Markus und setze mich auf die Bordsteinkante. Der Straßenkehrer in blauer Montur, der mich anblickt und kurz stehen bleibt, fängt an sich zu drehen und hört auch nicht damit auf, nachdem ich die Augen geschlossen habe. In meinem Kopf pochen dumpf die Geräusche der Stadt und mein Baumwollkleid klebt an meinem Rücken.

Ich muss ins Krankenhaus. Ich will nicht HIER ins Krankenhaus. Ich war noch nie in meinem Leben in einem Krankenhaus.

Mein Leben fängt an, wie sonst nur bei Sterbenden, in flimmernden Bildern vor meinem geistigen Auge vorbeizuziehen, doch ein erneuter Stich in den Rücken fegt es unsanft vom Laufsteg. Ich höre nur noch eine Stimme, die mir sagt: Du musst ins Krankenhaus. Sofort!

»Ich muss ins Krankenhaus«, höre ich mich sagen. Markus greift mir unter den Arm, hilft mir auf und führt mich in die Hotellobby, wo ich mich auf eines der Ledersofas setze. Er sagt nichts und ist so blass, dass ich zur Seite rücke, um ihm Platz zu machen.

An der Rezeption steht ein Mädchen in dunkelblauer Uniform und weißer Bluse und tippt auf ihrer Tastatur. Immer wieder schaut sie uns an und lächelt. Schließlich fragt sie, ob alles in Ordnung sei. Markus bittet sie, uns ein Taxi zum Krankenhaus zu bestellen.

»A local hospital or an international hospital?«, fragt sie. In ein thailändisches Krankenhaus will ich auf keinen Fall. Bereits bei der Vorstellung, dort behandelt zu werden, reiht mich mein

Verstand zu den Toten. Aber können wir uns das internationale überhaupt leisten? Egal, wir wollen in ein internationales! Markus murmelt etwas von Geld und Pässe holen und geht Richtung Aufzüge. Vorsichtig lehne ich mich zurück und spüre, wie der Schmerz etwas nachlässt, sodass Viertel-Atemzüge möglich sind.

Das Taxi steht schon seit einer Weile vor dem Hotel, aber von Markus fehlt jede Spur. Als ich kurz davor bin, jemanden nach ihm zu schicken, kommt er um die Ecke. Später gesteht er mir, dass er sich oben beim Gedanken, mir könnte was passieren, übergeben musste.

Der berüchtigte Berufsverkehr schlummert noch, was unseren Taxifahrer nicht davon abhält, uns sein Talent zu zeigen, Fahrspuren zu wählen, die nur für ihn sichtbar sind. Keine Viertelstunde später biegt er in eine Auffahrt ein, die eher zu einem Luxushotel passen würde. Ob er oder die junge Frau an der Rezeption dieses Krankenhaus ausgesucht haben, weiß ich bis heute nicht.

Bumrungrad International Hospital. Der Blick auf das Foyer lässt meine Vorstellung vom Zustand der medizinischen Versorgung in Asien zu kosmischem Staub zerfallen. So schauen bestimmt nur Einrichtungen aus, die sich Reiche und Touristen leisten können. Das hellbeige Marmorfoyer erstreckt sich über mehrere Stockwerke, aus unsichtbaren Lautsprechern tönt Spa-Musik und die Kittel des Personals sehen aus, als wären sie in Mailand maßgeschneidert worden.

Wir steuern auf den Infopunkt zu, wo ich vor Aufregung stotternd meine Situation schildere, und werden dann an einen Schalter gebeten, wo wir Platz nehmen können und die Mitarbeiterin ein Foto von mir für die Unterlagen macht. Ganz oben auf dem Anamnesebogen notiert sie das Alter: 32, das Datum: Sonntag, den 29. Mai 2009 und die Uhrzeit: 6:47 Uhr.

6:52 Uhr
Wir folgen den Anweisungen der Dame und fahren mit dem Aufzug in den achten Stock. Beim Aussteigen verschwinden meine ausgelatschten Havaianas im weichen Teppichboden, der den Marmorboden im Erdgeschoss abgelöst hat.

6:55 Uhr
Eine Krankenschwester bittet mich, auf einer Liege Platz zu nehmen, misst meinen Blutdruck und die Sauerstoffsättigung und fragt nach meiner Kreditkarte.

7:05 Uhr
Das Gerät an meinem Finger zeigt 98 Prozent an, das 5.000-Euro-Limit des goldenen Stücks Plastik scheint zu überzeugen und wir werden gebeten, im Wartebereich Platz zu nehmen. *»The doctor arrives at eight o'clock.«*

7.15 Uhr
Ich bin ein wenig enttäuscht, dass ich nicht in der Notaufnahme gelandet bin, hier ist es fast unspektakulär. Die Schmerzen sind weg, ich kann wieder atmen und will zurück ins Hotel. Markus meint, wir sollten uns das ansehen, wo wir schon hier sind. Wir bleiben. Ich hole Wasser von einem der Wasserspender. Vier Mal.

7:35 Uhr
Markus telefoniert mit seinen Eltern.

7:52 Uhr
Markus ist noch immer dabei, seine Mutter zu beruhigen, als mich eine andere Schwester zuerst in die Röntgenabteilung und dann ins Sprechzimmer des diensthabenden Lungenfacharztes führt, wo mein Mann schon auf mich wartet.

8:01 Uhr
Ein kleiner Mann betritt den Raum, begrüßt uns mit dem Lächeln des Piloten aus der Thai-Airways-Werbung, stellt sich als Dr. Phakdi vor, setzt sich hinter den Schreibtisch und schaltet den Zweitmonitor an der Wand an, auf dem augenblicklich eine Brustkorb-Röntgenaufnahme erscheint.

Er betrachtet sie so konzentriert, als suche er nach Staubkörnchen im Bild, dreht sich wieder zu uns um und sagt: *»Ma'am, Sir, what can I do for you?«*

Ich erzähle ihm von meinen Atembeschwerden und dass wir noch am selben Abend nach Koh Samui zum Tauchen fliegen wollen.

»That's impossible«, sagt er.

Ich spüre, wie meine Knie wieder weich werden und frage, ob ich mich auf der Liege hinlegen darf. Ich darf.

Als das Pochen in meiner linken Halsschlagader nachlässt, traue ich mich zu fragen, warum.

Dr. Phakdi nimmt kurz die Brille ab und reibt sich die Augen. Er habe eine gute und eine schlechte Nachricht für uns, sagt er. Die schlechte sei, dass an Fliegen vorerst nicht zu denken sei – weder nach Koh Samui noch sonst wohin. Ich hätte einen Spontanpneumothorax, das heißt, meine rechte Lunge ist moderat kollabiert. Er deutet auf das Röntgenbild und umkreist mit seinem roten Laserpointer den schwarzen Bereich hinter meinen Rippen. Ich setze mich auf und schließe die

Augen. Markus fragt mich, ob er sich zu mir setzen soll.

»You are so lucky!«, leitet Dr. Phakdi die gute Nachricht ein. Wäre mir das beim Tauchen oder Fliegen passiert, hätte es viel schlimmer ausgehen können, versichert er uns. *»Because of the pressure, you know?!«*

Er hält kurz inne, um die ernsten Folgen, die er gerade angedeutet hat, wieder aus dem Raum zu verdrängen, dann entspannt sich sein Gesicht und er lächelt. *»We can help you!«*, sagt er, *»we can do it«*, ich sei in guten Händen. Es müsse eine Thoraxdrainage gelegt werden. Sie erzeuge einen Unterdruck, damit die Luft, die sich an der falschen Stelle in meinem Brustkorb angesammelt hat, entweichen und die Lunge sich wieder entfalten könne.

Ich hole Luft, so gut ich kann, dann kommen meine Fragen wie aus einer Ballmaschine:

Wie legt man die Drainage? – In einer kleinen OP. Nicht schlimm, ist minimal-invasiv und mit Lokalanästhesie.

Muss ich im Krankenhaus bleiben? – Ja, natürlich.

Wann darf ich raus? – Vermutlich in einer Woche.

Wann darf ich nach Hause? – Mit dem Flugzeug frühestens nach sechs Wochen. Er würde empfehlen, zwei Monate zu warten.

Warum ist das passiert? – Das müsse noch geklärt werden. Sicher sei mein Fall untypisch, statistisch gesehen hätten vor allem große, schlanke, junge Männer am häufigsten einen Spontanpneumothorax.

Als von meiner Seite nichts mehr kommt, setzt Dr. Phakdi seinerseits die Fragerunde fort:

Warum haben wir in den Unterlagen Shanghai als Hauptwohnsitz angegeben? – Weil wir dort seit drei Jahren leben und arbeiten.

Wie lange sind wir in Bangkok? – Vier Tage.

Haben wir eine internationale Krankenversicherung? – Ja.

Deckt sie den Transport in einer Air-Ambulanz ab? Dann könnte ich nämlich schon früher fliegen. – Müssen wir prüfen.

In der Luft hängen noch so viele große und kleine Fragen, aber sie sind nicht greifbar – als wären sie mit Helium gefüllte Luftballons, deren Fäden weit über unseren Köpfen enden.

Dr. Phakdi drückt auf einen Knopf an der Tischsprechstelle und sagt etwas auf Thai. Sofort erscheint die Krankenschwester von vorhin und bittet uns, ihr zu folgen.

Eine Viertelstunde später sehe ich ihn im Operationssaal wieder. Die Flüssigkeit, die durch den dünnen, durchsichtigen Schlauch in meine Venen fließt, tut ihren Dienst – mir ist wohlig warm und komplett egal, dass ich mich nach links drehen muss, damit Dr. Phakti neben meiner rechten Brust einen Schlauch legen kann. Ich lausche, so aufmerksam man das unter Narkose tun kann, wie er sich mit seiner Assistentin unterhält. Was für eine schöne Sprache – die Vokale wie Honig, die Stimmlage wie die meiner Yogalehrerin neulich bei der Meditationsstunde. Ich will Thai lernen, ist mein letzter Gedanke, bevor ich endlich einschlummere.

Date: Fr., 05. Juni 2009, um 19:07 Uhr
Subject: AW: Krank in Bangkok

Liebe Susi,
danke für deine aufmunternden Worte. Mir geht's inzwischen viel besser und ich habe kaum noch Schmerzen. Die Einschnittstelle ist mit Pflastern zugeklebt, hoffentlich bleibt keine große Narbe. Morgen kommt der Arzt aus Österreich, mit dem ich zurück nach Wien fliegen werde. Ich hab Angst! Die Vorstellung, mit einer fremden

Person und dem Schlauch im Brustkorb einen zehnstündigen Flug anzutreten, macht mich fertig. Wo ich doch sowieso schon Flugangst habe …

Markus findet, dass ich übertreibe. Er fliegt zurück nach Shanghai und will, dass ich mitkomme, aber wenn ich schon die Wahl habe, möchte ich lieber nach Graz ins Krankenhaus und dann zu den Schwiegis in die Obersteiermark. Jetzt redet er kaum noch mit mir und sagte gestern, ich würde mir nur einen schönen Sommer machen wollen, während er sich in Shanghai bei der Arbeit den Arsch aufreißt. Du kennst ihn ja …

Es beruhigt mich zu lesen, dass du ähnliche Vorurteile gegenüber thailändischen Krankenhäusern hast, wie es bei mir der Fall war. Sicherlich sind nicht alle so gut ausgestattet wie dieses, aber wenn ich nicht selbst hier wäre, würde ich es kaum glauben. Erstens spricht das gesamte Personal Englisch, als hätten alle ihre Schulferien in Cambridge verbracht. Zweitens bin ich allein in einem Zimmer, das größer ist als unsere alte Studentenwohnung. Den Laptop, von dem ich dir schreibe, haben wir uns hier leihen dürfen. Die medizinischen Geräte sehen aus, als hätte man sie gerade erst ausgepackt. Das Essen schmeckt wie im Restaurant und ich bekomme jeden Tag einen Speiseplan, aus dem ich frei wählen kann. In meinem Bad gibt's sogar eine Badewanne, aber weil ich wegen der Wunde weder baden noch duschen darf, kommen jeden Morgen zwei Frauen und helfen mir, mich frisch zu machen. Ich komme mir vor wie beim Friseur, weil sie mir die Haare an einem mobilen Haarwaschbecken waschen und mir dabei minutenlang die Kopfhaut massieren. Dabei reden sie ganz leise und kichern schüchtern, wenn ich sie etwas frage. Ihnen fehlt nur noch die Frangipani-Blüte im Haar. Ich hätte nie gedacht, dass Herzlichkeit so heilend sein kann.

Damit sich die Lunge gut entfaltet, hab ich regelmäßig Physio.

Überhaupt soll ich mich viel bewegen, was hier kein Problem ist, weil es auf mehreren Etagen Rooftop Gardens gibt. Da hat man das Gefühl, in einem botanischen Garten zu sein, einfach traumhaft!

Die CT-Untersuchung hat übrigens gezeigt, dass ich an der Lungenoberfläche winzige Bläschen habe, die die Folge einer schlecht ausgeheilten Bronchitis sein könnten. Wenn sie aus unerklärlichen Gründen platzen, drückt die entwichene Luft auf die Lunge und sie kollabiert. Das war wohl bei mir der Fall …

Tja, liebe Susi, so wie es aussieht, sehen wir uns also bald. Dickes Bussi und drück mir bitte die Daumen, dass ich den Flug heil überstehe.

S.

Samstag, 6. Juni

Am späten Vormittag holt Markus die Rucksäcke aus unserem Hotel, in dem er die letzte Woche alleine übernachtet hat. Kurz darauf kommt Dr. Phakti in Begleitung von Dr. L. aus Innsbruck. Er ist Notarzt und auf Flugtransporte spezialisiert. Das typische Tiroler Kratzen im Hals ist zu hören, auch wenn er Englisch spricht. Seine Gestik strahlt Zuversicht aus. Ich beschließe, ihm zu vertrauen. Wir besprechen das Prozedere und vereinbaren, dass er mich um sechs Uhr abends abholt.

*

Dr. L. kommt pünktlich, öffnet seine Arzttasche und reicht mir eine dünne Spitze. Ich blicke ihn fragend an.

»Ist nur eine Thrombosespritze, kennen Sie doch bestimmt.«

Nein, kenne ich nicht.

»Die müssen Sie sich in den Bauch spritzen.«

Ich habe mir noch nie im Leben selbst eine Spritze gegeben.

Dr. L. klemmt sich eine Bauchfalte zwischen Daumen und Zeigefinger und veranschaulicht mir mit einer Geste, wie ich die Spritze zu setzen habe.

»Wird es weh tun?«, frage ich.

Dr. L. wirft lachend den Kopf in den Nacken. »Aber nein doch! Wenn's weh tut, werde ich während des ganzen Fluges keinen Alkohol trinken, ich schwör's!«

Ich merke, dass die Infusion mit Beruhigungsmittel und die zwei Kopfschmerztabletten, die ich mir kurz vorher habe geben lassen, nicht so wirken, wie sie sollten.

Nach kurzem Hin und Her gibt mir Dr. L. schließlich eigenhändig die Thrombosespritze, wir verabschieden uns von Dr. Phakti und fahren zum Flughafen. Am Check-in-Schalter besteht der Bodensteward darauf, dass ich mich in einen Rollstuhl setze. Mein Widerstand ist zwecklos und zehn Minuten später schiebt mich ein Flughafensanitäter zu den Gates. Das Drainage-Köfferchen, wie ich es nenne, liegt auf meinem Schoss und ich merke, wie die Tränen, die sich die ganze Woche angesammelt haben, den Damm brechen wollen. Fast sind sie erfolgreich, dann mache ich eine lustige Bemerkung über ein Werbeplakat. Die Männer lachen, ich lache tapfer mit.

Zu dritt passieren wir Security und Passkontrolle. Markus checkt seine Gate-Nummer und sagt, er müsse in die andere Richtung. Ein flüchtiger Kuss zum »Guten Flug!« und »Danke, dass Sie das für meine Frau machen!«, dann geht er den Gang hinunter, ohne sich noch einmal umzudrehen.

In der Star Alliance Lounge bestellt sich Dr. L. ein Bier und sagt mir, dass ich trotz der Medikamente auch eins vertragen könnte. Ich denke an Markus und frage mich, ob es die richtige Entscheidung war, zurück nach Österreich zu fliegen.

Zwei Bier und eine Platte Fingerfood später wird unser Flug aufgerufen. Normalerweise ist das der Moment, in dem ich meinen Flachmann mit Gin Tonic leer trinke, um Panikattacken während des Startes zu verhindern. Jetzt fliege ich zum ersten Mal Business Class und hätte mir das Getränk gleich nach dem Einsteigen bestellen können. Hätte können. Stattdessen reicht mir Dr. L. zwei Tabletten.

Ich bin dabei, die Knöpfe um mich herum zu studieren, als zwei Storchenbeine in roten Pumps und Bleistiftrock neben uns stehen bleiben.

»Sie schon wieder!«, sagt die dazugehörige Flugbegleiterin und schenkt Dr. L. ihr strahlendstes Lächeln. Dem Small Talk entnehme ich, dass sich die beiden schon auf dem Hinflug gut verstanden haben müssen.

»Was hätten Sie denn gerne als Aperitif?«, fragt sie, wobei sie »Aperitiv« so lasziv betont, als frage sie nach seinen Vorlieben beim Vorspiel. Erst als sich mein Begleiter zu mir umdreht, damit ich meinen Getränkewunsch äußern kann, gerate ich in ihr Blickfeld. Ich bestelle einen Tomatensaft, Dr. L. eine Bloody Mary.

Endlich geht es los. Wir heben ab. Meine Lunge hält.

»Kop khun ka«, flüstere ich, als die Maschine einen weiten Bogen über das Lichtermeer der Megacity fliegt, bevor sie der Nachthimmel allmählich verschluckt. Danke.

Als die Störchin uns die Vorspeise serviert, bleibt ihr Blick an meiner Drainage hängen.

»Was ist das?«, fragt sie Dr. L., als wäre ich des Sprechens unfähig.

Er fasst die Geschichte in vier Sätzen zusammen.

»Oh, das kenne ich, so was hatten wir schon mal!«, sagt sie

und ich schaue sie dankbar an, weil ich damit rechne, dass jetzt eine Happy-End-Patienten-Story kommt. »Das war auf einem Flug von Sydney«, fährt sie fort. »Die Frau war mehrere Tage hintereinander am Great Barrier Reef tauchen und hat sich nicht an die Regel gehalten, 24 Stunden danach nicht zu fliegen. Ich glaube, sie hatte Probleme mit der Dekompression oder so und erlitt an Bord eine Lungenembolie, sodass wir in Singapur zwischenlanden mussten.«

Das letzte Wort hängt noch in der Luft, als ihr die Dimension ihres Fettnäpfchens bewusst wird. Dr. L. räuspert sich und schaut mich besorgt an.

»Aber keine Sorge, Sie waren ja nicht tauchen!«, stammelt sie und nickt mir aufmunternd zu. »Bei Ihnen wird alles gut, Sie sind ja in besten Händen.« Sie schaut meinen Begleiter erwartungsvoll an. Dessen Blick spiegelt ihr ihre Bruchlandung.

Der Rest des Fluges verläuft ohne weitere Zwischenfälle. Als sich Dr. L. zum Nachtisch auch noch einen Digestif gönnt, bitte ich ihn um eine dieser Wunderpillen, von denen er auf dem Weg zum Flughafen geschwärmt hat. Sie werden seiner Werbung gerecht, sodass ich erst kurz vor der Landung in Wien wach werde. Die Störchin haben wir kein einziges Mal mehr zu Gesicht bekommen – ihr schlechtes Gewissen muss sie weit an uns vorbei gepeitscht haben.

Sonntag, 7. Juni

Ankunft in Wien um 6.20 Uhr. Transfer mit dem Taxi ins Landeskrankenhaus Graz. Unterbringung auf der Privatstation. Die Röntgenaufnahmen sind hier noch analog. Meine mobile thailändische Thoraxdrainage wird »sicherheitshalber« gegen eine stationäre österreichische mit orangefarbenem Gummischlauch getauscht. Dieser hat eine beunruhigende Ähnlichkeit mit dem Schlauch des Dampfentsafters meiner Oma und ist gerade so lang, dass ich damit aufs Zimmer-WC kann. Die dazugehörigen Flaschen lassen sich auf ein Metallgestell mit vier Rädern schieben. Eine Dusche gibt es nicht.

Am Abend kommen Susi und fünf weitere Freunde zu Besuch. Die Aufregung und Freude, endlich vertraute Gesichter zu sehen, lösen bei mir eine Unterzuckerung aus und ich darf auf Empfehlung der diensthabenden Ärztin mein Herzrasen mit einer von drei Tafeln Vollmilchschokolade kurieren, die mir meine Freunde mitgebracht haben. Vor dem Schlafengehen beschwert sich meine schwerhörige Zimmernachbarin älteren Semesters bei der Krankenschwester, dass mein Gerät zu laut gluckern würde. Keine zehn Minuten später ist sie eingeschlafen. Sie schnarcht die Nacht durch und ich höre ihr dabei zu.

Montag, 8. Juni

Ich werde auf die Station für gesetzlich Versicherte verlegt, weil unsere internationale Versicherung weltweit gültig ist, außer zu Hause in Österreich. In meinem neuen Zimmer liegen sieben weitere Lungenpatientinnen. Nach einer weiteren Röntgenaufnahme entscheiden sich die Ärzte für eine minimal-invasive OP. Diese soll das Risiko eines Rezidivs minimieren und noch am nächsten Tag stattfinden. Etwas später leitet die Anästhesistin das Aufklärungsgespräch mit dem Satz ein: »Frau Magister, Sie wissen schon, dass Sie bei diesem Eingriff sterben können!«

Dienstag, 9. Juni

Wegen Personalmangels wird meine OP auf Mittwoch verschoben. Ich täusche Gelassenheit vor, lenke mich mit den

Krankheitsgeschichten meiner Bettnachbarinnen ab und komme mir dabei kerngesund vor. Gisela, die mir gegenüber liegt, erzählt, wie der Chirurg, der sie vier Stunden lang an der Lunge operiert hat, sie unten am Eingang beim Rauchen erwischt hat. Ich frage mich, was er sich in so einem Fall denkt.

Zu essen gibt es hauptsächlich Marmelade, Semmeln und Wurstsalat. Die Nudeln für die heutige Bolognese müssen mindestens eine halbe Stunde gekocht haben. Ich kann seit Bangkok nicht mehr duschen und Haare waschen, hier ist Katzenwäsche in. Wegen des Drainageschlauches ist mein Bewegungsradius auf einen Meter vom Bett beschränkt.

Mittwoch, 10. Juni

Ich werde um 6 Uhr geweckt, darf nichts trinken und muss für die OP Thrombosestrümpfe anziehen, die es von der Länge her mit den Lackstiefeln von Julia Roberts in *Pretty Woman* aufnehmen können, aber nur halb so sexy sind.

Um 10 Uhr warte ich immer noch. Mein Puls ist wie der eines Eichhörnchens.

Um 11.30 Uhr kommt eine Krankenschwester und teilt mir mit, dass viele Notfälle im OP seien. Deshalb habe man beschlossen, meine Operation auf Freitag zu verschieben.

»Warum nicht auf morgen?«

»Morgen ist Fronleichnam, da werden nur Notfälle behandelt.«

Zwei Stunden und ein Gespräch mit einer Psychiaterin später gibt das psychiatrische Konsil die Empfehlung ab, mich wie einen Notfall zu behandeln. Mein Diagnoseportfolio erweitert sich um Angststörung, Depression, Anpassungsstörung und Flugangst.

Donnerstag, 11. Juni
Ich werde um 6 Uhr geweckt, darf nichts trinken und werde um 8.30 Uhr nach unten in den Operationssaal gebracht. Als ich die Augen wieder öffne, sitzt meine Freundin Gudrun am Bett und hält meine Hand. Ich weiß, dass alles gut wird.

Dienstag, 16. Juni
Ich will zurück nach Thailand, ein sogenanntes Schwellenland.

Weil meine einzige Bewegung seit zehn Tagen darin besteht, Dehnübungen auf der Bettkante zu machen.

Weil ich bis zur Entlassung bei 28 Grad ohne Klimaanlage die Thrombosestrümpfe tragen und mir täglich Spritzen in den Bauch geben muss.

Weil ich keine Wurst- und Käsesemmeln mehr sehen kann.

Weil meine Haare vor Fett triefen.

Weil die Schwestern nicht mit einem reden, sondern bellen.

Weil ich keine Krankengeschichten mehr hören kann.

Donnerstag, 18. Juni
Ein letztes Kontrollröntgen und ich darf nach zwölf Tagen das Krankenhaus verlassen.

»Was kann ich tun, damit das nicht wieder passiert?«, frage ich die Assistenzärztin, die mir die Entlassungspapiere überreicht.

»Nicht rauchen und nicht tauchen«, antwortet sie. »Ansonsten leben Sie Ihr Leben, als wäre nichts passiert.«

Es dauerte sechs Wochen, bis ich wieder in einem See schwimmen konnte, acht, bis ich einen 2.100 Meter hohen Gipfel im Toten Gebirge bestieg, um meine Lungenfunktion zu testen, elf, bis ich zurück nach Shanghai flog und vierundzwanzig, bis ich die sieben Kilo, die ich vor Stress verloren hatte, wieder zunahm. Inzwischen absolvierte ich dreizehn Sitzungen bei einer Psychotherapeutin, ein Flugangstseminar bei den Austrian Airlines in Wien und die Probezeit für eine Stelle in Shanghai, die ich dann doch nicht annahm. Ich las sieben Bücher über Persönlichkeitsentwicklung, angefangen von Dale Carnegies *Sorge dich nicht – lebe* bis zu Manfred Winterhellers *Start living!*, brach einige Freundschaften ab, begann ein Fernstudium und unterschrieb den nächsten Arbeitsvertrag erst als ich mir sicher war, dass die Arbeit zu mir passte. Schließlich trennte ich mich von Markus, weil ich Raum zum Atmen und Luft zum Leben brauchte und zog in ein neues Land, in eine neue Stadt, in eine neue Wohnung in ein neues Viertel, wo ich neue Hobbies fand und in vielen weiteren Sitzungen mit meiner neuen Psychologin lernte, mich auf ganz neue Gefühle und Denkweisen einzulassen. Das neue Passwort auf meinem neuen Handy erinnert mich an meinen neuen Geburtstag: 290509.

Ansonsten lebe ich mein Leben, als wäre nichts passiert.

Sibylle Reuter, geboren 1976 in Sofia, Bulgarien, ist studierte Dolmetscherin, Fachjournalistin und Copywriterin. Mit 19 ist sie nach Österreich ausgewandert, hat in vier Ländern gelebt, fast 50 bereist und ist immer aufs Neue erstaunt, wie viele Facetten ein Kulturschock haben kann. Derzeit lebt sie in Düsseldorf und ist als freie Redakteurin und Autorin auf nachhaltige Themen spezialisiert. 2022 bekam sie den Exil-Literaturpreis.

Angelika Lichteneber

Keine Pekingente

Draußen hupt das Auto. Ich greife nach meinem Schal, renne die Treppe hinunter, aus dem Haus, durch den Vorgarten und steige in das Auto. Während Huzan den Motor anlässt, binde ich mir den Schal um den Kopf.

Er schaut mich erstaunt an: »Heute mit Kopftuch?«

»Dem Anlass entsprechend«, sage ich.

Der fragende Ausdruck in seinem Gesicht weicht der Freude und der Anerkennung. »Bele«, sagt er und nickt, »ja«.

»Und du«, frage ich, »heute in traditioneller Kleidung?«

»Dem Anlass entsprechend«, sagt er und grinst etwas verschämt. Trotzdem klingt der Stolz aus seiner Stimme. Noch nie habe ich meinen Übersetzer in dieser Kleidung gesehen, die sonst hier in der Barzan-Region Irak-Kurdistans fast jeder Mann trägt. Ein beigefarbener Anzug, die weiten Hosen mit einer Schnur durch einen Tunnelzug gehalten, ein Hemd und darüber eine gleichfarbige Jacke, wie die Hose aus festem Baumwoll- oder Wollstoff. Um den Bauch herum, da, wo die Jacke an die Hose grenzt, war eine breite Schärpe gebunden, auf dem Kopf der Turban. Sonst kann er, der im Iran aufwuchs und in Teheran studierte, mit dieser Kleidung nicht viel anfangen.

»Ich glaube, ich denke zu europäisch«, hatte er einmal gesagt. Und ich hatte mir gedacht, dabei war er doch noch nie in Europa, wie seltsam.

Huzan wendet das Auto und wir fahren die schmale Bergstraße hügelaufwärts.

Ich fühle mich geehrt, dass ich bei diesem Ereignis heute dabei sein darf. Es ist nicht selbstverständlich, denn es hat mit unserer Arbeit in den Schulen der umliegenden Dörfer nichts zu tun. Beerdigungen sind Familiensache, da haben Fremde nichts zu suchen, und diese ist von großer Tragweite für den Stamm.

2003, zwei Jahre vorher, hatte man Saddam Hussein endgültig entmachtet. Damit wurde der Weg frei, nach den schmerzlich vermissten 8000 männlichen Mitgliedern des Barzani-Stammes zu suchen, die Saddam 1983 deportieren ließ und über deren Verbleib niemand etwas wusste. Nach gründlicher Suche fand man die Überreste der ersten 500 Vermissten in Massengräbern im Süden des Landes. Saddam hatte sie direkt dort hinfahren und erschießen lassen. Man konnte sie aufgrund der erhaltenen Stoffreste zweifelsfrei als Barzanis identifizieren: die rote Farbe des Turbantuchs und der typische Anzugstoff.

Der Fund war grausig. Für den Stamm aber war er auch eine Erlösung.

Vor vielen Jahren hatte Saddam die kurdischen Familien aus ihrem angestammten Gebiet in den Bergen, wo sie seit Generationen traditionell als Halbnomaden lebten, in die Wüste zwangsumgesiedelt. Dafür hatte man den Ort Qushtape südlich von Erbil aus dem Boden gestampft. Das Leben, das sie kannten, konnten sie hier nicht fortführen. Es war ein weiterer Schachzug des Diktators gegen die Kurden, die er mit aller Macht bekämpfte und gänzlich vernichten wollte. Die Familien mussten sich der Gewalt beugen und arrangierten sich mit ihrem neuen Umfeld. Niemand rechnete mit dem, was dann passierte.

Es war der 31. Juli 1983, als die Laster angerollt kamen, alle männlichen Barzanis ab dem Alter von ungefähr acht Jahren aufluden und an einen unbekannten Ort transportierten. Niemand wusste, was mit ihnen passiert war. Keiner von ihnen ist zurückgekehrt. Die Zeit und das Leben der zurückgebliebenen Frauen standen still. Sie warteten und warteten und warteten auf die Rückkehr ihrer Männer, Söhne, Väter, Großväter, Brüder, Onkel oder Cousins. Trauern ging nicht, denn sie kämen ja wieder, hieß es. Kinder wurden geboren, sind herangewachsen und kannten ihre Väter, Großväter, Brüder und Onkel nur aus den Erzählungen ihrer Mütter, Großmütter, Schwestern und Tanten. Frauen hatten keinen Mann mehr und mussten sich mit den Kindern allein durchschlagen. Andere waren noch sehr jung, hatten gerade erst geheiratet und noch keine Kinder, als der Ehemann verschleppt worden war. Noch einmal heiraten ging nicht, denn sie waren keine Witwen. Sie kämen ja wieder, hieß es, auch wenn die Hoffnung immer kleiner wurde.

Jetzt aber, 22 Jahre später, gibt es endlich Gewissheit. Sie sind tot, kein Zweifel, und keiner wird mehr lebend zurückkommen.

Endlich dürfen sie trauern. Aus Frauen werden erst heute Witwen, aus Kindern erst heute Waisen oder Halbwaisen.

Und heute kommen die ersten 500 nach Hause. Vor Wochen schon hatte man damit begonnen, die Gräber zu graben, ganz oben auf einem Hügel mit weitem Blick über das Barzantal. Hier sollen sie beigesetzt werden, und das ganze Tal ist in Aufruhr. Alle sind unterwegs zum Friedhof. Eine riesige Menschenmenge versammelt sich dort oben auf dem Hügel, zu dem auch wir jetzt fahren.

Die gefundenen Überreste der Stammesmitglieder hatte man sorgfältig in 500 Holzsärge gelegt, ein Skelett pro Sarg, sofern sich die Knochen einem Skelett zuordnen ließen. Diese Särge wurden nach Erbil transportiert, wo am Tag vorher eine große Trauerfeier stattgefunden hatte. Heute Morgen wurden die 500 Särge auf 500 Pickups geladen: jeder Sarg auf die Ladefläche eines Autos, auf jedem Sarg die Flagge Kurdistans. In einem langen Konvoi sollten sie nach Hause gebracht werden.

Man rechnete mit ihrem Eintreffen am späten Nachmittag. Es ist gegen 16 Uhr, als wir auf dem Hügel kurz unterhalb des neuen Friedhofs ankommen. Wir parken, steigen aus und mischen uns unter die Menge, die auf die Ankunft wartet. Frauen weinen, einige leise, andere laut klagend, man unterhält sich, begrüßt Bekannte, Freunde und Familie.

Nach und nach nimmt die Gegend rings um den Friedhof den Charakter eines großen Lagerplatzes an. Spätnachmittag ist vorüber, es wird Abend und langsam dunkel. Die Menschen lassen sich in einzelnen Gruppen auf dem hügeligen Gelände rings um die Gräber nieder. Feuer flammen auf. Erste Nachrichten sind eingetroffen, der Konvoi wird länger brauchen als erwartet. Sie kommen nur langsam voran, nicht zuletzt wegen der vielen Menschen, die am Straßenrand stehen und den Toten schweigend die Ehre erweisen. Aber was machte das schon? Sie hatten 22 Jahre gewartet, auf eine Nacht und einen Tag länger kam es nicht an.

Huzan und einer seiner Freunde verschwinden in der Dämmerung und tauchen nach einiger Zeit mit Holz wieder auf, das sie in der Nähe aufgetrieben haben. Kurz darauf sitzen auch wir an einem kleinen hellen Feuer. Nach und nach brennen immer mehr Feuer, wie flackernde, helle Sterne an einem stockfinsteren Firmament, wie Leuchtfeuer, die den Weg weisen. Hierher, sagen die Feuer, hierher müsst ihr, kommt endlich nach Hause, hier ist es warm und friedlich und nicht mehr kalt.

Irgendjemand hat es fertiggebracht, die Versorgung der Menschen mit Essen zu organisieren, es wird Reis und gebratenes Fleisch verteilt. Jemand geht und holt einige Portionen auch für uns. Skeptisch aufgrund diverser Vorerfahrungen beäuge ich das mir zugeteilte Fleisch. An Innereien denke ich, und an Hühnerhoden, alles Dinge, die ich schon unwissentlich gegessen habe.

»Was ist?«, fragt Huzan.

»Nichts«, sage ich. »Ich würde nur gern wissen, was für ein Fleisch das ist.«

Alle sehen mich an.

Huzan schweigt einen Moment, räuspert sich, und dann sagt er: »Nun, eines kann ich dir versichern: Es ist bestimmt keine Pekingente!«

Stille. Schweigen.

Und dann grinst er, und ich pruste los. Die anderen sehen mich an, aber ich kichere und pruste und kann nicht aufhören. Wir sitzen an einem Feuer, an einem von vielen an diesem Abend, auf dem Hügel mit den Hunderten von ausgehobenen

Gräbern, und ich lache, und die anderen lachen, weil ich so lache, und wie die Feuer erhellt unser Lachen die Dunkelheit und streut Funken von Leben und Wärme in die Kälte der Nacht.

Angelika Lichteneber, geboren 1965, lebt heute in Landsberg am Lech, ist privat Ehefrau, Mutter und Oma und beruflich Grundschullehrerin. Sie war seit 1997 immer wieder in humanitärer Projektarbeit am Balkan, im Nordirak und in Afghanistan unterwegs und schreibt seit 2018 Texte, von denen einige in verschiedenen Anthologien veröffentlicht wurden. 2020 wurde ihr der 3. Preis beim Bubenreuther Literaturwettbewerb verliehen und 2021 der 2. Preis beim Scivias Literaturwettbewerb.

Anna Wheill

Nix verstehen, ha?

Von hinten sehen die Berge anders aus. Manch einer hat vorne eine Glatze und hinten volles Haar. Nicht wieder zu erkennen, die Berge, die ich ein Leben lang vor Augen hatte. Ist das Fremde einfach die Rückseite des Vertrauten? Die Perspektive ist verschoben. Ein leiser Verlust des Gleichgewichtssinns stellt sich ein, ein Aufflackern von Misstrauen und Unbehagen. Die gleichen Verrichtungen wie zu Hause, und doch: den Stecker andersherum einstecken. Die minimalen Abweichungen, die ich nicht einmal benennen könnte, irritieren mich. Ich kann nicht mehr die alltäglichsten Dinge verstehen, die Essensgewohnheiten, das Radio-Programm, die sonntäglichen Unterhaltungen der wandernden Frauen, warum auf der

Schlagsahne auch noch ein leuchtendroter, süßer Kirschsaftfaden sein muss, sodass der wunderbare Strudel ungenießbar wird.

Hecken laufen krumm und rund über die Hügel, am Wegrand ein Straßenschild, verrostet, kaum lesbar. Jedes Haus hat einen Kartoffelacker, und die Feldraine sind dicht bewachsen. Die Straße ist eng und kurvig-krumm und beidseitig von Büschen und niedrigen Bäumen gesäumt. Kirschbäume stehen da, und die jungen Früchte haben die Vögel schon angebissen, das Blut läuft ihnen über die Schnäbel, aus den Kirschblüten tropft es ins Gras. Die Höhe des Bordsteins irritiert. Sogar Äpfel wachsen heran neben der Straße. Eine tote Maus liegt stundenlang in der Mitte des Weges. An seinem Rand wächst das Gras mannshoch. Frauen, die das Kopftuch über der Stirn geknotet haben, suchen nach Arnika und Eisenkraut, zupfen, reiben, riechen, ziehen raus und stecken ein. Was machen die Leute am Samstagnachmittag und was kochen sie am Sonntag? Streuobstwiesen mitten im Dorf, und der Strom wird über Kabel von Hausdach zu Hausdach geführt. Die Masten zerteilen den Blick in die Landschaft. Wilde Hunde laufen durch das Dorf, das aussieht wie das Dorf meiner Großeltern, mit Sensen und Rechen und Sicheln und Bauern, die ihr frisch gemähtes Gras mit dem Schubkarren ins Haus fahren.

»We love province!«, sagt Adela aus Prag.

Das Dorf hat in seiner Mitte einen Karpfenteich, einen Weiher, durch einen dichten Zaun gesichert, das Wasser mit Algen überwachsen. Ich kann nicht einfach durchs Dorf laufen. Die Hunde lauern mir auf. Von meinem Fenster sehe ich Blitze über Tynec und danach wieder diesen Dunst, der wie ein Gaze Vorhang zwischen meinem Fenster und diesem seltsamen Schloss hängt. Nun stellt sich heraus, dass auch die

Gewitter es nicht über die Grenze schaffen: ein anderes Wetter hier und dort und doch dieselbe Uhrzeit, dasselbe Datum. Auf der anderen Seite der Berge schreibt der Geliebte: bei ihm sei Sommer und ich nicht da. Ich antwortete: hier sechs Betten und er nicht da.

Angekommen nach einer Stunde auf der anderen Seite der Berge. Mir schien, das Auto lief viel zu schnell. Die Schrecken der Kindheit habe ich nie ganz verloren. Stille, so dicht. Hin und wieder das rhythmische Hacken einer Krähe, das Blöken der grasenden Schafe, das Haus ist leer, ich bin alleine in einem fremden Land und doch so nah: als ich Medizin brauche, überlege ich, zurück nach Hause zu fahren. Eine Stunde nur. Stattdessen schreibe ich das Wort für mein Problem aus dem Wörterbuch ab und zeige es der Apothekerin. Die lächelt und reicht mir ein bekanntes Medikament. Ich nehme es ein, vor ihren Augen, mit Wasser, das sie mir in einer großen Milchglas-Tasse bringt. So verständigen wir uns nickend. Ich danke.

Im Bad rauscht der Böhmerwald. Die alten Lieder singen und Geschichten erzählen davon, aber nie zuvor habe ich ihn im Original gehört. Das Badfenster ist trüb und lässt sich nur einen Spalt weit öffnen, denn es stößt gegen den Burgberg, auf dem die Schafe grasen. Nur das Ackern der kleinen Traktoren ist zu hören. Bauern, die Rost weg und Gras heimfahren.

Wie in einem Andreasgraben verschieben sich die historischen Schollen. Nur eine Stunde gefahren, langsam, langsam, von Haus zu Haus, aber dazwischen liegt die Grenze, diese Grenze, die ich ein Leben lang gefürchtet habe. Eine ewig sich bewegende Geschichte. Der Scherbenhaufen auf der Grenzlinie, das ewig verminte Gelände ist schon mehrfach überwachsen, die Gräben längst zugeschüttet, die Schreckensgeschichte lebt nur in der Erinnerung und verschwindet doch nicht.

Die bedrohliche Nähe dieser Grenze hat meine Kindheit bestimmt. »Das Kind hat Angst. Das Kind hat immer Angst! Woher hat das Kind diese Angst?«, fragte meine Mutter. Diese Grenze, hinter der die Schrecken wohnten, wurde offensiv bewacht von einem Bataillon amerikanischer Soldaten und aus einer weithin sichtbaren Radarstation. Aber wovor sollten wir beschützt werden, wenn nicht vor Gefahr! Vor einem Nachbarvolk, dessen Absichten im Dunkeln lagen, dessen Besatzer mit gezücktem Säbel auf den Wachtürmen saßen. Womit war zu rechnen? Als wir die Grenze anschauen gingen, war ich noch ein Kind. Ein Kind in jedem Alter. In jedem Alter stand ich einmal vor dem Schlagbaum und schaute hinüber. Mein Vater sagte mit ausgestrecktem Arm: Todesstreifen Niemandsland. Manchmal zuckte ein Gewehr auf einem Wachturm, und Wachtürme standen in kurzen Abständen entlang der Grenze. Unheimlich. Aus den Luken ragten Gewehrläufe, manchmal tauchte ein Kopf dahinter auf, dann leer, dann weg.

Ja, Feuerwerker, das sind sie! Sagte mein Vater. Wir wagten kaum, uns dem Schlagbaum zu nähern, aus Angst, er würde bei Berührung explodieren! Kriegsnachrichten wurden täglich erwartet, mit Argusaugen die Veränderungen beobachtet jenseits der Grenze. In jedem Alter stand ich einmal an dieser Grenze mit meinem Vater, dessen Schicksal sich am Ende des Krieges just an dieser Stelle von Hoffnung zu Grauen gewendet hatte, wenige Stunden nur von seinem Zuhause, wurde er von Tschechen verraten und nach Sibirien verschleppt.

Die Jahrhunderte lang durchlässige bayerisch-böhmische Grenze war auf einmal hermetisch verriegelt. 1951, im Jahr meiner Geburt, senkte sich der Eiserne Vorhang für vier Jahrzehnte. Das Sperrgebiet unmittelbar an der Grenze wurde zur Verbotenen Zone erklärt und mit elektrisch geladenen

Stacheldrahtzäunen, Stolperdrahtanlagen und Beobachtungstürmen gesichert. Grenzwachtruppen wurden eingesetzt auf beiden Seiten. Wir trauten uns kaum in den Wald hinein, denn wir vermuteten die Grenze überall, auch da, wo sie geografisch gar nicht sein konnte, gefühlt aber war. Die Straßen- und Bahnverbindungen waren nicht nur geschlossen, sondern verbarrikadiert und mit Sperrzäunen sichtbar abgeriegelt.

Dann, 1990, wurden die Grenzzäune wieder abgeräumt und das Niemandsland begrünt, die Zug- und Straßenverbindungen wieder aufgenommen. Euphorische Begegnungen an der Grenze wurden initiiert, um das Erreichte zu befestigen, aber ich war noch immer schockgelähmt und nicht dabei. Denn wie sollte aus diesem beständigen Vorbehalt nun wieder Vertrauen werden, aus dieser andauernden Angst Courage, und sei es nur, um der eigenen Neugierde nachzugeben und einen Schritt über den Graben zu tun!

»Aber wir sind doch Nachbarn!«, sagt Jiři. »Wenn du die Sprache verstehen könntest, würdest du keine Angst haben!« Ist das so?

Das Tschechische bleibt für mich verschwiegen, zwischen dieser Sprache und mir liegt ein weites, rasiertes Feld, das offen und sichtbar davon spricht, dass diese Sprache und ich nicht zusammenkommen werden, als ob etwas Eckiges in etwas Rundes passen sollte. Die slawische Sprache in lateinischen Buchstaben: Das hat schon den Gelehrten und Religionsgründer Jan Hus verwirrt. Er gab sich alle Mühe, seinen tschechischen Landsleuten die Lektüre seiner Texte zu ermöglichen, indem er jedem Buchstaben einen einzigen phonetischen Wert beigab.

Ich verstehe mitunter ganze Sätze und andere nicht einmal ansatzweise.

»Saccra! Saccra!« Schimpft der Nachbar in Klenova, weil mein Auto in seinem Weg steht. Er ruft zum offenen Fenster im 1. Stock der Villa Paula hinauf, ziemlich lange, bis ich überhaupt bemerke, dass er mich meint und er, dass ich ihn nicht verstehe.

»Saccra! Saccra! Nix verstehen, ha!
Nix verstehen Tschechisch du? Ah! Saccra! Saccra!«

Hier schreibe ich Briefe, die niemand lesen kann und korrigiere eigene Texte, als stammten sie von Fremden. Ich muss höllisch aufpassen mit der ungewohnten Tastatur. Zwei Tage und eine Nacht überlege ich, wie ich die ungewohnte Anordnung der Ziffern und Zeichen so übersetzen könnte, dass ich mein Passwort und damit einen Zugang zu meinem Mail-Konto wiederfinde. Meine Mail, antwortet A., sei zwar wehmütig, aber wegen der vielen graphischen Missverständnisse und entsprechenden Fehlgriffe auf der fremden Grifftafel, auch wieder lustig gewesen.

Für vier Wochen als *Artist in Residence* der Galerie Klatovy in Klenova. Schon nach zwei, drei Tagen konnte ich an nichts anderes mehr denken als an meine Mühsal mit der Sprache und der Schrift, das Rätsel der phonetischen Raffinessen, an das Zerfallen der Schrift in Buchstaben und diakritische Zeichen: Es entstand eine Serie von Schriftbildern SKRIPTURA, die am Ende meines Aufenthalts im Hungerturm der Burg Klenova gezeigt wurden. Überflüssig zu sagen, dass meine tschechischen Kollegen bei weitem nicht begreifen konnten, worum es mir ging.

Ich träumte, hinter dieser hermetisch verschlossenen Grenze habe etwas stattgefunden, wovon wir nichts wissen: Tynec! Eine Ruine, das Licht eines längst erloschenen Sterns, in die Hänge des Böhmerwaldes hineingesetzt, wird gerade renoviert. Reichtum und Glanz der Vergangenheit: Auch hier stoßen zwei Welten aufeinander, zwei Zeitalter. Wie die Geschichte in die Gegenwart hineinragt, wie der Barock in den Böhmerwald kam: die alte und die neue Zeit am selben Ort. Am Beginn des 18. Jahrhunderts wurde es von dem bekannten Architekten Giovanni Battista Alliprandi entworfen, was lange ein Geheimnis war, denn in der Liste seiner Werke ist es nicht verzeichnet. Es wurde in seinen gewaltigen Ausmaßen wohl nie fertiggestellt und selten bewohnt. Die alte und die neue und die neueste Zeit treffen sich in diesem riesigen Schloss, das hin und wieder von einem Enthusiasten zu renovieren begonnen und dann wieder aufgegeben und wieder begonnen wird. Dies alles geschieht so langsam, dass es mit bloßem Auge nicht erkennbar ist, so langsam, dass wir wieder nur Zeugen sein werden einer vergleichsweise kurzen Episode im Leben dieses gewaltigen Bauwerkes.

Fest und unverrückbar steht die Burg Klenova seit dem 13. Jahrhundert auf dem Felsen. Der Premysl Otakar hat sie zur Grenzbefestigung erbaut, und durch die Jahrhunderte war sie immer wieder in das Schicksal Böhmens verwickelt. Christian Harant wurde 1564 hier geboren, ein bedeutender Politiker, Forscher, Komponist und Reiseschriftsteller, erzogen am Innsbrucker Hof von Ferdinand II. von Tirol und lange in Diensten der Habsburger. Nach seiner Rückkehr schloss er sich deren Gegnern an, diente dem Winterkönig und wurde 1621 am Altstädter Ring enthauptet. Wir wandern durch die Burganlage mit einer Führerin, die alles von einem Zettel abliest und sich selbst darüber wundert. Später wurde die Burg um einen Schlosstrakt erweitert, der die Bauherren, einen nach dem anderen, über Gebühr in Schulden und Elend stürzte. Heute bewahrt dieses Schloss die wunderbaren Porträts der Malerin Vilma Vrbovà-Kotrobovà, die am Fuß des Burgberges in der Villa Paula, die in ihrem nachgemachten Renaissance-Stil an Florenz erinnert, wohnte und arbeitete, und es ist, als ob all diese zauberhaften und geheimnisvollen Menschen, die bei ihr zu Gast waren und die sie malte, noch immer an diesem Ort versammelt wären.

Vilma war eine der bedeutendsten tschechischen Malerinnen ihrer Zeit. Ein gewisser Antonin hat die Villa gebaut und zum Andenken nach seiner früh verstorbenen Tochter Paula benannt. Sie war seine Tochter aus dritter Ehe mit der jungen Witwe, die eigentlich seinen Sohn hätte heiraten wollen, aber als der alte Antonin sie sah, wollte er sie für sich haben, und er war schon siebzig. Also hinterließ auch er eine junge Witwe, die wiederum die dritte oder vierte Frau eines anderen Witwers wurde. All diese zusammengewürfelten Familien wohnten in den langen Sommerwochen in der Villa Paula, wo Vilma sie gemalt hat. Dieser Antonin war der Urgroßvater von Vilmas Mutter, die noch mit der Kalesche vorgefahren kam. Deren Schwester wiederum, von der Vilma ein sehr bewegendes Porträt gemalt hat, wurde dement und fiel der Euthanasie zum Opfer. Ihr Mann war der Wiener Literat und literarische Agent Robert Michel, der mit Watzlik befreundet war und sich für ihn einsetzte nach Kriegsende. Vilma hat sie gemalt zwischen Krieg und Krieg.

Einfach nur hier sein. Es gibt keine Vorhänge vor den Fenstern. Der Wecker tickt weiter. Es ist die gleiche Zeit hier wie dort. Eigenartig. Auf dem Zeitstrahl der böhmischen Geschichte befinde ich mich an einem anderen historischen Ort und viele Jahrhunderte von zu Hause entfernt.

Abend für Abend zieht ein Wind auf, der Gewitter befürchten lässt, aber schon nach drei Minuten legt er sich wieder. Vögel singen, rufen und erzählen sich was. Eines sollte man in der Fremde keinesfalls tun: Nachrichten einholen von zu Hause, sagt Adela aus Prag. Sie hat das Weiß vergessen, wir müssen also nach Klattau fahren, um Farben zu kaufen. Der Barbesitzer auf der Piazza, den wir nach einem Farbengeschäft fragen, schickt uns in ein Haus, das rot und gelb und blau angestrichen ist. Aber nein, Terpentin hat der Malermeister nicht, Ölfarben noch weniger. Kunst, sagt Adela, ist nicht viel wert bei uns. Selbst in Prag würde der modernen Kunst mit den alten Gesetzen der Garaus gemacht, Remigranten ohnehin scheel angesehen. Auch wenn sie mit Geschenken kommen. Dann gerade.

Ein anderes Gras wachsen sehen. Die Gefahr, aus Detailbeobachtungen falsche Schlüsse zu ziehen, begleitet mich und sorgt für eine neue Verunsicherung. Erinnerungen an Peripheres. Das Verschiedene wächst über das Vergleichbare hinaus und setzt sich fest. Je weiter der Aufenthalt zurück liegt, desto schärfer die Differenz, sie wächst und wird erzählbar, macht sich selbständig. Von Tag zu Tag mehr Einfälle bringt die Erinnerung hervor, und die gefühlte Entfernung wächst noch einmal.

Ein spielerisches Erlernen der Sprache. Sieben oder zwölf Wörter bleiben im Gedächtnis, selektive Partikel, mit denen ich jongliere im täglichen Wörterspiel mit den Kollegen, mit dem Kurator, mit dem Wirt der Schloss-Gaststätte, mit Adela. Kann man das machen? Die Sprachlehrerin verneint das entsetzt. Die Malerfreunde spielen mit auf diesem Setzkasten gefallener und wahllos festgesetzter Wörter, die ihnen, sobald das weite Panorama ihrer eigenen Sprache fehlt, genauso seltsam erscheinen.

Ano tak. Konec. I am sad and I am glad.

Anna Wheill, geboren 1951 in March (Regen), hat Italianistik in München und Florenz studiert und lebt und arbeitet nun, nach diversen Auslandsaufenthalten, als Künstlerin und Schriftstellerin in Regen. Sie arbeitete als Übersetzerin und Grafikerin, wirkte an verschiedenen Theaterproduktionen mit und schrieb Texte für Anthologien. Ihre künstlerischen Werke umfassen Zeichnungen und Drucke. 2019 erschien ihr Debütroman *Alles, was du angerichtet* im Lichtung Verlag.

Moritz Detje

Der Fährmann

23:30, IXC Shaheed Bhagat Singh Chandigarh Airport, India

Ich bin mit dem warmen Gefühl eines zu Ende gelesenen Buches aus dem Flieger gestiegen. Hesses *Siddhartha*. Englische Übersetzung. Hatte mir ein haarloser Mönch in Chennai in die Hand gedrückt. Jetzt stehe ich alleine in der Ankunftshalle und warte auf mein Taxi. Es bewegt sich nicht mehr. Dabei ist es bloß zwei rechtwinklige Kurven von meinem Standort entfernt. Ich stehe hier schon eine Weile. Die Halle besteht hauptsächlich aus Glas. Ich fühle mich wie in einer Glühbirne. Die anderen Fluggäste sind bereits vom Dunkel außerhalb der Halle verschluckt worden. Draußen warten die anderen Taxifahrer. Sie sind für mich unsichtbar. Sie sind aber da und wollen den doppelten Preis. Chandigarh ist eine Planstadt. Laut

LG ist sie die glücklichste Stadt Indiens und nennt sich smart. Für mich persönlich besteht Chandigarh aus rechten Winkeln mit Ampeln.

Mein Kontrastmittel für diese Diagnose ist Ludhiana. Ludhiana ist laut WHO auf Platz 13 der am stärksten verschmutzten Städte der Welt. Laut Weltbank ist Ludhiana eine der einfachsten Städte Indiens für Geschäfte. In Ludhiana gibt es keine Ampeln. Niemand biegt in rechten Winkeln ab. Trotzdem wird eine Richtung vorgegeben. Die Richtung bestimmt der Schwarm. Man fühlt den Schwarm. Selbsterfahrung Heuschreckenplage. Nicht-teilnehmende Beobachtung unmöglich. Auf gefühlten drei Achsen wird sich durch den Raum gedehnt. Gefühlt der Raum gedehnt. Ohne Blick in den Rückspiegel. *Pánta chorei kaì oudèn ménei.*

Ich will. Muss. Schnell wieder Teil dieses Flusses werden. 9 Uhr: *From A for Aristotle to W for Weaver. Linearity as a constant of ancient and modern communication models.* 60 bis 70 Studenten werden auf mich warten. 60 bis 70 Prozent werden Turban und Dolch tragen. Sikh sein.

Ich hebe meinen Kopf. Und stoppe bei einer kleinen beschrifteten Platte. Gupta. Der Brustkorb dahinter wirkt achteckig. Einer der Arme zeigt inklusive Gewehr senkrecht zu Boden. Der andere parallel zu den Bodenfliesen gen Ausgang.

Außerhalb der Glühbirne bin ich die Glühbirne. Taxifahrer umkreisen mich wie Motten das erste Licht nach Sonnenuntergang. Ich schüttele häufig den Kopf. Vermeide Augenkontakt. Schaue auf die App. Es klingelt. Ich hebe ab. Verstehe nichts. Gebe den Hörer weiter. Bekomme den Hörer zurück. Soll warten. Unter der Flagge warten. Wo ist die Flagge. Ein steifer Arm zeigt an eine Stelle im Dunkel. Ich laufe 50 Meter. Laufe

10 mehr. Setze mich hin. App zeigt: Taxi ist einen Winkel entfernt. Werde gefragt: Taxi? Stelle Gegenfrage: *Flag*? Nicken gen Himmel. Ich folge. Über mir. Weit über mir. Ein angeleinter Schatten. Fußballfeldgroß.

Mein Handy vibriert. Mein Blick fällt auf die Straße. Auf einen kleinen schwarzen Kasten. Verwunderung. In Indien sind Autos in der Regel weiß. Er gleitet geräuschlos an mir vorbei. Stoppt. Die Rücklichter leuchten. Eine schwerfällige Fledermaus. Unter dem rechten Flügel klappt sich ein Mann aus. Weder Vollbart noch Turban. Große Brille aus transparentem Plastik. Sein Hemd fällt weit aus und wirkt durch einen zwei Drittel des Oberkörpers umfassenden Schweißfleck zweifarbig. Seine rechte Hand fuhrwerkt im Schritt innerhalb der Hose rum. Augenkontakt. Seine Hand gleitet zum Gruß nach oben und senkt sich wieder. Gespreizte Finger kommen auf mich zu. Ich schließe die Augen und greife zu. Lauwarm und feucht.

Der Beifahrersitz ist schief. Schief im Sinne von ich-muss-meinen-Hals-aktiv-abknicken-um-einen-geraden-Horizont-genießen-zu-können-schief. Ich wechsle auf die Rückbank. Es knackt und knistert. Der Fußraum ist voll mit etikettlosen Plastikflaschen. Die größte fasst bestimmt drei Liter. In manchen sind noch Reste von Flüssigkeit. Der Fahrer spricht Punjabi. Ich glaube er telefoniert. Seinen Kopf neigt er dabei jedoch konspirativ in meine Richtung.

Wir bewegen uns langsam. Zu langsam. Wir sind noch immer auf dem Parkplatz.

»What are you doing?«

»[Unverständlich] *exit, exit.*«

»You're not finding the exit?«

»Hanji, [unverständlich].«

Ich beuge mich zu 90 Prozent in den Fahrerraum. Ich

schaue wichtigtuerisch umher. Ich musste fast eine Stunde auf seine Ankunft warten. Ich bin gereizt. *Should I drive?* Denke ich. Sage es aber nicht. Schlucke es runter und fuchtele mechanisch in irgendeine Richtung. Wir halten vor einer Schranke. Es ist nicht der Ausgang. Ein Mann beugt sich zu uns runter. [Unverständlich]. Ich schaue in das Gesicht meines Fahrers. Ich sehe Fangzähne. Dünner Walrossbart. Typischer TukTuk-Fahrer-Graustich. Ihre Bärte sind in der Regel gespickt mit einzelnen langen und grauen Haaren. Auswüchse ihrer im Verkehr geschmiedeten Nerven aus Stahl. Dazu mischen sich bei meinem Fahrer silberne Bäche getrockneten Speichels. Sie verlängern sich aus seinen Mundwinkeln zusammen mit dem Bart zu plastischen Fangzähnen. Sein Blick hinter den großen Gläsern der Brille ist leer. Ungerichtet. Große Pupille gepaart mit schwarzer Iris. Für einen Moment sehe ich die Flagge in seinen Augen zittern.

Die Ausfahrt des Flughafens spuckt uns endgültig in die Dunkelheit.

»*We made it, let's go*«, sage ich.

»[Unverständlich] *Ludhiana* [unverständlich].«

»*Hanji, Ludhiana.*«

»*Achhaa* [unverständlich] *payment.*«

»*Credit card, I pay with credit card.*«

»*Nai credit card, no possible, PhonePe?*«

»*No UPI, no cash – only credit card*«, sage ich.

Wir halten am Rand der Fahrbahn. Der Fahrer wackelt mit dem Kopf. Er spricht Punjabi und produziert dazwischen wiederholt diese Vokalreihe: »uiuiui«. Er macht den Motor aus.

Wendet sich betont mir zu. Ich verstehe nichts. Aber es ist nicht gut. Ich sitze mit einem Fremden im Auto irgendwo außerhalb der Stadt. Es ist spät. Ich wollte jetzt schon fast in

Ludhiana sein. Ich besitze kein Bargeld. Ich habe kein UPI. Meine Notfallkreditkarte erlaubt keine Bargeldabhebungen. Allein das College zahlt mir mein Gehalt bar aus. Wie komme ich jetzt nach Hause? Ist das Kontrollverlust? Panik steigt in mir auf. Aber Wut ist auch da. Ich nenne den Fahrer einen Blutsauger, einen miserablen dazu, werfe ihm alles an den Kopf: dass er zu spät ist, dass er ewig an der gleichen Stelle stand, was ich ja sehen konnte, weil die App ihn ortet und als kleines hübsches Auto darstellt, dabei ist das ja schon ein Euphemismus, dass er sich erdreistet diese Müllhalde von Blechhaufen hier Taxi zu nennen und überhaupt sich selbst Taxifahrer, der nicht mal den Ausgang vom Parkplatz findet, den er vor weniger als fünf Minuten betreten hat, ich nicht weiß, wo und wie er sozialisiert worden ist, aber auch in Ludhiana greift man sich nicht offensichtlich und zwanglos in den Schritt, um dann im selben Atemzug eben jene Hand zum Gruß – geschweige denn zum Händedruck – anzubieten und, dass ich nicht weiß, wie weit er es so bringen wird, ich es aber für ein Wunder halte, dass er es bis hierhin geschafft hat und es mir auch egal ist und ich nur weiß, dass ich noch heute nach Ludhiana muss, weil ich eigentlich gleich schon wieder aufstehen muss und dann schnurstracks ins College, weil dort nämlich Studenten auf mich warten, Studenten von denen vielleicht ein paar nicht als Taxifahrer enden wollen und einfach weil er wirklich kein bisschen mehr an Konkurrenz verträgt, allein deshalb sollte auch er sich wünschen, dass er mich möglichst schnell nach Ludhiana bringt, anstatt hier wegen der Zahlungsmöglichkeit, die er bei Uber angegeben hat – sonst hätte ich die Fahrt ja gar nicht buchen können – sich einen Zacken aus der Halsabschneiderkrone zu brechen, wahrscheinlich will er einfach doppelt kassieren, aber so nicht, nicht mit mir, ich steige jetzt aus und ciao, das war's viel Glück bei der Heimfahrt, wo auch immer er hergekommen ist, wahrscheinlich findet er eh nicht zurück! Scheiße verdammte. Ich rüttle an der Hintertür, sie geht nicht auf. Ich schreie. Werde still. Falle in den Sitz. Bin erschöpft.

»*Open the door.*«

»*Open the door*«, wiederhole ich.

»[Unverständlich] *College, Ludhiana?*«

»*Yes, PCTE, I'm working there.*«

»*Teacher PCTE College Ludhiana?*«

Ich krame meinen Assistant-Professoren-Ausweis aus dem Portmonee.

»*You see this, here's my name, that's my picture, you see it's me.*«

Ich halte ihm den Ausweis vors Gesicht, ich habe das Gefühl er studiert mehr die Hülle des Ausweises als die eigentlichen Daten.

»*Ok, ok, ok payment tomorrow?*«

»*Pay cash tomorrow?*«

»*Achhaa, Teek haee.*«

»*Whats your name?*«

»*Name? Sukh, Sukhwinder.*«

»*Sukh? Okay Sukh, let's go.*«

00:30, National Highway 5

Ich habe die Plastikflaschen aus meiner Seite des Fußraums in den benachbarten Fußraum verlegt. Ich lehne entspannt gegen die Polsterung der Rückbank. Bin bereit. Will gefahren werden. Ich sitze links hinter dem Fahrer. Wenn ich nicht auf die Kopfstütze des Vordersitzes gucken will, zielt mein Blick unweigerlich in einer Diagonalen auf das Profil des Fahrers. Der Winkel ist gerade breit genug, um das Mondlichtweiß des linken Fangzahns ab und zu aufblitzen zu sehen. Von seinen Kopfbewegungen schließe ich auf eine weitere Unterbrechung. Wir fahren langsamer als möglich wäre.

»Hey driver, what are you up to?«

»[Unverständlich] *CNG* [unverständlich].«

»I don't understand.«

»CNG-Pump, Pump, Pump.«

»We need a fuel station?«

Ich beuge mich vor. Der Tankanzeiger ruht ganz links auf seiner Plastiklehne. Ich öffne Google Maps und stelle fest: Wir fahren gen Osten. Gen weg-von-Ludhiana. Eine Hitzewelle rollt durch meinen Körper. Ich wähle die nächste geöffnete Tankstelle in Richtung Ludhiana aus, sieben Kilometer, und halte Sukhwinder mein Handy vors Gesicht. Ich sehe, wie das Schwarz im Weiß der Augäpfel fluchtartig einen Satz nach hinten macht.

»I'll guide you, take the next exit.«

01:00, IndianOil, Rashmi Filling Station

Aus der Ferne sieht die Tankstelle aus wie ein Teelicht, das angezündet, aber vergessen wurde. Im Auto läuft Sidhu Moose Walas *The Last Ride*. Sukh nickt im Takt. Wir rollen auf den Hof der Tankstelle. Sukh reckt seinen Hals aus dem Fenster. Er scheint zu lang und wie ein Strohhalm mit einem extra Gelenk versehen.

»CNG, CNG«, sagt Sukh.

Der Tankwart schüttelt den Kopf und dann seine Hand in die Richtung, aus der wir gekommen sind.

Compressed Natural Gas. Demut ist nicht das völlige Fehlen persönlichen Stolzes, es ist vielmehr die Bereitschaft, sich in Relation zu einer anderen Größe unterzuordnen, der eigenen Unvollkommenheit ins Gesicht zu sehen, sich ihr auszusetzen, Zeit mit der eigenen Mangelhaftigkeit zu verbringen. Das war ich auf dem Sitz neben Sukhwinder.

01:30, ThinkGas CNG Station

Der CNG-Tankwart gehört zu den Menschen, die sich in einer Uniform gänzlich auflösen. Der Tank befindet sich im Kofferraum. Der Boden scheint recht brutal und schnell geöffnet worden zu sein, um den Tank mit dem Rest der Maschine zu verbinden. Entweder wirkt es nur so, aber vielleicht ist es auch einfach der Fall: Die Gurte der Rückbank scheinen alles zu sein, was den Tank an Ort und Stelle hält, nicht dass er irgendwo hin könnte – er füllt so ziemlich den gesamten Kofferraum aus. Jede Bewegung des Tankwarts könnte man in Stein meißeln. Ich halte ihn für den Archetyp aller Tankwarte. Der lange und widerspenstige Schlauch wird unter seinen Händen mehr zu einer Schlange, die er beschwört als etwas, das er bedient. Eisiger Dampf und ein langes Fauchen. Der Biss in den Tank gruselt mich.

Ich frage Sukh nicht, ob es jetzt endlich nach Ludhiana geht. Mit Recht: Er legt seinen Kopf in den Nacken, die Fangzähne blitzen auf und sein Daumen wandert zwischen ihnen tief in die Mundhöhle.

»Chai, Chai«, dann ein Klopfer auf den prallen Ball, wo ich seinen Magen vermute. *»Food, food.«*

Ich will keine Pause, der größte Teil von mir will nicht, dass er isst oder trinkt. Dieser Teil will einfach nur, dass mein Fahrer funktioniert. Endlich den Service leistet, für den ich bezahle. Dieser Teil merkt jedoch auch an, dass die Fahrt noch lange dauert und wir praktisch in einer selbstgebauten Bombe sitzen, die mit durchschnittlichen 100 Stundenkilometer durch die Dunkelheit irrt. Hunger schwächt die Konzentration. Schwächt eine Konzentration deren Ausgangswerte ich ohnehin als niedrig einschätze. Vor meinem inneren Auge sehe ich ein Motorrad zwischen roten und gelben Wolken in der Auslage eines Gewürzhändlers verschwinden. Sehe ich einen massiven Mahindra Van wie ein Spielzeugauto rücklings auf einer Verkehrsinsel liegen. Sehe ich einen älteren Herren mit seiner Frau hinten auf dem Roller unvermittelt auf den Asphalt klatschen. In den letzten zwei Monaten habe ich mehr Unfälle als in den zwanzig Jahren davor gesehen.

02:00, Bhena Da Dhaba

Schließlich finden wir ein Dhaba. Männer in präzise gewickelten Turbanen und ausgelatschten Sandalen sitzen breitbeinig auf Plastikstühlen und spielen Karten. Alle trinken Chai. Wir sitzen abseits und werden gemustert. Demonstrativ will ich weder essen noch trinken, alles andere würde mich zum stillen Unterstützer dieser weiteren Verzögerung machen. Sukh betet Brahmapanam Brahma Havir und bestellt zwei Chai und zwei Paratha, ein Brotkreis gefüllt mit Chillies und Kartoffeln. Mein erstes Paratha vor etwa sechs Wochen habe ich auf zwei Drittel seiner ursprünglichen Größe verstümmeln können, musste es dann aber weinend (ich) zurücklassen. Sukh zeigt mir auf seinem Handy Bilder von Frauen. »*You like?*« Er erzählt mir von seiner Ex-Frau. In Indien gibt es eigentlich keine Scheidungen. Ist Sukh ein liberaler Revolutionär? Ich will mehr über seine Einschätzung indischer Gesellschaftsstrukturen wissen, aber wir lecken uns die Zungen an der Sprachbarriere wund. Ich öffne Google Maps. Es sind noch immer zwei Stunden bis Ludhiana. Faktisch beträgt unser Fortschritt Null.

02:30, National Highway 5

Ich muss an Siddhartha denken. Auf die Frage nach seinen Fähigkeiten zählt er drei Dinge auf. *I can think, I can wait, I can fast.*

Wir hören wieder Sidhu. Sidhu wurde dieses Jahr erschossen. Er war das Aushängeschild der Punjab-Musikszene. Es piept. Sukh ist nicht angeschnallt, er scheint immun gegen das Piepen zu sein. Ich leider allergisch. Aber wir sind gerade im Gespräch. Sukh reißt sich beide Stimmbänder und eine Gehirnhälfte raus, um mir die Verschwörungstheorie hinter der Ermordung zu erklären.

Ich will ihn nicht unterbrechen, aber in mir zieht sich alles zusammen, ich muss mich konzentrieren, um Sinn aus den Fetzen, die ich verstehe, abzuleiten, sie zu irgendwas zusammenzubauen, das mir eine erhellende Frage ermöglicht. Dann halte ich es nicht mehr aus, belle viel zu laut: »*Seatbelt, Sukh, seatbelt, please put on your seatbelt.*«

Er schaut mich mit seinen großen, schwarzen, durch die Brille noch größeren, Augen an. Hält inne. Dann klickt es, aber unser Gespräch ist zu Ende. Ich schaue mehr aus Verlegenheit als alles andere auf Google Maps nach. Wir sind auf dem richtigen Highway, aber dann zerbricht etwas in mir. Wir fahren in die falsche Richtung. Die verschiedenen Fahrtrichtungen sind auf den National Highways durch üppige Verkehrsinseln getrennt und wir fahren auf der falschen Seite.

»Sukh, Sukh we have to turn around. We are on the wrong side! Sukh, look at this. Listen to me. Turn. Turn.«

Sukh nickt ins Dunkel der Straße vor uns. Seine ausgestreckte Hand zerschlägt unsichtbare Holzbretter. Drei Stück.

»No, Sukh. Now. It's too far. I have to get up in less than four hours. And it's still two hours to go. Do you hear me? Turn around, now!«

Sein Kopf wackelt. Er bremst. Schaltet einen Gang runter. Schlägt das Lenkrad ein. Gibt Gas. Unsere Vorderreifen nehmen Kontakt mit der Fahrbahnbegrenzung auf. Heben kurz ab. Tauchen in das Schwarz zwischen den Fahrbahnen. Dann platscht es. Wir platschen. Platschen wie ein Säugling in eine Pfütze. Wir sind umgeben von Wasser. Stille. Sukh gibt Gas. Wasser spritzt an unsere Scheiben. Wasser dringt durch die Türschlitze. Ich muss lachen. Lache kurz und kränklich. Sukh schaut mich mit demselben leeren Blick an, den er mir vor dem Manöver gegeben hat, den er mir gegeben hat, als wir auf der Nicht-CNG-Tankstelle ankamen. Ich erkenne noch immer kein Urteil.

Am Anfang des zweiten Teils trifft Siddhartha auf einen Fährmann, dieser erlaubt ihm die Überfahrt ohne direkte Gegenleistung. Er sagt, er habe dem Fluss zugehört und dieser habe ihm beigebracht, dass alles zurückkommt.

Der andauernde Monsunregen hatte hier zwischen den Fahrbahnen ein Loch gegraben, praktisch ein Flussbett gebaut und es mit Wasser gefüllt. Sukh kurbelt die Fensterscheiben runter und wischt mit seiner bloßen Hand auf der Windschutzscheibe rum. Das Wasser steht im Fußraum mittlerweile bis zu den Knöcheln. Sukh gibt Gas, aber die Reifen drehen bloß durch. Das Brackwasser verschlechtert die Sicht jetzt beidseitig. Es riecht nach Sumpf und einer baldigen Dengue-Fieber-Infektion.

Mein Fahrer ist mittlerweile auf dem Dach. Er hat sich eine der etwas volleren Plastikflaschen aus dem Rückraum gegriffen. Seine Bewegungen klingen wie Donner. Der knisternde Donner eines Gewitters, dem man viel zu nah ist. Ich denke darüber nach, auch etwas zu tun. Einzugreifen. Aber etwas hält mich zurück. Räumliche Fortschritte scheinen unmöglich, sobald ich eingreife. Stattdessen innerer Fortschritt? Was würde Siddhartha tun? Er würde warten. Eine Entscheidung fasten und denken. Was heißt es für ihn, denken zu können? Om, im Buch wird häufig Om erwähnt. Für mich war es bisher eher ein missbraucht wirkendes Geräusch, das in Yogastunden am Ende pro forma von den Teilnehmenden produziert wird. Ich schließe meine Augen und versuche dort drinnen, im Dunkel meiner Selbst, etwas zu finden, das Om sein könnte. Zu meiner Enttäuschung sehe ich bloß kleine flackernde Lichtpunkte.

Es klopft an der Scheibe, Sukh. Er bedeutet mir, auf den Fahrersitz zu wechseln, ich leiste Folge. Der Sitz schmatzt mit der Abfälligkeit eines enttäuschten Richters, als ich Platz nehme. Sukh ist hinter dem Auto, ich soll Gas geben, ich gebe Gas. Die durchdrehenden Reifen klingen wie der Gesang todkranker Sirenen.

Ich sitze wieder auf der Rückbank, Sukh ist durch das Fenster zurück auf den Sitz geflossen. Er ist menschgewordener Schlamm. Meine Augen sind geschlossen auf der Suche nach dem Om, ich versuche den Fluss des Fährmanns zu beschwören, sehe aber bloß wieder Lichtpunkte, Flackern, dann höre ich Trompeten. Das Trompeten des Elefanten der indischen Asphaltsavanne. Es ist eine Sechs-Ton-Melodie - mit solchem Luftdruck vom obersten Punkt der geschmückten Dreitonner abgeschossen, dass trotz zweimonatiger Gewöhnungsphase mein Stammhirn noch immer harte Fluchtbefehle bellt. Das Innere des Autos ist vollständig beschlagen, ich kann nichts sehen, kurble die Fenster runter, ein Mann kommt, er wechselt wenige Worte mit Sukh, befestigt dann ein Seil an unserem Heck, zieht uns kurzerhand wieder auf die Fahrbahn und fährt ab.

03:30, National Highway 5

Wir hören Sidhus *The Last Ride* in Dauerschleife, es sind noch gute 90 Minuten bis Ludhiana.

Sukh wird angerufen, wendet sich mir zu: *»Pick up passenger OK?«*

Ein Satz wie ein Dolchstoß in das Herz meiner Schlafenszeit. Ich schließe die Augen und mache das Herz weich, es wird zu Schlamm, formt sich zu einem braunen Floß, der Fährmann ist auch dort, greift den Dolch und er wird zum Ruder, ich öffne die Augen und nicke, nicke bloß und es dauert nicht lange und unsere Scheinwerfer, die wie zwei Klingen Schneisen in das Dunkel der Nacht schlagen, legen eine Gestalt am Straßenrand frei. Der Anzug des Mannes glänzt, als sei er aus Spinnweben gefertigt, ich schaue mich im Auto um, überall dort, wo Licht hinfällt, scheint auch Schlamm gelandet zu sein. Ich drücke meine Flip-Flops in den Fußraum, es macht Flap-Flap. Der neue Passagier nimmt ohne zu zögern Platz. Wir rollen weiter und vor mir entspinnt sich ein Gespräch, ich verstehe nicht, worum es geht, aber der Ton scheint mir sehr gewählt, ich sehe sanfte Gesten, Hände anmutig wie Schmetterlinge, ein Kopfnicken seitens Sukhs, so zart, ich möchte ihn umarmen, ich spüre den Konversationsball sanft, fast choreografiert von einem zum anderen wechseln, ich spüre Takt, eine Aura der Ausgewogenheit wärmt das Auto, lässt den Fußraum, die Sitze trocknen, die Schlammflecken verblassen, dann höre ich Sukh »PCTE« sagen und der Mann beugt sich zu mir in den Rückraum, stellt sich vor, ich sehe sein Lächeln, sehe in das trübe Weiß seiner Augen, er ist blind, ein grelles Licht lässt mich blinzeln, Gegenverkehr, Hupen, ein Geisterfahrer, ich friere ein, aber nicht Sukh, er drückt die Kupplung durch, schlägt das Lenkrad ein, zieht die Handbremse, schaltet einen Gang runter, löst die Handbremse, beschleunigt, ich drehe mich um, sehe das Rot der Rücklichter des anderen Fahrzeugs immer kleiner werden, vor uns die schwarze Zunge des NH 5, ich schaue Sukh an, beide Hände gelassen am Lenkrad, er scheint unverändert, derselbe leere Blick hinter den großen Brillengläsern, dieselben zu Fangzähnen geformten Speichelbäche in seinen Mundwinkeln und doch, er ist ein anderer: Was, wenn sein vermeintlich leerer Blick bloß Produkt peripherer Sicht ist, der Speichel, der Schweiß, dieses Sammelsurium an vermeintlich negativen Attributen im Kern Ausdruck höchster Konzentration, Ausdruck äußerster Hingabe an seine Aufgabe – der sichere Transport seiner Gäste – ist, ich schaue auf die zweite Seele, derer sich Sukh angenommen hat, ohne Kommentar hat er, blind, das Ausweichmanöver passieren lassen, in sich aufgenommen, wie er auch sonst alles in sich aufzunehmen scheint, er sitzt auf diesem schiefen, Nackenschmerzen garantierenden, nassen und verschmutzten Sitz und nichts davon erzeugt irgendeine Form registrierbaren Widerhalls und wenn ich es richtig deute, dann lächelt er, lächelt vielleicht das gleiche Lächeln, das Siddhartha bei Buddha gesehen hat, *the perhaps benevolent, perhaps mocking smile,* ich schließe Google Maps und dann meine Augen und finde nicht Om, aber Vertrauen, Vertrauen kennt keinen Plural und ist vielleicht mehr eine Entscheidung als ein Wort, wir werden ankommen, ich bin auf dem Asphaltfluss mit dem Fährmann meines Schicksals, Sidhus *The Last Ride* läuft und ich hoffe, dass unser Ritt noch eine Weile dauern wird, Ludhiana wird kommen, der Alltag wird kommen, ich fühle den großen Schatten, er hat sich ausgebreitet, winkt uns im Wind.

Moritz Detje, geboren 1993 in Göttingen, studierte Philosophie, Literatur und Kunst in Deutschland, Frankreich und Irland. Aktuell arbeitet er als Privatdozent in Indien und weiß immer noch nicht, ob seine Welt durch Reisen größer oder kleiner geworden ist.

Susi Green

Reiseradius

Und mit dem Satz »Hol mich hier ab!«, war die Entscheidung gefallen. Nun musste ich nur noch die Reise – seine Evakuierung – vorbereiten. Unbeweglich und in seiner Freiheit eingeschränkt, konnte er nur diesen Entschluss treffen. Selbstbestimmt wollte er sein. Zu Recht. Und nicht zuletzt war er es auch sein ganzes Leben gewesen. Als »Weltbürger« bezeichnet er sich. Viel war er auf den Kontinenten unterwegs gewesen. Nur Neuseeland fehlte auf seiner Liste. Diesen Teil der Welt hat er noch nicht erkundet.

Nach all seinen Reisen wurde er später in den Staaten sesshaft. Dort sollte ich ihn jetzt also aus seinem Seniorenheim befreien, in dem man bereits vorhatte, ihn ruhig zu stellen, da er freiheitsliebend und anstrengend war und gern für seine Rechte kämpfte.

Die Vorbereitungen traf ich in Hamburg. Ich plante alles bis ins letzte Detail. Und wäre dann nicht gerade am Tag meiner Anreise ein Tornado über Dallas hinweggezogen, wäre ich auch tatsächlich pünktlich bei ihm erschienen. Ungeduldig wartete er darauf, dass ich ihn, seine Kartons und seine Papiere den Fängen des Altenheimes entriss.

Als ich ankam, saß er in seinem Rollstuhl. Um ihn herum stapelten sich Kisten mit Hausrat. Sogar die Schuhe hatte er bereits an. Ich brauchte daher bloß eine knappe halbe Stunde, um ihn – nebst der vielen anderen Gegenstände – in das Mietauto zu befördern. Nur schnell weg! Schnell! Endlich wieder frische und freie Luft atmen, die Weite spüren! Puh!

Bis dahin hatte ich roboterhaft agiert, erschöpft von meiner fast zweitägigen Anreise. Dies war der unvorhergesehenen Zwischenübernachtung wegen des Flugausfalls geschuldet. Nun war ich da. Ich saß am Steuer, fuhr zum nächsten Diner und mir wurde endlich die Wahnwitzigkeit meines Unterfangens, einen gehbehinderten alten Mann nach Deutschland zu »entführen«, bewusst.

Die Reise dauerte mehrere Tage.

Wir fuhren viele hundert Meilen bis zum nächsten Generalkonsulat, dort mussten wir einen Reisepass für seine Ausreise beantragen, Tabletten besorgen, sowie sein spärliches Gut weiter reduzieren. Wir sortierten alles und verschickten einiges mit der Post nach Deutschland.

Ehemaligen Bekannten und Nachbarn wurde ebenfalls auf unserer Strecke nach Houston »Bye« gesagt. Auch dafür nahmen wir uns Zeit und fuhren den einen oder anderen Umweg.

Ich könnte jetzt schreiben, dass es eine harmonische, teilweise melancholische Reise war. Dem war nicht so. Wir stritten uns. Ich konnte ihm nicht glaubhaft versichern, dass ich dank des Navigationsgeräts auf meinem Handy die Reiseroute kannte, obwohl ich noch nie über diesen Kontinent gereist war.

»Ich bin der Amerikaner! Ich kenne den Weg! Du bist nur eine Urlauberin, die einen Roadtrip macht. Ich zeige dir, wo wir lang müssen!«

Aus den Kommentaren und Gegenargumenten entspann sich ein hitziges Wortgefecht. Ganz nach dem Motto »Wer lauter ist, hat Recht«, schaukelten wir uns gegenseitig hoch und stur, wie wir beide waren, wollte niemand nachgeben.

Zwischenzeitlich genoss er die Aussicht auf grasende Kühe, die auf endlosen Weiden standen. Wohlwissend, dass er diesen Anblick zum letzten Mal genoss und er der Weite seines Bundesstaates - gezwungenermaßen - endgültig den Rücken kehrte. Er liebt das Land und die Natur. Und nur der Wunsch »Frei zu sein« hatte ihn zu dieser verzweifelten Entscheidung gedrängt.

Den Kontinent verlassen.

Zur Tochter nach Deutschland ziehen.

Seinen Schmerz konnte ich dabei nur erahnen.

Dann aber, als wir im Flugzeug nach Europa Platz genommen hatten, lenkte ihn die Lust am Abenteuer ein bisschen vom Abschiedsschmerz ab.

»Warum müssen wir in der Türkei die Maschine wechseln? Wir sind doch sonst immer über Paris oder Amsterdam nach Deutschland geflogen«, wunderte er sich.

»Es war die einzige noch bezahlbare Flugverbindung, die ich auf die Schnelle buchen konnte. Ein kleiner Umweg. Aber warst du schon einmal in Istanbul? Ich nicht«, antwortete ich ihm.

Auf seine alten Tage konnte er noch neue Reiseerfahrungen sammeln. Seine letzte große Flugreise. Schluss. Oder? In seinem Alter? Mit seinen Gebrechen?

Es sind jetzt einige Jahre vergangen, seitdem ich ihn aus seinem beschaulichen Dorf in den USA in unsere Millionenstadt Hamburg »entführt« habe. Die Sehnsucht nach seinem alten Zuhause nagt an ihm, der Wunsch, weitere Abenteuer zu erleben ebenfalls.

In unserer Stadt lebt er in einer alters- sowie behindertengerechten Wohnung. Zusammen mit anderen Senioren. Er ist nicht eingesperrt. Er kann sich frei bewegen. So, wie er es möchte. Der Radius seiner Trips ist begrenzt. Er beschränkt sich auf genau eine Batterieladung seines Elektrorollstuhls. Und auch die Möglichkeiten, die sich dadurch ergeben, reizt er nicht aus. Er fährt vor allem ihm bereits bekannte Stationen an. Doch bereits diese kurzen Ausflüge wären im Bundesstaat Oklahoma undenkbar gewesen. Dort bewegt man sich nur mit dem Auto fort.

Reisen wird jetzt anders definiert.

Seine Ausflüge sind kurz und doch reich an Erlebnissen. Sie werden intensiv wahrgenommen. Vielleicht, weil sie mühsam sind und bedächtig angegangen werden.

Mühevoll zieht er sich dafür seine Straßenkleidung an, steckt Einkaufsbeutel und Portemonnaie ein und »reist« mit seinem Rollstuhl zum Supermarkt. Anstelle von totgefahrenen Schlangen auf der Straße, liegen hier nun E-Scooter auf seinem Weg. Auf dem Bürgersteig wohlgemerkt. Geschwindigkeiten werden auf seinem Tachometer nicht in Meilen, sondern in »Hase« und »Schildkröte« gemessen. »Hase« steht für sagenhafte sechs Stundenkilometer, die Maximalgeschwindigkeit. Für jemanden, der Cadillac, Lincoln oder TR6 gefahren ist, ist dies eine enorme Umstellung. Das Alter, die Gebrechen zwingen ihn dazu. Er nimmt es mit Humor und bezeichnet seinen Rollstuhl gern als »Rennwagen«.

Von seinen täglichen Roadtrips mit dem Rennwagen erzählt er mir ausführlich in unseren Telefonaten. Einmal lässt er zum Beispiel den Reifendruck beim Händler prüfen und berichtet mir dann darüber oder er beschreibt mir die Fahrverhältnisse im Supermarkt. »Es gibt Gänge, durch die ich mit meinem Rennwagen einfach nicht passe. Und die ganzen Paletten mit Lebensmitteln sind auch immer eine Herausforderung für mich. Da komme ich nicht dran vorbei«, klagt er.

Irritiert bis erbost wird er, wenn er über die Respektlosigkeit auf den Gehwegen schimpft. Lastenkrafträder versperren ihm den Weg, Fahrräder mit Elektroantrieb schneiden ihn mit Karacho. Freundlichkeit? Keine Chance!

Zum Glück wird spätestens an der Kasse des Supermarktes wieder alles gut: Ein freundliches Gespräch mit der Kassiererin und ihr verschwörerisches Zwinkern, wenn sie ihm eine Stange Zigaretten aus dem Lager besorgt, muntern ihn immer wieder auf. Meist überwiegt nach so einer Einkaufsreise das Positive, das genauso in die abendlichen Telefonate eingeflochten wird, wie die Beschwerden.

Sein täglicher »Reisebericht« heute. Genauso leidenschaftlich geschildert, wie damals die Reiseberichte rund um den Globus.

Susi Green, geboren 1967, ist Organisatorin aus Leidenschaft. Beruflich und privat. Zusätzlich liegt Ihr der Umgang mit älteren Menschen am Herzen. Ihr Interesse liegt dabei im zwischenmenschlichen Miteinander der verschiedlichen Generationen und die damit einhergehenden Lernerfahrungen.

Cathrin Block

Roadtrip to Bill

Sie kennt ihn nur vom Foto – und durch seine E-Mails. Sie mag, wie er schreibt, so warmherzig und offen. Inzwischen weiß sie alles über seinen Sohn, der bei ihm lebt. Und über seine Frau, mit der es schwierig ist, auch jetzt, nach der Trennung. Und sie mag sein Lächeln auf dem Foto. Doch telefoniert haben sie nur einmal, das war seltsam gewesen. Seine hohe Stimme und die fremde Sprache... Das Gespräch war schnell zu Ende gegangen und über mehr als das Wetter hatten sie nicht geredet.

Doch jetzt sitzt sie in ihrem Auto und reißt Kilometer um Kilometer ab – Meile um Meile, würde er sagen. Neben der Beifahrerseite drehen sich LKW-Reifen, die fast so hoch sind wie ihr kleiner Wagen. Sie hat es eilig, der Platz auf der Fähre ist gebucht.

In Venlo macht sie kurz Rast, bei Rotterdam sind die drei Fahrspuren voll mit LKWs, aber kaum hat sie Rotterdam passiert, ist die Autobahn frei. Das Schild, das sie in Frankreich begrüßt, sieht sie gerade noch aus den Augenwinkeln.

Eine Viertelstunde vor Abfahrt des Hovercraft biegt sie in den Hoverport bei Calais ein. Geschafft. Die Formalitäten sind schnell erledigt und endlich kann sie sich bei einem Glas Apfelschorle im Fahrgastraum des Schiffes entspannen. Es gibt sogar Stewardessen, obwohl die Überfahrt nur eine halbe Stunde dauert.

In Dover muss sie plötzlich links fahren.

»Aufpassen, aufpassen«, sagt sie immer wieder leise.

Auf was für ein Abenteuer hat sie sich da eingelassen? Sie sieht schlecht, der Fahrersitz ist auf der falschen Seite und ihr fehlt der Überblick, besonders, wenn sie in eine Linkskurve fährt. Hinter der Hafenausfahrt ist gleich ein Kreisel. Immer schön links herum.

Reifen quietschen.

Sie hat den anderen nicht gesehen, zur falschen Seite geschaut. Doch offenbar sind die Leute aus Dover an tölpelhafte Fahrer vom Kontinent gewöhnt. Nichts ist passiert und der andere grinst sie nur an. Ihr ist es furchtbar peinlich.

Dann fährt sie auf engen Straßen die Küste entlang auf der Suche nach einem *Bed and Breakfast*. In Deal wird sie fündig. Gott sei Dank. Ihr Kopf schmerzt und ihr Rücken auch. Es tut gut, die Tasche aus dem Auto zu nehmen und es für die Nacht abzuschließen. Und einen Ort zu haben, wo man schlafen kann.

Nachdem sie ihre Sachen im Zimmer deponiert hat, will sie noch ein paar Schritte laufen. Sich die Beine vertreten.

Deal ist unübersehbar ein Badeort, aber anders als alle Badeorte, die sie kennt. Auf der einen Seite der Straße kommt Licht aus den Fenstern der Häuser und von den Straßenlaternen, die andere Seite ist dunkel, dort ist das Meer. Sie wartet eine Lücke im Verkehr ab und geht hinüber. Seltsame Engländer. Wenn sie Stadtplanerin wäre, würde sie niemals Autos direkt am Strand entlangbrausen lassen. Sanft plätschern kleine Wellen auf den Kies, doch der Verkehr übertönt sie. Die würzige Luft hat den Beigeschmack von Abgasen.

Sie wechselt erneut die Straßenseite und sucht einen Pub.

»Englisches Ale muss ungekühlt sein und randvoll eingeschenkt werden«, hat Bill ihr erklärt. Wie sagt Obelix immer? Die spinnen, die Briten. Doch sie will es ausprobieren. Außerdem hat sie Hunger.

Im Pub wird ihr ein fader Pie aufgetischt, der lediglich den Magen füllt. Was für ein Klischee! Und auch an das Ale muss man sich gewöhnen. Sie trinkt das Glas aus und bestellt sich ein zweites. Die erste Etappe ist geschafft.

Wie wird Bill sein? Sie dreht das Glas in ihren Händen und lauscht den fremden Satzfetzen um sich herum. E-Mails schreiben ist etwas anderes als Zuhören und Sprechen, beim Schreiben hat sie ein Wörterbuch und Zeit. Und sie muss nicht mit einem Dialekt kämpfen. Aber hier und da versteht sie doch etwas, das macht sie stolz.

Wie wird er sein? Mein Bill, denkt sie vorsichtig, aber dann ruft sie sich zur Ordnung. Für »mein« Bill ist es noch viel zu früh.

Am nächsten Tag trödelt sie. Sie hat es nicht eilig. Bill erwartet sie erst morgen. Akklimatisieren hat sie das genannt, als sie die Fähre einen Tag früher buchte. Sie will erst noch ein bisschen vom Land und den Leuten sehen.

Das Frühstück ist wundervoll, noch ein Klischee. Es gibt Cereals und einen großen Teller voll mit gegrillten Tomaten,

Baked Beans, Spiegeleiern, gebratenem Speck, Champignons und Schweinswürstchen. Sie schwelgt, auch wenn sie die Würstchen in Zukunft nicht mehr nehmen wird, sie schmecken ihr zu sehr nach Eber. Aber der Rest ist köstlich, ebenso wie die Orangenmarmelade, die es danach noch zum Toast gibt. Wie gut, dass sie genügend Tee zum Hinunterspülen hat. Und das Treffen ist erst morgen, zum Glück. Heute will sie noch nicht daran denken, auf was sie sich da eingelassen hat.

Sie fährt Richtung Süden. Mittags macht sie Rast in Rye und entdeckt ein Schild, das die Stadt als Weltkulturerbe ausweist. Das muss sie sich ansehen. In einem Laden kauft sie eine Touristenbroschüre in Deutsch, die erklärt, dass das Stadtbild seit dem Mittelalter fast unverändert ist. Doch am meisten wird darin über einen Fleischergesellen berichtet, einen üblen Menschen, der vor langer Zeit eines Nachts den Schwiegersohn des Bürgermeisters im dunklen Park gemeuchelt hat. Bei Führungen in der Festung, die über der Stadt thront, wird offenbar noch heute die Zelle gezeigt, in die er damals eingelocht wurde. Und als sie durch die wirklich malerischen Gassen schlendert, entdeckt sie in vielen Schaufenstern Fotos, die belegen, dass sein skelettierter Kopf noch immer in einem Eisenkäfig auf dem Dachboden des Rathauses aufbewahrt wird. Die Engländer, zumindest die in Rye, müssen ein morbides Volk sein.

Ist Bill auch so seltsam? Ein mulmiges Gefühl beschleicht sie, als sie weiterfährt. Aber dann beruhigt sie sich. Eine Woche, das wird sie auf jeden Fall aushalten.

Am Abend findet sie in Hastings ein schmuckes Haus mit einem *Bed-and-Breakfast*-Schild. Der Wirt ist sichtlich angetan von ihr. Er serviert ungefragt einen sauren Wein und sagt, dass er Nemed heißt. Dann bekommt sie seine Lebensgeschichte zu hören, dass er keine Kinder kriegen kann, weil er kein Sperma hat – das sagt er wirklich –, dass ihn seine Frau verlassen hat und dass er jetzt auf der Suche nach einer neuen ist, am besten mit einer eigenen Schar von Kindern.

»Do you have children?«, fragt er.

Sie flüchtet in die Stadt.

Sie wandert am Meer entlang, um den East Hill herum, der die Stadt in zwei Hälften teilt und nur eine schmale Straße zwischen sich und dem Meer frei lässt. Weil es keinen Hafen gibt, schieben rostige Bulldozer am Strand Fischerboote ins Wasser oder ziehen sie wieder heraus. Und überall stehen die dunklen, quadratischen Holztürme, in denen die Netze getrocknet werden.

Sie läuft durch romantische Gässchen, den Hang des East Hill hinauf und wieder hinunter. Schließlich setzt sie sich in einen Pub am Strand und trinkt ein Ale. Dann noch eins. Sie wartet darauf, dass sie zu müde wird, um aufgeregt zu sein. Morgen wird sie nach Bath fahren, zu Bill. Als sie zum Bed and Breakfast zurückkehrt, ist sie froh, dass der Wirt nirgends zu sehen ist.

Am nächsten Morgen schwirrt er wieder um sie herum, während sie frühstückt. Und offenbar hat er keine Lust, sich in die Küche zu stellen und üppig aufzufahren. Deshalb gibt es nur Toast mit Marmelade und ihr ist es recht. Umso schneller kommt sie von ihm weg – und von seinen Geschichten über fehlendes Sperma und undankbare Frauen.

Obwohl sie noch nicht losfahren möchte.

Sie überlegt, ob sie noch einen Abstecher nach Brighton machen soll. Sie hat früher alle *Regency*-Romane von Georgette Heyer verschlungen und wollte schon immer den Pavillon sehen, den sich der damalige Prinzregent hat bauen lassen. Doch dann entscheidet sie sich anders. Das Treffen hinauszuschieben macht es nicht besser. Entschlossen biegt sie auf die Straße nach Nordwesten ein und erreicht bald die Autobahn.

Bath ist eine sandfarbene Stadt. Alle Häuser sind aus dem gelben Stein errichtet, den man gelegentlich auch an modernen Fassaden sieht. Sie hält an einer Stelle, von der aus sie einen wundervollen Überblick hat. Die Häuser bedecken die Hänge rechts und links eines Flusses. Irgendwo da unten wohnt Bill.

Sie steht lange und atmet die Luft. Es ist ein sonniger Tag mit harmlosen weißen Wolken, die gemächlich über den Himmel segeln. Vielleicht sollte sie noch einen Tee trinken, ehe sie Bill anruft und sagt, dass sie da ist.

Über eine breite Hauptverkehrsstraße fährt sie hinein in die Stadt. Inzwischen hat sie sich an das Linksfahren gewöhnt und auch an die allgegenwärtigen Kreisel. Sogar an einfachen Einmündungen wurde ein weißer Klecks mitten auf die Straße gemalt, auch das ein Kreisverkehr.

Unten im Tal angekommen, findet sie einen Parkplatz in der Nähe der Pulteney Bridge. Sie erkennt sie sofort. Bill hat ihr irgendwann ein Foto geschickt, angestrahlt bei Nacht. Und statt eines Geländers gibt es rechts und links Läden über dem Fluss, wie bei einigen Brücken in Venedig. Sie bleibt einen Augenblick stehen und bewundert den Anblick, der auch bei Tag eindrucksvoll ist.

Neben der Brücke führt eine schmale Treppe hinunter zum Ufer des Avon. Unten rauscht das Wasser über drei flache, hufeisenförmige Stufen eines Wehrs. Und, oh Wunder, es gibt ein Café in einem alten Gewölbe mit kleinen Tischen draußen und mit Kuchen, der wie selbst gebacken aussieht. Noch eine kleine Atempause, ehe sie anruft.

Sie sitzt und lauscht dem stetigen Rauschen. Der Pekannusskuchen, den sie bestellt hat, schmeckt herrlich und der

Tee natürlich auch. Ein paar Enten und ein Schwan ziehen vorüber, am anderen Ufer kommen und gehen die Busse für die Stadtrundfahrt.

Was, wenn Bill auch so morbide Neigungen hat wie die Leute in Rye? Oder so klammert wie der Wirt in Hastings? Und vielleicht mag er ja auch kein vernünftiges Essen, sondern nur so fades Zeug wie den Pie in Deal. Wer weiß denn schon wirklich, wie die Engländer ticken?

Und sie kennt Bill doch gar nicht. Sie fand es nur aufregend, mit einem Ausländer zu korrespondieren, noch dazu in einer fremden Sprache.

Der Kellner kommt und fragt, ob sie noch etwas möchte. Sie bestellt noch einen Tee. Nach den vielen Tassen kann sie bestimmt heute Nacht nicht schlafen.

Und Bill hatte eine so merkwürdige Stimme am Telefon damals.

Sie könnte auch die Tour durch England ausdehnen. Cornwall soll wunderschön sein, besonders jetzt im Mai. In einer Woche kann sie eine ganze Menge sehen, vielleicht sogar bis nach Land's End kommen. Sie kann nach Bed and Breakfasts suchen. Aber nicht in Bath. Es ist erst Nachmittag, ein paar Kilometer kann sie noch fahren.

Ihr Handy klingelt.

Sie zieht es aus der Tasche. »Bill« steht auf dem Display. Sie hat ihn vorsichtshalber eingespeichert für die Fahrt. Sie hält das Telefon einen Augenblick in der Hand, doch dann drückt sie auf den Knopf mit dem grünen Hörer.

»Hi dear«, sagt er. Seine Stimme ist gar nicht so hoch, wie sie sie in Erinnerung hat. *»Where are you?«*

Sie sagt, dass sie in dem Café am Fluss sitzt. Und dass sie Angst hat.

»Me too«, antwortet er, *»I will be with you in five minutes.«*

Es werden die kürzesten fünf Minuten ihres Lebens. Er ist da, ehe sie ihren Tee ausgetrunken hat. Er kommt die kleine Treppe herunter und den Weg entlang. Sein Lächeln ist so, wie auf dem Foto, nur wärmer. Und plötzlich ist es ihr gleichgültig, ob er Pie mag oder nicht und ob er morbide Neigungen hat. Sie steht auf und geht ihm entgegen.

»Hi, Bill«, sagt sie, *»I am so glad to meet you.«*

Cathrin Block fand bereits als Grundschülerin Gefallen am Schreiben. Nach dem Abitur kam es zu einer langen Schreibpause, die sie erst Ende der Achtzigerjahre beendete. Parallel dazu nahm sie an Seminaren teil, um ihre schriftstellerischen Fähigkeiten weiterzuentwickeln. Das erlangte Wissen gibt sie heute in eigenen Seminaren an Interessierte weiter. 2001 gewann Cathrin Block mit ihrer Kurzgeschichte *Fleisch und Blut* den 1. Preis des Wettbewerbs »Alternativwelten« des Fördervereins Phantastika Raum & Zeit. Von ihr wurden bereits diverse Kurzgeschichten veröffentlicht (Wurdack Verlag, Ronald Henss Verlag). Zwischen 2002 und 2006 war Cathrin Block Mitglied der Hauptjury der Story-Olympiade. 2022 erschien ihr erster abgeschlossener Roman *Der Fühlweber – Asche des Feindes* und 2023 das Buch *Der Engel unterm Tisch – 24 Adventskalendergeschichten*, eine Storysammlung zum Thema Weihnachten.

Nils Ketterer

Schwarzer Kater

Ich konnte in Griechenland nicht schlafen. Nichts und niemand konnte in Griechenland schlafen. Die Mücken konnten nicht schlafen, denn die schwirrten um mich wie deutsche Urlauber ums Buffet. Die Polizei konnte nicht schlafen, denn in den Gassen schwirrten die Vermummten mit den Molotowcocktails. Die Ratten konnten nicht schlafen, weil alle Mülltonnen Athens in Flammen standen. Selbst Achilles konnte damals nicht schlafen, bevor er gegen Troja rannte. Ich war also nicht allein. Das ist wichtig zu wissen, wenn du nicht schlafen kannst.

Domi lag neben mir. Den schienen die Mücken einen Scheißdreck zu kümmern. Er schlief einfach, so wie es sich gehört, mittwochnachts um drei. Er schlief und er hatte es sich verdient, nach all den Monaten auf den Beinen. Irgendwer musste ja die ganzen Leute aus dem Meer ziehen. Ja, schlaf du nur.

Sechs Mückenstiche später war es vier. Um halb fünf, nochmal drei Stiche später, kam aus dem Hinterhof ein Geräusch, das ich noch nie gehört hatte. Es klang wie ein Staubsauger, der eigentlich ein Düsenjäger sein wollte. Der Lärm kam in Schüben und jeder davon dauerte an wie ein Intro von Rammstein. Es hörte sich an, als würde jemand drölftausend Tonnen blechernes Kupfer und Eisenstangen und Stahlträger und Steine und schreiende Schweine in einem riesigen Kochtopf schütteln und dann in ein ebenso riesiges Eisenbehältnis kippen, nur um ein paar Mal umzurühren und den polternden, kreischenden Inhalt aus dem dritten Stock auf die Straße zu klatschen und mit Godzillafüßen ein paar Mal gegen die Hauswand zu kicken. Meine Wand vibrierte an meinem Ohr, dünn wie ein zu oft gebackenes Backpapier. Die Dezibel im Kubus des Hinterhofs vervielfachten sich weiter. Und ich wusste schon lange nicht mehr, ob das nun schon die Hölle war oder doch nur Athen. So klang es und es hörte um sechs Uhr auf. Ich war inzwischen duschen gegangen, glaubte ich zumindest, denn ich hatte das Wasser nicht plätschern gehört und war mir nicht sicher, ob man geduscht hatte, wenn man das Wasser nicht plätschern gehört hatte. Nochmal vier Mückenstiche später warf die Druckerei im selben Hinterhof ihre Maschinen an, die klangen wie feststeckende Aufzüge aus dem letzten Jahrtausend. Und um halb acht kamen die ersten Kinder in die Schule, die natürlich auch noch in diesem Hinterhof ihren Spielplatz hatte. Die Nacht war gelaufen. Genauso wie die letzte und die davor. Es wurde auch nicht besser mit dem Schlafen in diesem Land. Der Schlaf fand mich nicht, aber das machte nichts, denn ich trug fortan schwarz, wie die Katzen der Nacht. Und verbrachte die sieben Tage und die sieben Nächte, die ich in Athen war, alle in dieser einen Bar, die Mavros Gatos hieß. Schwarzer Kater.

In einer Woche kann man viel machen in Athen. Man kann sich die Akropolis reinziehen, wo sie die Demokratie und große Brüste erfunden haben. Oder das Pantheon, was auch immer das ist. Man kann hochlaufen auf die Hügel und sich von ägäischen Sonnenuntergängen berieseln lassen. Oder zum Hafen rüber und einen Granatapfel schälen und eine Cola trinken. Oder sich die gebeutelten Griechen angucken, die bei ihren Eltern wohnen und keine iPhones haben. Man kann mit dem Bus fahren, was einem urbanen Abenteuer gleicht. Man kann sich auf Dachterrassen Drinks mit Chili und Oregano servieren lassen, mit Blick aufs Meer und rüber zu den alten Göttern. Oder bei Schokoladencrêpes und Bordeaux die schönsten Menschen treffen, die man je gesehen hat. Aber man kann auch die ganze Zeit in einer Bar sitzen, die Mavros Gatos heißt und Bier trinken. Oder Kaffee auf Eiswürfeln, wenn es für Bier noch zu früh ist.

Ich wollte gar nicht die ganze Woche in dieser Bar sitzen. Es kam einfach so. Ich kam eines Abends im Herbst nach Athen und Domi war noch in Thessaloniki. Er hatte mir von dieser Bar erzählt mit der schönen Kellnerin mit den glänzenden Augen, die ich nicht gefunden habe. Stattdessen setzte ich mich in diese andere Bar mit Lichterketten und bestellte ein Bier bei einer auch sehr schönen Kellnerin.

Als Domi dann kam, es war schon elf, sagte er: »Wie schön, du hast es ja gefunden, das Mavros Gatos.«

Am nächsten Morgen gingen wir die Treppe runter, verließen das Haus. Die Sonne war so stark, dass wir die Augen zusammenkniffen und unsere Sonnenbrillen aufsetzten. Dann gingen wir fünfzehn Meter nach links die Straße entlang, an einem Zierbusch und ein paar überquillenden Mülltonnen vorbei und setzten uns auf zwei der Stühle, die das Mavros

Gatos für seine Gäste aufgestellt hatte. Ich bestellte einen Cappuccino und Domi einen Freddo Espresso. Weil man hier alles freddo trinkt, sagt er, also auf Eis. Bier ist freddo. Die Flirterei ist freddo. Und das Gesicht der Typen, die dir Heroin verkaufen wollen, und es sich selbst in den Arsch jagen, wenn du nein sagst, auch.

Domi musste irgendwann zur Arbeit. Da ich im Gegensatz zu ihm keiner rechtschaffenen Tätigkeit nachging, blieb ich sitzen. Sie hatten auch Toast in dieser Bar, Toast mit Käse und Schinken und Tomaten, aber die letzten beiden Zutaten fehlten meist. Toast war ein akzeptables Frühstück, weil vierzehn Uhr ja auch eine akzeptable Uhrzeit war. Irgendwann, wenn die Sonne nicht mehr ganz direkt von oben kam, durfte man dann wieder Bier bestellen. Dann ging der Tag von alleine rum, das war ein einfacher Trick, von vielen beherrscht, von noch mehr geächtet, von allen heimlich geliebt. Eugenia, die Kellnerin mit den funkelnden Augen, war sehr freundlich zu mir, weil sie Domi gut fand. Das einte uns. Das, und die Sache, dass sie viel Bier in kalten Gläsern zu tragen vermochte und ich generell Bier in kalten Gläsern sehr zugeneigt war. Vor allem, wenn - wie hier - nebenher Jazz und Blues aus den Lautsprecherboxen kam.

Wenn du viele Biere getrunken hast, kannst du im Mavros Gatos einfach über eine kleine Wendeltreppe im Innern zu den Toiletten aufsteigen. Das ist schlecht für Menschen mit Behinderung, aber gut für Menschen mit Harndrang. Wenn du wieder runterkamst, schlug dir schon langsam funkigeres Vinyl entgegen. Wenn du dann nochmal auf die Toilette gingst, war es schon Hip Hop. Und dann war die Nacht schon eine gute, bevor sie überhaupt begonnen hat. Wenn es Morgen wurde, musste ich nur ein paar Schritte nach rechts laufen, ins

Haus hinein, an der Druckerei vorbei und mich zu den Mücken auf die Matratze legen, die mit meinem Blut eine Komaparty feierten, bis es dann wieder Zeit war für Toast und Bier. Den Cappuccino ließ ich fortan aus.

Es ist, wenn man genauer darüber nachdenkt, viel besser im Mavros Gatos zu sitzen, als draußen in Athen. Es war hier völlig ungefährlich. Draußen saßen die Typen, denen die Spritzen aus dem Oberarm hingen. Hier drinnen war die größte Gefahr, dass einmal das Fass leer wurde, aber dann trank man eben ein anderes Bier. Man muss flexibel sein im Leben. Draußen war es windig und dieser Oktoberwind bläst dir die Haare vors Gesicht, dass du gleich gar nichts mehr siehst. Drinnen im Mavros Gatos war es geradezu windstill. Nur ein seichter Hauch puffte dir über die Haut, wenn dir der Schaum im Bier zusammenfiel, weil du es zu lange hattest warten lassen. Draußen war die Stadt übersät von Zeichen und Schildern, die man nicht ansatzweise verstand, selbst wenn man fünf Sprachen sprach oder mehr. Im Mavros Gatos, oder wie wir es liebevoll nannten, im Mavros, waren die Zeichen klar: Ein Finger bedeutete ein neues Bier, zwei Finger zwei davon. Es war sogar egal, welche Finger man benutzte, Hauptsache zwei. Und die Salznüsse kamen von ganz alleine. An der Wand hinter der Bar gab es einen großen Spiegel. Darin sah man, wie die Leute draußen auf der Straße umherirrten, weil der Wind ihnen das Haar vor die Augen geblasen hatte, sodass sie nichts mehr sahen. Man sah, wie nachmittags die Sonne langsam verschwand und die Leute anfingen zu zittern. Man sah aber auch sich selbst. Ob man noch salonfähig genug für dieses Etablissement aussah, denn Schönheit vergeht in Bars schneller als draußen. Und wenn nicht, dann war es an der Zeit, die Wendeltreppe nach oben zu steigen, für einen Abstecher zu den Waschbecken, um sich mit den Händen Wasser ins Gesicht zu spritzen, wie die Katzenwäsche es vorsieht.

Nun gut, man kann doch wirklich nicht sieben Tage und Nächte am Stück in einer Bar sitzen. Das redeten wir uns ein, als wir auf dem Weg in den Osten waren, dorthin, wo die Refugee Camps waren. Die Camps für Menschen, die auf der Flucht waren. Gebaut von Menschen, die auch auf der Flucht waren, nur vor anderen Dingen. Dort lebten die Helfer und Helfershelfer, Domis Kollegen, seine Freunde. Wir saßen mit ihnen beim Scampiessen und sie sahen müde aus. Sie kamen aus Frankreich und Italien und Deutschland und Schweden und den USA. Sie arbeiteten 14 Stunden am Tag für 400 Euro, wenn sie denn etwas bekamen. Sie sahen hunderte Helfershelfer kommen, mit Müll und Zelten und drei Tagen Zeit, in denen möglichst viel geholfen werden musste und schickten sie fluchend wieder heim. Sie hassten diese Leute, die sie Volontouristen nannten, die ja nur helfen wollten. Helfen und ein Foto für die Sponsoren bitte. Sie hassten diese Leute nicht wirklich, sie hassten nur, dass sie so naiv waren wie sie es einst gewesen waren. Und dass sie nicht mit den Camps sprachen, bevor sie mit viel Motivation, aber unnützen Sachspenden ankamen, die gar nicht gebraucht wurden. Ja, die Helfer waren dem Sarkasmus verfallen, so wie alle, die zu lange gute Dinge tun. Und sie taten es jetzt schon ein Jahr. Aber die Lethargie, die fließt dir schon nach einem Monat aus den Ohren. Sie lächelten wenig und vögelten viel. Sie rauchten wie die Fische und tranken wie die Schornsteine. Zu hektisch, zu langsam. An diesem Tisch roch es nach pubertärem Schweiß und endlosem Weltschmerz und ich biss meinem Scampi in den Arsch, dass er aufschrie.

Auf dem Rückweg kamen wir an einem Mädchen vorbei. Sie war reich und schön und dick und betrunken und trug roten Lippenstift zu einem roten Kleid. Im Haus ihrer Tante bot sie uns Knoblauchsoße an, mit Brot und Wein und Trauben, die so groß waren wie kleine Avocados. Sie sang uns griechische Weisen von Spotify und erzählte uns von den Frauen auf Lesbos, die sich liebten. Als wir genug Knoblauch gegessen hatten, mussten wir gehen. Ich sagte zu Domi, dass ich nicht sicher war, ob es eine gute Idee gewesen war, das Mavros Gatos so lange Zeit verlassen zu haben.

Es war Abend in Exarchia, die Mülltonnen rauchten und die Straßen waren nebelig. Wir liefen eine Gasse hinunter, an maskierten Polizisten vorbei, die hinter ihren Schildern standen. Steine lagen auf dem Boden. Große Steine, die ich nicht weiter als einen Meter werfen könnte. Dann schoss uns das Tränengas in die Lungen und in die Augen. Blind und atemlos rannten wir den Hang wieder hinauf, heulten und krächzten. Das Zeug brannte in der Lunge wie damals, als ich versucht hatte, einen Halm aus echtem Stroh zu rauchen. Es war tatsächlich keine gute Idee gewesen, das Mavros Gatos so lange zu verlassen. Wir waren uns einig, dass unsere tropfenden Augen ein Bier nötig hatten. Um das mit dem Flüssigkeitshaushalt wieder in Ordnung zu bringen. Eugenia brachte uns zwei davon und salziges Popcorn und ihre Augen funkelten uns vor Mitleid an und es fühlte sich gut an, wie nach Hause kommen nach einem Kampf. Vor uns waren die schönen Griechinnen, die Drinks rührten und Bier zapften. Griechinnen mit Tattoos und Killerblick. Dunkelhaarige Helenas. Wir saßen an der Bar und guckten ihnen zu, manchmal lehnten wir sogar oder standen auf. Immer in Bewegung bleiben, das ist wichtig im Leben. Ja, hier drinnen waren wir frei. Hier drinnen waren wir sicher. Hier brauchten wir keinen Schlaf. Wenn wir mal eine neue Perspektive auf die Stadt brauchten, so brauchten wir uns ganz einfach nur umdrehen. Und wenn ich nur nah genug mit dem Ohr an mein Bierglas sank, ja, dann konnte ich sogar das Meer rauschen hören.

Nils Ketterer, 36, lebte in einem Dutzend Länder auf der Welt, arbeitete in 32 verschiedenen Jobs. Als Bauarbeiter und Tellerwäscher, als Stars-Interviewer oder Mit-Kanzlern-Dinierer. Seine Geschichten erzählen davon, wie man seine über den Globus verstreute Familie findet. Wie man einen Pandemie-Breakup auf einem Segelboot in der Karibik überlebt. Wie man ohne Geld durch die USA trampt und vor Kubanischen Behörden flieht. Aus dem Rollstuhl aufsteht. Oder sich in der bayerischen Oberlandbahn verliebt. Mehr: *txtappeal.de*

Marlene Fleißig

Übersetzen am Ende der Welt

Wenn man auf einem Schiff arbeitet, ist vieles anders. In der Dusche befinden sich Haltegriffe, nicht nur für alte Leute. Die Tische haben hohe Ränder, damit bei Seegang nichts herunterrutscht, und abgerundete Ecken, die Fenster kann man nicht öffnen, zwischen Kunstdrucken und Plastikblumen wurden diskret Kotztüten platziert, bei Sturm muss der Koch seine Töpfe festhalten, Suppe kann lebensgefährlich werden. Aber das Simultandolmetschen bleibt gleich. So gleich, wie eine Profession eben bleiben kann, in der man simultan hört und spricht, in der man zwischen den Sprachen hin- und herspringt und doch immer verharrt.

Aber ja, ich bin Konferenzdolmetscherin, und ob die Kabine, in der ich mir die Kopfhörer aufsetze, um einen Vortrag, eine Rede oder eine Betriebsversammlung zu dolmetschen, in einem Kongresszentrum steht, in einem Theater, in einer Uni oder eben auf einem Kreuzfahrtschiff, das Kurs auf die Antarktis genommen hat, ist im Grunde einerlei.

Als ich mich damals für das Studium entschieden habe, bin ich davon ausgegangen, dass mir Dolmetscherin zu sein irgendwann ermöglichen würde, zu reisen. Ich sah mich auf Forschungskongressen in Südamerika, auf Fachtagungen in den USA und in den Kulturhauptstädten der ganzen Welt. Wo ich mich nicht sah, war mitten auf dem Meer. Und doch bin ich hier gelandet, auf einem der zahlreichen Schiffe, die sich, wenn der Sommer auf der Südhalbkugel anbricht, aufmachen die Antarktis zu erkunden. Mit Passagieren, die sich unberührte – *»pristine«* – Natur wünschen, wie es in den Reisebeschreibungen immer heißt – Weite, Eisberge wie Schlösser und nicht zuletzt das Abenteuer, einen Ort zu besuchen, den nur ganz wenige je zu Gesicht bekommen.

Mit an Bord ein Haufen Wissenschaftlerinnen und Wissenschaftler aus den verschiedensten Bereichen: Ornithologie, Glaziologie, Geologie, Geschichte. Sie sind das Unterhaltungsprogramm für die Gäste, die lieber sagen, dass sie sich auf einer Expedition befinden als auf einer Kreuzfahrt; die es gern hören, wenn der Kapitän sagt, dass wir segeln, wobei diesen 300-Leute-Kahn nicht der Wind, sondern Tausende Liter Schiffsdiesel antreiben; und die eben lieber Vorträgen zum Lebenszyklus des Albatros oder Shackletons Polarabenteuern lauschen, als, wie auf größeren Schiffen, vom Tanztee in die Cocktailbar zum Friseursalon zu ziehen. Und hier komme ich ins Spiel, denn viele der Fachleute halten ihre Vorträge auf Englisch, das Publikum ist aber größtenteils Deutsch. So sitze ich gut abgeschirmt in meinem Kabuff im hinteren Teil des Vortragsraums und sage den Passagieren via Kopfhörer auf Deutsch ins Ohr, was die Rednerinnen für sie auf Englisch oder Spanisch mitgebracht haben. Lerne Vogelnamen und Robbenarten, erfahre, wie die Brücke des Schiffs funktioniert und wie die Ureinwohner Chiles gelebt haben. Denn Chile ist der Ausgangspunkt unserer Reise ins Unbekannte. Von Punta Arenas machen wir uns auf den Weg Richtung Süden, wenn es nach den Gästen geht, soweit die Segel uns tragen. Dem Prospekt und Kapitän zufolge geht es erstmal bis zu den Südlichen Shetlandinseln und dann mal sehen, wie weit sich das Eis in diesem Jahr schon zurückgezogen hat, da könne er uns nichts versprechen. Was er uns jedoch versprechen konnte, waren Pinguine, Robben und: Eis, Eis, Eis.

Doch zuerst gilt es, das Schiff Drake-tauglich zu machen. Den Kulturbeutel in meiner luxuriösen Passagierkabine im Bad auf den Boden stellen, erden. Die Schränke schließen und die Schubladen einrasten lassen, die Bücher neben dem Bett auf dem Teppich ausbreiten. Die beiden Weingläser schweben schon schwerelos in den Halterungen der Holzvitrine neben dem Frisiertischchen, ebenso die Weinflasche, unangerührt, wie in der Garderobe eines Varieté-Stars. Der Wein wird unangerührt bleiben, ich bin nicht so leichtsinnig, jetzt meinen Magen zu reizen. Uns stehen ein paar raue Stunden bevor, wenn wir die Drakestraße durchfahren, Kap Hoorn im Rücken, Antarktika voraus. Der Wind presst sich hier zwischen den beiden Landmassen hindurch, Pazifik und Atlantik werden sich um unser Schiff reißen. Nein, die Drakestraße ist nichts für einen schwachen Magen. Im Bordrestaurant wird insgesamt weniger aufgetischt, nichts Schweres, Schonkost. Nur besonders Tollkühne wählen die Suppe und balancieren randvolle Teller zu ihren Plätzen.

Für mich steht ein Vortrag über Navigation auf dem Programm – wie war das nochmal mit Seemeilen und nautischen Meilen? –, dann muss ich noch einen über Fotografie vorbereiten. Vokabeln wie »Verschlusszeit« habe ich nicht parat, aber das Internet ist hier besser als in so mancher Stadt, Satelliten sei Dank, und ich kann problemlos alles recherchieren. So richtig fern vom Alltag fühlt man sich hier nie. Ich kann hier Nachrichten lesen, skypen und online shoppen, als befände ich mich nicht mitten im Nirgendwo.

Zwischendurch husche ich immer wieder an Deck, ist das Phantomübelkeit, oder schon der »Drake Shake«, der uns die nächsten paar Stunden durchschütteln wird? Das sei ja noch gar nichts, behauptet der Kapitän und spinnt Seemannsgarn von 20 Meter hohen Wellen. Aber bei Seekrankheit helfe Ginger Ale – oder ein ordentlicher Schluck Rum. Den brauche ich nicht, um in mein Dolmetschkämmerchen zu wanken.

Ich nehme alles zurück, das Dolmetschen an Bord ist eine vollkommen andere Hausnummer als auf einer Konferenz. Liegt mein Fokus bei Aufträgen normalerweise darauf, alles mitzukriegen, schön zu formulieren und beim Redetempo mitzukommen, so muss ich mich hier vor allem bemühen, nicht zu brechen. »Wag dich ins Abenteuer«, steht zynischerweise der Werbespruch der Schiffsfirma auf der Kotztüte, die ich mir sicherheitshalber eingesteckt habe. Unglücklicherweise ist der Vortragsraum auch noch am krankmachendsten Ort an Bord überhaupt gelegen, auf Deck 8 im Bug, da schwankt es besonders stark. Den Gästen geht es nicht anders. Als ich nach dem Vortrag nach draußen wanke, zirkulieren schon die Hausmittel. Ginger Ale ist auch dabei, nebst grüner Äpfel und Reisekaugummis. Von Pflastern gegen Reiseübelkeit, die ich noch in keiner deutschen Apotheke gesehen habe, halte ich mich lieber fern. Seekrankheitstipp Nummer eins ist sowieso: frische Luft. Aber daran ist nicht zu denken, Wassermassen donnern an die Panoramafenster, an die Bullaugen, spülen Salzränder fort und lassen neue zurück. Wir befinden uns mitten auf der Drakestraße, und sie ist alles andere als ein »Drake Lake«.

Unser Schiff ist eine riesige Waschmaschine, die über den Ozean treibt. Die Gefahr, über Bord zu gehen, ist heute groß, da das Salzwasser den Rundweg um Deck sechs geflutet hat und die Gischt gefährlich zischt. Die Wellen türmen sich zu schwarzen Gebirgen auf, Schaumkronen wie Schnee. Baden will man darin wirklich nicht – und doch stehen auf der kleinen Schiefertafel neben dem Bordrestaurant außer der Windstärke in Beaufort und Knoten die Luft- und Wassertemperatur geschrieben. Kaum zu glauben, dass die ersten Polarentdecker hier mit ihren Segelbötchen hindurchgefahren sein sollen. Sie hatten nicht die schicken Echolote und digitalen Karten, mit denen wir hier auf der Brücke aufwarten können, auch kein Restaurant an Bord mit Kuchen zu allen Tageszeiten. Das weiß ich genau, denn ich muss einen Vortrag über Polargeschichte dolmetschen und bin bestens informiert über die Praxis, vor Verzweiflung die letzten Schlittenhunde aufzuessen; übers Überwintern in der Antarktis, ein halbes Jahr Nacht und Kälte, die einem die Zehen in den Stiefeln festfrieren ließ. Der absolute Kontrast zu unserer Luxusreise an einen der entlegensten Orte der Welt. Und obwohl ich mehr als deutlich spüre, dass wir unterwegs sind, dass wir fahren, reisen – fühlt es sich an, als hätten wir den Hafen in Punta Arenas nie verlassen. In einem schwimmenden Hotel über den Ozean zu treiben, ist das Gegenteil von Reisen. Die Fotos vom Trip des Lebens, die hier mit einer im fünfstelligen Euro-Bereich angesiedelten Fotoausrüstung geschossen werden, hätte man die nicht auch genauso gut aus dem Internet ziehen können? Denn näher ist mir das Meer jetzt nicht, wenngleich es um unser unermüdlich vorwärtstuckerndes Schiff weiß hinaufschäumt, als wenn ich es in einer Naturdoku vom heimischen Sofa aus sehe. Ich kann es nicht einmal riechen, Bullaugen kann man nicht öffnen. Wenn man auf einem Schiff arbeitet, ist vieles anders, und so vieles bleibt gleich. Beim Dolmetschen des Fotovortrags bin ich nicht so richtig bei der Sache. Und auch, als ich später aus Träumen hochschrecke, in denen mein Bett über den Ozean treibt, da frage ich mich: Warum sind wir hier?

Am nächsten Tag schickt uns die Antarktis ihre Inseln entgegen. Wir schleppen uns an Deck, halten langsam, vorsichtig die Nasen in den Wind. Schließlich sind wir noch müde von der wilden Fahrt durch die Drakestraße. Wir halten Kurs auf die Südlichen Shetlandinseln und für einige ist der Anblick gezackter Felsformationen im Wasser, Rücken von Urzeitungetümen, von Eisschollen, auf denen müde Robben reisen, und von fernen Gletscherwänden schon Kompensation genug. Für mich fühlt es sich immer noch nicht echt an, *what's the point?* Stimmt was nicht mit mir, oder muss man in Zeiten des Internets vielleicht überhaupt nicht mehr selbst reisen? Die Reise im Zeitalter ihrer technischen Reproduzierbarkeit. Und des Klimawandels. *»Pristine«*, wie die Antarktis beworben wird, das heißt unberührt, makellos, aber auch früher, vormalig.

Zwischen Vorträgen darüber, wie Pinguine sich eigentlich warmhalten, und einem zum Meereis, unterhalte ich mich mit ein paar Passagieren. Ich lerne einen Fotojournalisten kennen, der hofft, hier die Bilder seiner Karriere zu schießen. Ich spreche mit einer Frau, die, um diese Reise machen zu können, sogar auf eine Anzeige geantwortet hat und sich nun die Kabine mit einem Wildfremden teilt, der ebenso dringend in die Antarktis wollte. Eine Einzelkabine können sich beide nicht leisten. Jetzt wohnen sie für knappe drei Wochen auf engem Raum zusammen. Und sie hassen sich. »Er schnarcht«, schimpft sie. Ich unterhalte mich mit einem Pärchen, das schon zum zweiten Mal genau diese Tour macht, nächstes Jahr haben sie auch schon weitere Kreuzfahrten gebucht. Sie tragen aufeinander abgestimmte Daunenjacken. Ich rede mit dem Schnarcher: »Sie kann nicht auch nur eine Minute still sein«, schimpft er. Ich quatsche mit einer Studentin, die ihre Oma auf die Reise begleitet. Es ist der Lebenstraum der alten Dame, sie spart seit Jahren darauf. Ich spiele mit einem Kind Fangen um den Panoramaaufzug. Sie alle haben ihre Gründe, hier zu sein. Was ist der meine, überlege ich, während ich an einem Tisch im leeren Bordrestaurant mein kleines Büro aufbaue, um nochmal die Liste mit den Vogelnamen durchzugehen (Weißgesicht-Scheidenschnabel, lese ich, Schwarzbrauenalbatros, Kapsturmvogel, Skua). Da höre ich es: »Eis«, ruft jemand draußen, dann noch jemand: »*Ice!*«. Und tatsächlich, während ich hier gemütlich einen Kaffee schlürfe, treibt ein Eisberg an meinem Fenster vorbei. Und noch einer. Und noch einer. Und was für einer. Warum zeichnet man Eisberge immer in Weiß, wo sie doch in unzähligen Blautönen schillern, ihre halsbrecherischen Kurven, glänzenden Zacken, messerscharf und vollkommen. Und da, da schwimmt der nächste vorbei, Eis, grünlich wie Smaragd. Und Kristallblau und Rauchblau und Himmelblau und Pastellblau und Lichtblau und Azurblau und Fliederblau und Schieferblau. Ich stürme an Deck, wo sich schon eine Wand aus Passagieren an der Reling formiert hat, die Ferngläser gezückt, die Objektive am Anschlag. Und als ich die Gletscherwand, die all diese wunderbaren Eisgebilde hervorgebracht hat, in der Ferne sehe, da kriegt es mich doch.

Da schwillt etwas in meiner Brust an, das mich ein paar Zentimeter über dem Boden schweben lässt. Wie die Ehrfurcht angesichts großer Berge, Stürme oder dem Meer. Wir sollten hier nicht sein, mitten auf dem Meer, am Ende der Welt, inmitten dieser unberührten Landschaft. Und wir sind trotzdem da und lassen uns berauschen.

Die Fotos werde ich mir trotzdem lieber im Netz anschauen. Oder ich frage einen der Passagiere, ob er mir eine Auswahl seiner 2000 Pics zukommen lassen kann. Beim Dolmetschen geht es ja viel darum, dem Original gerecht zu werden. Ein Knackpunkt neben all den Widrigkeiten wie schnelle Redner, komplexe Inhalte, ungewohnte Akzente oder schlechte Dolmetschtechnik, ist aber auch immer die Frage, was dieses heilige Original denn so genau beinhaltet. Die Menge an Interpretationsmöglichkeiten entspricht mindestens der Menge an Personen, die zuhören – und dann noch durch den Filter der Verdolmetschung. Mein Eindruck von dieser Reise ist mir jedenfalls fest ins Hirn geschrieben. Fest und einzigartig.

Marlene Fleißig, geboren 1992 in Süddeutschland, studierte Spanische Philologie und Germanistik in Regensburg und Oviedo. Nach dem Bachelor verbrachte sie einen Sommer als Deutschlehrerin in Valencia. Später absolvierte sie einen Dolmetschmaster in Leipzig. Sie übersetzt Bücher, dolmetscht auf Konferenzen und für Geflüchtete. Und manchmal auch auf einem Schiff. Sie hat einen Roman bei hanserblau veröffentlicht, *Bestimmt schön im Sommer* entstand bei einem Auslandsaufenthalt in Galicien.

Detlef Seydel

Zur Zeit der großen Furcht

Es war die Zeit der großen Furcht vor Flüssigem im Handgepäck, als ich meine Reise nach Südindien antrat. Am Flughafen Hannover hatte ich zwei Koffer auf das Förderband des Check-in-Schalters gestellt, einen kleinen und einen großen. Der große enthielt, was man eben für eine längere Reise so alles benötigte. Den kleinen füllten die Geschenke für meinen indischen Gastgeber – sechs Flaschen Wein. Diese Flaschen machten den kleinen Koffer wegen der neuen Bestimmungen, die keine Flüssigkeiten an Bord erlaubten, als Handgepäck untauglich. Beide Koffer waren bereits im Kofferkeller verschwunden, als ich erfuhr, dass ich einen erheblichen Zuschlag zahlen müsse, weil das maximale Gewicht für Freigepäck weit überschritten war. Um das zu vermeiden, erbat ich mir den kleinen Koffer zurück. Die freundliche Dame raffte nun tatsächlich ihren engen

Uniformrock, stöckelte tapfer das schräge Transportband hinunter und schleppte mir den Koffer wieder zurück.

Wie es möglich war, dass dieser Koffer, der nun als Handgepäck herhalten musste, nicht mehr kontrolliert wurde, kann ich mir bis heute nicht erklären. Möglicherweise wies ihn das Siegel, das man ihm am Check-in-Schalter verliehen hatte, als hinreichend kontrolliert aus.

Bis nach Indien war die Gefahr allerdings nicht gebannt. In Frankreich musste ich umsteigen und was mich am Flughafen Paris-Charles-de-Gaulle noch erwarten würde, war keineswegs vorhersehbar. Um dort zum Gate meines Anschlussfluges nach Mumbai zu gelangen, mussten wir, also ich und mein kleiner Koffer mit seinem verbotenen Inhalt, durch die Sicherheitskontrolle. Ich stellte den Koffer nach Anweisung des Flughafenpersonals auf das Laufband, das ihn an ein Durchleuchtungsgerät heranführte.

Der Kontrolleur, ein junger Franzose, sah nun auf seinem Bildschirm die Innereien meines Koffers, so wie der Orthopäde das Knochengerüst eines Patienten sieht. Und ich stand neben ihm und sah, was auch er sah, sechs aufrechte, schlanke Schatten in der Form von Weinflaschen. Was das sei, fragte er. Einer Ohnmacht nahe, antwortete ich wahrheitsgemäß.

Doch er hakte nach: »Rot oder Weiß?«

»Drei Weiß, drei Rot«, stammelte ich fast stimmlos.

Kurzes Schweigen aufseiten der Macht, Schweißausbruch aufseiten der Ohnmacht. Dann brach der Franzose aus ihm hervor: »Rosé müssen Sie probieren, Rosé ist viel besser als Rot oder Weiß!«

Und winkte mich in Richtung Abfluggate.

Zur Zeit der großen Furcht

Detlef Seydel ist emeritierter Hochschullehrer für Mathematik. Mehrere seiner Texte sind in Anthologien erschienen. 2014 veröffentlichte er die Biografie *Verdammt! Liebe Josephine, ich liebe dich* im Allitera Verlag. 2014 erschienen Texte von ihm im *Mitlesebuch 124* (APHAIA Verlag). Er gewann mehrere Preise, unter anderem den Günter-Bruno-Fuchs-Preis.

Cornelia Koepsell

Ein Roadtrip als Frau

Letztes Jahr kaufte ich mir einen gebrauchten Van ohne Rücksitze und polsterte ihn mit Matratzen aus, sodass ich bequem darin schlafen konnte. Klapprad, Stand-Up-Paddle und Campingutensilien hatten auch noch Platz. Dann ging es los. Nach den ersten zwanzig Kilometern stand ein Tramper an der Straße. Lange nicht mehr gesehen. Als Jugendliche bin ich viel getrampt. Meist ging es gut. Mit Ausnahmen.

Einmal bog einer in einen Waldweg ein, blieb stehen, säuselte: »süße kleine Nutte« und konzentrierte sich dann auf das Öffnen seines Hosenstalls. Den Moment nutzte ich, um abzuhauen. Damals gab es noch keine Zentralverriegelung. Goldene

Zeiten. Ich schlug mich in die Büsche. Danach trampte ich weiter. Die Angst kam später.

Dieser Tramper sah wenig vertrauenserweckend aus. Trotzdem hielt ich an, ich konnte ihn doch nicht einfach so stehen lassen. Er war um die fünfzig und roch penetrant nach kaltem Rauch. Genauso haben früher nach einem Abend in der Kneipe meine Kleider gestunken. Ist auch lange her. Er schleppte einen prall gefüllten blauen Müllsack mit sich herum. »Klamotten aus der Kleiderkammer«, erklärte er mir. Anscheinend fühlte er sich mir überlegen (weil er ein Mann war?) und begann ein Verhör.

»Wohin fahren Sie?«

»In den Urlaub.«

»Warum fahren Sie allein?«

»Darum.«

»Sind Sie verheiratet? Haben Sie Kinder?«

Ich schwieg.

Eigentlich hatte ich gedacht, aufgrund meines leicht fortgeschrittenen Alters, außerhalb der Schusslinie zu liegen. Das hieß – nicht mehr nach den Besitzverhältnissen gefragt zu werden. Als ich mal vor vielen Jahren allein in der Türkei unterwegs war, wurde ich so oft gefragt: »Sind Sie verheiratet? Haben Sie Kinder?«, dass ich es in zwei Sprachen hätte rückwärts singen können. Auch die Übersetzung: »Bist du Freiwild?« Dabei hatte ich mir aus einem Kaugummiautomaten einen Fake Ehering gezogen und angesteckt.

Viele ältere Frauen leiden darunter, dass sie im Gegensatz zu gleichaltrigen Männern unsichtbar werden. Wenn ich allein unterwegs bin, empfinde ich die Tarnkappe des Alters als pure Freiheit. Keiner beobachtet mich. Keiner quatscht mich voll. Einfach treiben lassen.

Ein paar Dörfer weiter hatte der Tramper sein Ziel erreicht und ich konnte ihn ausladen. Allein und glücklich fuhr ich dem Horizont entgegen. Ist das kitschig? Dann soll es so sein.

Ein Campingplatz an der Ostsee. Nach zwei Tagen habe ich mich daran gewöhnt, im Van zu schlafen. Er war wie eine gemütliche Höhle.

Mitten in der Nacht wache ich auf. Der Wagen wackelt. Ich schaue aus dem Fenster und sehe die Bäume fast waagerecht liegen. Stimmt – es gab eine Sturmwarnung. Eine neue Böe trifft das Auto, mein Puls geht auf die 180 zu und ich frage mich, ob sich so ein Herzinfarkt anfühlt. Ein bisschen Abenteuer ist okay. Das hier geht zu weit. Neben mir steht ein Wohnmobil von der Größe eines LKWs. Windschutz, denke ich. Leider kommen die Böen von der anderen Seite. Wenn hier jemand Windschutz gibt, dann ist es mein Auto, wie die Maus dem Elefanten. Nach drei aufwühlenden Stunden schlafe ich wieder ein. Auch Angst braucht sich irgendwann auf.

Als ich aufwache, ist es still. Zwischen den Wolken entdecke ich einen einsamen blauen Fleck. Mein Nachbar kehrt schon vom Angeln zurück. Zwei kleine Hechte hat er gefangen, schmale Tiere, deren Mäuler in eine Art Säge auslaufen.

»Sie haben grüne Gräten«, erklärt er mir. Älteres Semester, mit schlohweißem, zu einem Pferdeschwanz gebundenem Haar. Seine Frau stolpert aus dem Wohnmobil, fällt ihm um den Hals, busselt ihn ab, nennt ihn abwechselnd »Herbertschatzi« und »Goldie«. Mich würdigt sie keines Blickes, geschweige denn Wortes.

Die Botschaft ist klar. Der gehört mir. Ich trete den Rückzug an. Klar hätte ich sagen können: »Gute Frau, ich interessiere mich für grüne Gräten. Den Herbertschatzi lass ich Ihnen.«

Aber wozu? Ihr Verhalten erinnert mich an die Nachkriegsjahre, deren Ausläufer ich noch erlebt habe. Alleinstehende Frauen, wie die vielen Kriegerwitwen, wurden von den Ehepaaren nicht eingeladen, weil die ordentlich verheirateten Frauen Angst hatten, ihnen würden die Herbertschatzis geklaut.

Nach dem Krieg herrschte ein eklatanter Frauenüberschuss. Auf einen Mann kamen zweieinhalb Frauen. Gleichzeitig war Ehe und Familie das Nonplusultra. Meine arme Tante wurde als alte Jungfer verunglimpft, weil sie in der Schlacht um die übrig gebliebenen Männer – Restbestände – leer ausgegangen war. Hätte sie sich einen in Stalingrad ausbuddeln sollen?

Eine Frau war eine Null, wenn nicht die Ziffer eines Mannes davor stand. Heute sind wir weiter, oder? Leise Zweifel kriechen in mein Hirn.

Das Unterwegssein im Van entpuppt sich gleichzeitig als eine Reise in die Vergangenheit. Mein Erinnerungsmuskel zuckt wie auf Speed. Die Zelturlaube meiner Kindheit fallen mir ein. Das waren die Höhepunkte des Jahres. Dabei sind die heutigen Campingplätze ganz anders. Sündhaft teure Wohnmobile stehen auf ihren Stellplätzen. Von dem Geld könnte ich mehrmals auf Weltreise gehen.

Als mein Vater irgendwann Anfang der Sechziger eine Campingausrüstung kaufte, war er stolz wie Bolle. Die kostete einige hundert Mark. Eine echte Investition. Wir besaßen einen grauen VW Käfer mit Dachgepäckträger. Später kam ein Anhänger hinzu. Die beiden Jüngsten, zu denen ich gehörte, saßen sich in der Gepäckablage hinter dem Rücksitz gegenüber. Vier Geschwister auf der Rückbank. Die Eltern vorne. Wo war der Siebte? Hatten wir den an der Tankstelle vergessen? Ist das nicht mal vorgekommen? Weiß nicht mehr. Besser so.

Wir fuhren in die weite Welt. Bis nach Österreich. In Süddeutschland standen plötzlich braune Kühe auf der Wiese. Bisher kannte ich nur schwarz-weiß gescheckte.

»Die Braunen geben Kakao«, erklärte mir mein älterer Bruder. Ich glaubte ihm. Das klang logisch.

Die Leute in den überholenden Autos – das waren viele, denn an Steigungen wurden wir relativ langsam – sie zählten ab, wie viele wir waren. Ich hielt beide Hände hoch, den rechten Daumen eingeknickt. Das hieß neun. Ich konnte bereits bis zehn zählen.

Manchmal hielt Vater an einer Autobahnkapelle, bedankte sich für die glückliche Abfahrt, betete für eine ebenso glückliche Ankunft und legte das Schicksal seiner Frau, seiner sieben Kinder und das eigene in Gottes Hände. Nach Erfüllung dieser Pflicht gab es als Reparationsleistung ein Picknick auf dem Parkplatz. Belegte Brote und hart gekochte Eier und heißen Kaffee aus der Thermoskanne. Schließlich erreichten wir dank des unverwüstlichen VW Käfers und vermutlich mit Gottes Hilfe unser Ziel an irgendeinem See in Österreich. Wir krabbelten aus dem Auto, bauten die Zelte auf und der Urlaub begann.

Ich fahre die polnische Küste entlang. Super Wetter, aber kalt, vor allem nachts. Mit drei Decken geht es. Endlose, gelb leuchtende Rapsfelder, Störche, die ihre Jungen füttern. Die schönsten Sandstrände, die ich jemals gesehen habe.

Der Preis ist etwas Angstschweiß. Ich fahre gern Auto. Eigentlich. Auf einer Autobahn zeigt das Navi 90 km/h Geschwindigkeitsbegrenzung an. Alle überholen mich. Lastwagen küssen mir fast die Stoßstange. Das Navi begreift nicht: Hier ist Autobahn. Ich gebe Gas. Das Navi gibt einen irren

Piepton von sich. Ich erschrecke mich halb zu Tode. Mit der Hälfte, die überlebt hat, fahre ich weiter. Es fiept erneut wie auf Speed. Ich drücke den Aus-Knopf.

Irgendwann, immer noch Autobahn, stelle ich es wieder an. Die Stimme sagt: »Wenn möglich, kehren Sie bitte um.«

»Halt's Maul«, antworte ich.

»Wenn möglich, kehren Sie bitte um.«

Jetzt weiß ich, woher die Geisterfahrer kommen. Das sind Befehlsausführer.

Ich schalte das Navi wieder aus und verfahre mich gründlich. Nach drei Anläufen finde ich einen Campingplatz. Ziemlich abgelegen. Ich treffe auf eine Art Aufseher. Er hat nur noch wenige Zähne. Mit den verbliebenen lächelt er sehr freundlich. Er sagt etwas auf Polnisch. Ich verstehe nichts. Er sagt es noch einmal, lauter. Gleiches Ergebnis. Ich versuche es mit der Handy-Übersetzungsfunktion. Kein Erfolg.

Ein anderer Mann mit etwas Deutschkenntnissen kommt hinzu. Ich schaffe es zu erklären, dass ich allein bin und im Auto schlafe. Scheint nicht so oft vorzukommen. Ich bekomme einen sehr günstigen Preis und habe den Eindruck, jetzt unter dem persönlichen Schutz der beiden zu stehen.

Mir gegenüber wohnt ein Ehepaar. Sie sind so gut ausgestattet, mit Blumenkübeln rund um ihr Territorium, dass ich mich frage, ob sie hier wohnen oder Urlaub machen. Der Ehemann hat sich den Kopf kahl rasiert, nur oben wurde ein kleiner Zopf ausgespart. Dazu diese Tarnklamotten. Frisuren sind Geschmackssache, beschließe ich. All die Kämpfe früher, als meine Brüder sich die Haare wachsen ließen, dazu die Beleidigungen: »Lange Haare, kurzer Verstand«.

Vor einiger Zeit habe ich alte Familienfotos digitalisiert. Die Frisur meines Vaters im Jahr 1943 endete weit über den Ohren.

Das ist jetzt wieder modern. Hoffentlich gibt es nicht weitere Wiederholungen. Ich gehe an den Strand und lüfte meinen Kopf.

Wenn ich im Ausland bin, gehe ich manchmal auf Friedhöfe, schaue mir die Fotos auf den Grabsteinen an, versuche mir das Leben der dort Liegenden vorzustellen. All die unerzählten Geschichten. Auf dem Friedhof in Dziwnow, Pommern, erschrecke ich, weil viele meiner Altersgenossen hier liegen, geboren in den Fünfzigern. Die sollten doch eigentlich neben mir stehen und sich des Lebens erfreuen. Ich google: »Lebenserwartung in Polen«. Tatsächlich war sie für Menschen meines Jahrgangs um einiges niedriger als in Deutschland.

Zu meiner Schulzeit lag alles hier hinter dem Eisernen Vorhang. Der Kalte Krieg hatte seine Decke der Ahnungslosigkeit auch über meine Geografiekenntnisse gelegt. Nach der Wende war ich erstaunt, dass das Riesengebirge in Tschechien und Polen liegt.

Meine Mutter hatte uns das Märchen vom Berggeist Rübezahl vorgelesen, der im Riesengebirge hauste. Also hielt ich es für eine Art Märchenlandschaft.

»Ich weiß, dass ich nichts weiß«, hatte Sokrates gesagt. Hat er das von mir?

Während der Pfingsttage in Polen radelte ich an diversen Kirchen vorbei. Die Gottesdienste waren so gut besucht, dass sie bei offenen Türen stattfanden und per Lautsprecher nach draußen übertragen wurden. Die Leute, die nicht mehr hinein passten, saßen auf Bänken vor der Kirche.

Als Tochter eines Pastors wurde mir früh eine Überdosis an Gottvatersohnundheiligergeist verabreicht. Heftige

Abwehrreaktionen waren die Folge. Es gab auch keine weiblichen Rollenvorbilder. Mal abgesehen von der Jungfrau Maria. Der Heilige Geist war nicht so mein Typ. Ich hatte mal nachgefragt, wie ich mir die jungfräuliche Empfängnis vorstellen könne. Das kam nicht so gut an.

Jetzt aber, im Jahr 2023 in einer polnischen Kleinstadt, klangen die über die Straße wehenden Liturgien und Gesänge so vertraut und heimelig an mein Ohr. Ich konnte nicht widerstehen, fuhr näher heran, stellte mich an das geöffnete Tor und hörte zu. Es war schön. Irgendwie. Als die Predigt begann, radelte ich weiter.

Cornelia Koepsell hat bereits mehrere Texte in Literaturzeitschriften und Anthologien veröffentlich. 2013 erschien ihr Debütroman *Das Buch Emma* beim Geest Verlag. 2017 folgte *Lauf weg wenn du kannst* und 2023 *Die Unbezähmbaren.* 2011 wurde ihr der 3. Preis des Schwäbischen Literaturpreises verliehen. 2020 war sie die Gewinnerin des Frauen-Literatur-Preises des Kunsthaus Lisa.

Sara Tormöhlen

Speisen wie eine Königin

Der Tisch, an dem ich sitze, ist aus schwerem, dunklem Holz und so lang, dass zwölf Personen bequem daran Platz finden. Er wurde prunkvoll dekoriert mit einem ausladenden Blumengesteck, zwei dreiarmigen Kandelabern und zwölf Stoffservietten, die wie Fächer gefaltet sind. Das Gedeck aus teurem Porzellan, Silberbesteck und kristallenen Weingläsern lässt mich meine Hände in den Schoß legen, um nichts davon versehentlich umzustoßen. Ich kann dann aber doch nicht anders und fahre mit den Fingerspitzen über den wellenförmigen Tellerrand, die spitzen Zinken der Gabel und den Tischläufer, der aus einem schweren Stoff besteht und von silberfarbenem Garn durchzogen ist.

Noch sitze ich allein an der reichhaltigen Tafel und das gibt mir Zeit, mich in Ruhe umzuschauen. Ich bin auf Sygard Grytting angekommen. Ein Ort, der wie aus der Zeit gefallen scheint. Die Böden knarzen beim Darübergehen und es gibt Waschschüsseln und Krüge, die so alt scheinen, als hätte der heilige Olav höchstselbst sie verwendet. Die Bilder an den Wänden zeigen geheimnisvolle norwegische Landschaften, aufwendige Stickereien, die Porträts der vergangenen Gutsbesitzer oder einfach das Anwesen selbst in den verschiedenen Epochen. Der Hof ist bereits seit dem 16. Jahrhundert im Familienbesitz der Familie Grytting und die Familienhistorie ist allgegenwärtig spürbar. Schon lange Zeit davor war der Hof Pilgerherberge und so schläft man auch heute noch im selben Gebäude wie Pilgernde schon vor über 600 Jahren. Geschichte zum Anfassen. Doch auch wenn die Einrichtung bezaubernd antiquarisch wirkt, ist die Ausstattung vergleichsweise luxuriös. Ich bin für heute Nacht in einer kleinen Hütte neben der Pilgerstube untergebracht, die sogar über eine Sauna verfügt. Ein Luxus, den ich mir bei 36 Grad Außentemperatur nicht gönne, aber es hebt die Laune doch erheblich, so königlich zu nächtigen. Der Hausherr wird später bei einer Führung über das Gelände darauf hinweisen, dass sogar schon Prinz Hakon und Prinzessin Mette-Marit hier eine Nacht verbracht haben und an eben demselben Tisch gespeist haben, an dem ich nun sitze.

Allmählich füllt sich das Speisezimmer mit weiteren Gästen, die die pompöse Tischdekoration bewundern. Da sind zwei Paare, eines etwa in meinem Alter, eines deutlich älter, eine Gruppe von vier leicht betagten Herren und zwei gemeinsam reisende Damen. Die zwei Frauen sind mir auf Anhieb sympathisch. Für den Augenblick sitzen wir elf aber alle noch etwas befangen am Tisch und die Gespräche sind verhalten.

Der Gastgeber betritt den Raum und begrüßt uns herzlich. Stig Grytting ist nicht sonderlich groß und sein Kopf ist kahl, sodass er so gar nicht in das Stereotyp eines haarigen, hünenhaften Norwegers passen will. Doch erst sein fröhliches und bescheidenes Naturell macht ihn als Erben dieser Familiendynastie so richtig außergewöhnlich. »Willkommen auf Sygard Grytting«, sagt er und schaut in die gemischte Runde vor ihm. »Meine Frau und ich, wir freuen uns, euch heute ein leckeres Abendessen mit Zutaten von unserem eigenen Hof oder aus der Region zu servieren. Doch bevor es losgeht, ist es bei uns Tradition, dass sich alle Gäste vorstellen und kurz erzählen, woher sie kommen und wie sie auf uns gestoßen sind. Wem darf ich dazu noch ein Glas Wein anbieten?« Auf diese Frage gehen fast alle Hände in die Luft und ich stimme in das Lachen ein, das durch den Raum hallt. Die etwas angespannte Stimmung löst sich. Ich bin erleichtert.

Nachdem Stig fast alle Weingläser gefüllt und die leer gebliebenen Gläser auf Wunsch gegen eine Flasche Bier ausgetauscht hat, stellen wir uns der Reihe nach vor. Die Frau mir gegenüber, sie scheint Mitte zwanzig zu sein, ergreift das Wort: »Ich bin Elsa und das ist mein Verlobter Ste«, dabei berührt sie ihren Sitznachbarn an der Schulter, »wir kommen aus Schweden und sind mit dem Camper auf der Durchreise. Wir hatten im Internet nach einem guten Restaurant in der Nähe gesucht und sind auf diesen Ort gestoßen. Die vielen guten Bewertungen haben uns neugierig gemacht.« Mit diesen Worten blickt sie ihren Verlobten an, ein gutaussehender Mann mit schwarzen Locken und schüchternem Blick.

Alle scheinen auf ihn zu warten und so hebt er nur kurz die Hand zum Gruß und ergänzt knapp: »Hallo, ich bin Ste.« Wieder stimme ich in das anklingende Lachen ein.

Als nächstes stellt sich das Paar neben mir vor: Theo und Amelia. Sie kommen aus Norwegen und feiern an diesem Wochenende ihren 25. Hochzeitstag – Silberhochzeit. Dieses

Jubiläum nahmen sie zum Anlass, sich etwas zu gönnen. »Ich wollte schon immer speisen, wie eine Königin«, sagt Amelia und kichert.

Die Gruppe der Herren stellt sich vor. Ole, Jan, Frederick und Markus sind sympathische, kernige Männer, die nach eigener Aussage einfach das Leben, die Freundschaft und gutes Essen genießen. Mit ihren Autos sind sie unterwegs zum Angeln und ein bisschen auch, um ihren Frauen zu entfliehen, gesteht Ole.

Die beiden Norwegerinnen, die mir gegenübersitzen, stellen sich als Lykke und Merrit vor. Sie haben das Abendessen auf Sygard Grytting im Radio gewonnen. Merrit, die aus Oslo kommt, ist Flugbegleiterin und verbringt immer viel Wartezeit in Flughafenbars, wie sie erzählt. »An einem besonders langen Morgen in einem Café am Flughafen gab es ein Gewinnspiel im Radio. Wenn man diesen einen bestimmten Song gehört hat, sollte man anrufen. Wie hieß der denn noch mal, Lykke?« Sie schaut fragend ihre Sitznachbarin an, die sichtlich grübelt, aber schließlich den Kopf schüttelt. »Na ja, ist ja auch nicht so wichtig. Jedenfalls habe ich da angerufen und bin direkt durchgekommen. Ich hab dann Lykke eingeladen, mich zu begleiten. Und jetzt sind wir da.« Merrit ist eine hochgewachsene Frau mit weißblondem Haar und sehr weichen Gesichtszügen. Ihre Augen scheinen immer zu lächeln und sie hat etwas Aristokratisches an sich, das sie trotzdem nahbar wirken lässt.

Ich bemerke die Stille, die sich über den Tisch gelegt hat, und stelle fest, dass einige Augenpaare auf mir ruhen. Ich bin an der Reihe. Ich räuspere mich. »Mein Name ist Sara und ich komme aus Berlin«, sage ich etwas schüchtern. »Ich pilgere auf dem Olavsweg von Oslo nach Trondheim.« Nun richten sich alle Augenpaare gebannt auf mich.

Theo reagiert verblüfft und fragt: »Du läufst echt den ganzen Weg? Seit wann bist du schon unterwegs? Wie viele Kilometer sind es? Und wo schläfst du?«

Ich lächle. Die Fassungslosigkeit in seinem Blick kenne ich nun schon von einigen Begegnungen. Geduldig beantworte ich seine Fragen. Dann schaltet sich Ste ein: »Wie lang läufst du etwa am Tag?«

»Das ist ganz unterschiedlich«, antworte ich, »an manchen Tagen bin ich schon über 30 Kilometer gelaufen, an anderen dafür nur 17. Im Durchschnitt sind es immer so zwischen 22 und 28 Kilometer am Tag, wofür ich etwa sechs bis sieben Stunden brauche.«

Merrit möchte wissen, ob ich schon anderen Pilgern begegnet bin. »Ja«, erkläre ich, »aber tatsächlich nicht so vielen, wie ich angenommen hatte. Wenige scheinen die gesamte Strecke zu gehen.«

»Und wie schwer ist dein Rucksack?«, möchte Lykke von mir wissen.

»Etwa elf Kilo, inklusive zwei Liter Wasser«, erkläre ich.

Elsa fragt, ob ich mir schon Blasen gelaufen hätte und ich entgegne, dass ich weniger mit Blasen, aber dafür mehr mit einem entzündeten Nerv zu kämpfen hatte. »Der Untergrund ist hier vergleichsweise hart. Ich laufe schon öfter durch Wald, aber häufig sind es eben auch Schotterwege oder die E6.«

Theo schaltet sich bei diesen Worten ein und sagt stöhnend: »Oh, hör mir bloß mit der E6 auf!«, er wirft die Hände in die Luft, »die hat uns nur Ärger gebracht. Vor 2005 hatten wir hier zwar keine Europastraße, die durch ganz Norwegen führte, aber dafür nicht diesen starken Verkehr. Wir wohnen leider sehr nah an der Autobahn und sind des Lärms längst mehr als überdrüssig. Ich wünsche mir die guten alten Zeiten zurück, als man in Norwegen auf den Straßen wirklich noch fast allein unterwegs war.«

Elsa und Ste stimmen Theo zu, doch dann mischen sich Markus und Ole ein, die darauf beharren, dass die neue Autobahn auch Vorteile mit sich bringe und man nun viel schneller von A nach B komme. Die entstehende Diskussion bringt etwas Lebendigkeit in unsere Runde und Stig nutzt die Gelegenheit, um sich für die Essensvorbereitungen zurückzuziehen. Während Theo und Ste den Argumenten von Ole und Markus entgegenzutreten versuchen, beugt sich Merrit über den Tisch zu mir und sagt: »Ich finde das ganz toll, was du da machst. Sehr inspirierend. Ich wünschte, ich könnte dich begleiten.«

Vom ersten Moment an, fühle ich zu Merrit eine besondere Verbindung. Ich lächle und sage schulterzuckend: »Kannst du doch!« Wir lachen beide und dann ergänze ich: »Ganz im Ernst! Es gehört nicht viel Vorbereitung oder Mut dazu. Einfach machen. Dieser Weg ist so gut markiert und an die Zivilisation angeschlossen, dass das wirklich jeder schaffen kann, der es will und einigermaßen fit und gesund ist.«

Ihr Gesicht bekommt einen nachdenklichen, wenn auch leicht skeptischen Ausdruck, doch ehe sie zu einer Antwort ansetzen kann, betreten Stig und seine Frau das Zimmer, in den Händen große Schüsseln. »So, es geht los mit einem Salat aus unserem Garten als Vorspeise. Bitte greift zu und bedient euch selbst. Guten Appetit!« Es ist erstaunlich, wie schnell eine Gruppe völlig Unbekannter zu einer Gemeinschaft wird. Da werden fremde Teller gefüllt, es wird angestoßen, gelacht und diskutiert.

Merrit erzählt mir von ihrer Tochter, die gerade mit dem Studium angefangen hat und: »wie du, die Nähe zur Natur sucht«, wie sie es ausdrückt. Lykke berichtet von ihrem Leben an der Küste Bergens. Es scheint ein friedliches, zurückgezogenes Leben, doch nicht ohne Luxus zu sein. Lykke ist Architektin und hat sich und ihrem Mann ein Haus an den Fjorden vor Bergen entworfen und bauen lassen. Vor meinem inneren Auge wächst ein luxuriöser Glasbau aus dem Boden, der sich ergonomisch an die felsige Landschaft schmiegt und mit einer Inneneinrichtung aus Holz und warmen Sandtönen aufwartet.

Während ich mir vorstelle, wie Lykke dort mit ihrem Mann einen Alltag bestreitet, der sich so vollkommen von meinem unterscheidet, geht Stig mit der Weinflasche herum und schenkt überall dort nach, wo sich die Gläser teilweise oder bereits gänzlich geleert haben. Seine ruhige Hand und die stille Geschäftigkeit zeugen von einer Routine, die auch hier mein Leben so deutlich von dem seinen abgrenzt. Ich frage mich, wie viele Gäste er wohl schon bewirtschaftet hat und ob er diese Tradition eher aus Passion oder einem Pflichtgefühl folgend auslebt.

So viele unterschiedliche Lebensentwürfe und Geschichten stimmen mich für einen Moment sehr nachdenklich. Elsa reißt mich aus meinen Gedanken und fragt: »Und machst du das aus religiösen Gründen oder einfach so?«

Ich stutze kurz bei dieser Frage, denn »einfach so« macht es bestimmt kaum jemand. Zögernd sage ich: »Also ich bin nicht gläubig oder so. Aber ich glaube, dass man auf dieser Reise viel Zeit zum Nachdenken hat und wenn nicht unbedingt Gott, so doch mindestens sich selbst ein Stück weit näherkommt. Sich selbst und den Fragen und Unklarheiten, die man so mit sich herumträgt. Ich bin hier so auf mich allein gestellt, wie sonst nie in meinem Leben.« Sie nickt langsam. »Also, ich treffe schon Menschen und unterhalte mich, wie jetzt hier mit euch, aber den Weg gehe ich doch allein.« Dann fällt mir ein, dass sie mit ihrem Wohnmobil eigentlich eine ähnlich einsame Art der Fortbewegung gewählt haben und ergänze: »Ich vermute, es ist ähnlich wie bei euch. Ihr fahrt überall mit eurem Wohnmobil hin und seid von niemandem abhängig. Ihr könnt schlafen, wo und wann ihr wollt und habt euch zumindest zeitweilig von eurer Familie und euren Freunden, von den manchmal starren Strukturen eines bürgerlichen Lebens emanzipiert.«

Elsa lächelt und nickt. Dann sagt sie: »Wobei ich das weniger als Emanzipation empfinde, sondern eher als Lebensentwurf. Ich meine, wir lieben unsere Freunde und unsere Familien, aber wir wollen ein Leben führen, das wir uns aussuchen und nicht eines, das von uns erwartet wird.«

Ste mischt sich ein: »Es ist doch so, dass wir einer Generation entspringen, die alles jederzeit zur Verfügung hat. Ich glaube schon, dass sich vielleicht gerade deshalb viele nach einer Reduzierung sehnen. Und die Möglichkeit als *Digital Nomad* irgendwo in der Welt zu leben und zu arbeiten ist einfach sehr verführerisch.«

»Ich denke, es ist ein großes Glück, dass ihr einander gefunden habt und in der Hinsicht gleich denkt«, sage ich, »viele meiner Freunde leben eher den klassischen Lebensentwurf, wenn ich das mal so nennen darf. Und sie scheinen damit glücklich zu sein. Ich frage mich dann immer, ob das automatisch irgendwann kommt. Der Wunsch nach Verwurzelung und Hausbau.«

Merrit hat die letzten Minuten unseres Gespräches verfolgt und gibt zu bedenken: »Ich denke, es ist vielmehr so, dass dein Leben irgendwann nicht mehr nur noch dir gehört. Entweder hast du einen Partner an deiner Seite, mit dem du deine Entscheidungen gemeinsam treffen musst oder vielleicht sogar Kinder, die deine Entscheidungen beeinflussen. Und Träume und Ziele verändern sich auch mit den Menschen, die in unser Leben treten. Glücklich ist da, wer mehrere Träume leben darf.« Sie zwinkert mir bei dem letzten Satz zu und ich habe das sichere Gefühl, dass sie zu den Glücklicheren gehört.

Stig unterbricht die Gespräche, als er den Hauptgang ankündigt, der Sekunden später hereingetragen wird. Mein Teller füllt sich mit Lammkeule und Kartoffelpüree und zum Nachtisch folgen Beerenkompott und Vanillesoße. Alles aus eigener Haltung und Herstellung. Kulinarisch bin ich auf dem Höhepunkt meiner Reise angekommen und wären nicht die ständigen Fragen nach meinen Reiseerfahrungen und Beweggründen, hätte ich schon längst vergessen, dass ich mich auf einer Pilgerreise befinde.

Nach dem Essen bietet Stig für alle Interessierten eine Führung durch Haus und Hof an. Mit vollen Bäuchen hieven wir uns aus den Stühlen, aber alle kommen mit. Zu zwölft durchstreifen wir die großen und altehrwürdigen Räume. Tiefhängende Decken aus Holz, Schaffelle und handgenähte Stoffe vor den kleinen Fenstern und auf den riesigen Tischen dominieren das Interieur und lassen Geschichte lebendig werden. Im King's Room beäugen wir neugierig das Bett, in dem das norwegische Königspaar genächtigt hat und fragen Stig dazu Löcher in den Bauch, die er geduldig beantwortet oder höflich lächelnd ignoriert.

Am Ende der eineinhalbstündigen Tour bin ich todmüde und stelle erschrocken fest, dass es bereits weit nach Mitternacht ist. Als wir alle auf dem begrünten Innenhof inmitten des Häuserensembles stehen, meint Stig anerkennend, dass Pilger die Tour in der Regel nicht mitmachen. Die meisten würden nicht einmal mit ihnen zu Abend essen, sondern sich zeitig zum Schlafen zurückziehen. Ich kann es ihnen nicht verübeln, die extra Kilometer gerade haben zwar geholfen, das Abendessen zu verdauen, jedoch die Tagesetappe für heute beachtlich erhöht. Ich erwidere nur, dass ich wohl keine typische Pilgerin sei, frage mich aber im selben Moment, ob es so jemanden überhaupt gibt.

Als ich mich von der ohnehin gerade auseinandergehenden Gruppe verabschiede, eilt Merrit mir hinterher und fragt, ob sie sehen dürfte, wo ich schlafe. Wie zwei alte Freundinnen haken wir die Arme ineinander und stolpern über den grasbewachsenen Weg zu meinem Quartier. Draußen ist das Licht bereits deutlich gedämpfter, doch es ist kein Sternenhimmel zu sehen. Es irritiert mich immer wieder, dass es hier nachts nicht richtig dunkel wird. So können wir aber den Weg vor uns gut sehen und sogar den schwarzen Schafsbock erkennen, der uns hinter meiner Hütte entgegenblökt. Ob es ein freudiges oder ein genervtes Blöken ist, vermag ich nicht zu deuten.

Als ich die Tür aufstoße, inspiziert Merrit staunend den Schlafraum, das Bad und die Sauna. »Glaub bloß nicht, dass ich immer so viel Luxus habe wie hier«, sage ich lachend.

»Das ist ja wirklich schön hier«, gibt sie nur zurück.

Neugierig geworden durch ihr Interesse an meiner Reise frage ich sie, ob sie ernsthaft darüber nachdenke, eine Pilgerreise wie diese zu machen.

Sie blickt mich an und sagt ruhig und bedächtig: »Weißt du Sara, alles hat seine Zeit. Es gibt die Zeit für deine berufliche Erfüllung, die Zeit für Kinder, Zeit für jene, die deine Hilfe brauchen und irgendwann die Zeit für solche Dinge. Ich glaube ganz fest daran, dass meine Zeit dafür noch kommt!«

Merrits Bescheidenheit macht mich demütig. Ich merke einmal mehr, welch ein Luxus es ist, diese Erfahrung machen zu können und nehme mir fest vor, mich für den Rest meiner

Reise daran zu erinnern. »Ich möchte mal so werden wie du«, platzt es aus mir heraus.

Merrit lacht schallend auf. »Ach meine Liebe«, sagt sie und streicht mir über die Schulter, »wir sind wohl aus demselben Holz.«

Wohl ahnend, dass das Frühstück eher dem Aufbruch gewidmet sein wird, fällt uns der Abschied voneinander an diesem Abend sehr schwer. Ich kann mich des Gefühls nicht erwehren, eine neu gewonnene Freundin zurückzulassen. Und so sehr ich das Gehen am nächsten Morgen dann auch immer weiter hinauszögere, schnalle ich irgendwann doch wie üblich mein Hab und Gut auf meinen Rücken und verabschiede mich. Am Ende meiner Reise werde ich Merrit eine E-Mail mit einem Foto und den folgenden Worten schicken: Die Pilgerin ist angekommen.

Sara Tormöhlen, geboren 1984 in Hannover, lebt in Berlin und arbeitet als Lehrerin für Deutsch und Englisch an einer Schule in Pankow. Durch eine Reise nach Schottland im Jahr 2017 und ein schicksalhaftes Buchgeschenk entwickelte sie eine Leidenschaft fürs Weitwandern, die bis heute anhält. Der Text *Speisen wie eine Königin* entstand nach einer Pilgerreise durch Norwegen im Jahr 2018 und bildet ein Kapitel im ersten (noch unveröffentlichten) Buch der Autorin. Fasziniert von der Natur und den Erlebnissen in Norwegen erzählt die Autorin von skurrilen, berührenden und besonderen Begegnungen mit den Menschen dort.

Henrik Winterberg

Über uns nur der Himmel

Noch 1700 Stufen: Die Große Mauer, eines der neuen sieben Weltwunder. Direkt vor unseren Nasen. Im Vergleich zu ihr sind alle Bauwerke Europas Kinderspielplätze. Mit mehreren Tausend Kilometern Länge in sechzehn chinesischen Provinzen und Eintausend Jahren Bauzeit ist sie das Prestigeobjekt Chinas schlechthin. Unsere inneren Indiana Jones frohlocken.

Unser Tagesplan ist simpel: gemütlicher Familienausflug, ein bis zwei Treppen ersteigen, vielleicht ein wenig klettern, ein verdientes Picknick. Wir ahnen nichts.

NOCH 1680 STUFEN: Leichtfüßig nehmen wir den ersten Mauerabschnitt, genießen jeden Schritt bewusst. Nicht häufig nimmt ein jahrzehntelang gehegter Traum Form an. Das wird ein guter Tag – sowohl für uns als auch für die Jungs. Unser Erstgeborener ist sechs, sein Bruder vier. Sie tollen gern, rennen, springen, bevorzugt im Freien. Heute können sie sich austoben.

NOCH 1660 STUFEN: Die Jungs verkünden, auf den höchsten von fünfzehn Wachtürmen zu wollen. Können wir ihnen das im chinesischen Hochsommer zumuten? Ach, wir laufen einfach, bis sie die Lust verlieren.

Üblicherweise dauert das nicht lang. Und falls sie sich verausgaben, schlafen sie heute extra gut und ein entspannter Elternabend krönt unseren Tag.

Eine Win-win-Situation für alle!? In unserem Hochmut übersehen wir die wahre familiäre Schwachstelle – uns Eltern!

Der entscheidende Fakt ist uns nämlich entgangen: Das ausgesuchte Teilstück der Großen Mauer in Juyongguan, 60 Kilometer nördlich von Beijing, ist das steilste überhaupt. Es führt über zwei Kilometer hoch auf den Berg Jingui.

NOCH 1640 STUFEN: Hier unten herrscht ein ziemliches Getümmel. Dort oben ist kaum jemand zu sehen. Wir überlegen nicht, warum. Und vergeigen in diesem Moment unsere letzte Chance, einen Funken Würde zu behalten. Unser Jüngster grinst teuflisch. Oder bilden wir uns das ein?

NOCH 1620 STUFEN: Sobald wir in einem halben Stündchen auf dem höchsten Wachturm sind, wird unsere *Bucket List* um einen Punkt kürzer sein.

NOCH 1600 STUFEN: Unser Erstgeborener huscht vorweg. In einem Anfall von männlicher Überheblichkeit fordere ich ihn heraus: Wer am schnellsten oben ist, hat gewonnen. Wann bietet sich schon mal eine derart plakative Möglichkeit, die Familienhierarchie klarzumachen?

NOCH 1500 STUFEN: Gemütliche Treppen werden steiler. Zögerlich schwappt die Frage in unser Bewusstsein, warum ganz oben niemand zu sehen ist. Wir bestätigen uns gegenseitig darin, dass derart steile Treppen unmöglich den gesamten Weg hochführen können.

NOCH 1400 STUFEN: Hinter der nächsten Mauerbiegung verlacht uns die Realität. Die Mehrzahl der Mauerabschnitte folgt keiner gemütlich waagerechten Linie, sondern der Hügellandschaft des Guangou-Tals: mehrere Meter runter, Dutzende Meter wieder rauf. Vor uns lauern noch Hunderte von Stufen. Treppensteigungen von bis zu 80 Grad, die manche Leiter beschämen. Die 35 °C heiße Sonne lächelt auf uns herab. Auch sie lauert.

NOCH 1300 STUFEN: Wir grübeln über die Vielzahl an Tourismusprospekten zur Großen Mauer, deren Fotografien lieblich horizontaler Mauerabschnitte den Wochenendausflügler zum Flanieren einladen. Von Treppen steht da nirgends was. Wir finden das nicht komisch, gewiefte chinesische Inlandstourismusmanager in ihren klimatisierten Räumen wahrscheinlich schon.

NOCH 1200 STUFEN: Während sie zur nächsten Stufe jauchzen, fragen unsere Dreikäsehochs, warum wir laut schnaufen. Natürlich fühle ich mich nicht herausgefordert. Nicht im Geringsten.

NOCH 1100 STUFEN: Die Gemütlichkeit eines Familienausflugs verwandelt sich in die Zähigkeit einer Klettertour. Für uns zumindest. Nicht für die Racker. Eine Hochhaushälfte höher setzen sie gerade die Schwerkraft außer Kraft und preschen vor. Wir keuchen hinterher. Wo holen unsere Lieblingsschlawiner plötzlich solch eine Motivation her?

NOCH 1000 STUFEN: Das wird bitter.

NOCH 900 STUFEN: Die wenigen anderen Touristen mit Hang zum Extremsport starren mit Kinderaugen und offenen Mündern auf die Jungs. Unsere Beine brennen, unser Tempo leidet. Unsere kleinen Frettchen beginnen uns anzufeuern.

NOCH 800 STUFEN: Wir verlieren die Lust, hoffen, dass es dem Nachwuchs genauso geht. Möge die Eingeschränktheit ihrer Aufmerksamkeitsspanne bitte einmal auf unserer Seite sein.

NOCH 700 STUFEN: Leider gestatten sie es uns nicht, durch ihr Aufgeben Gesicht zu wahren, sondern klettern vergnügt weiter. Eine Verschnaufpause halten sie für unnötig. Erst die Verlockung von zwei Wassereis, die uns ein geschäftstüchtiger Einheimischer zum Vorzugspreis überlässt, bremst die Jungs aus und wir ventilieren lang vermissten Sauerstoff in unsere Lungenbläschen.

NOCH 600 STUFEN: Die Treppen winden sich endlos weiter nach oben. Haben wir eine Treppenflucht überwunden, taucht schon die nächste hinter einer Biegung auf.

NOCH 500 STUFEN: Die Eiger-Nordwand in den Alpen ist ein Spaziergang dagegen!

NOCH 400 STUFEN: Unsere Wasserreserven schwinden. Wir trinken mehr Wasser als wir tragen können.

NOCH 300 STUFEN: Unser 4-Jähriger versucht, schweißgetränkte Kletterer mit »Los, du schaffst das«-Rufen vom Aufgeben abzuhalten. Die Große Mauer ist nichts für Wellness-Touristen. Würden meine Knie nicht zittern, wäre ich gewiss stolz auf unseren Nachwuchs.

NOCH 200 STUFEN: Unsere Welt heißt Treppe. Wir klettern vornübergebeugt mit krummen Rücken und herabhängenden Armen. Zu aufrechtem Gang sind wir anatomisch nicht mehr in der Lage.

NOCH 100 STUFEN: Gefiederter Hunger kreist am Himmel über uns. Sehen kann ich sie nicht. Ich habe meinen Kopf seit Minuten nicht gehoben. Dafür höre ich ihr Krächzen und vielleicht sogar das Rauschen ihrer Flügel. Wahrscheinlich Riesenschwingen. Wahrscheinlich Aasgeier. Touristenkadaver schmecken sicher.

NOCH 75 STUFEN: Ich bündele meine letzten Kraftreserven, erwäge für eine Mikrosekunde, die Jungs im Sprint zu überholen. Die Realitätsferne dieses Gedankens lässt mich manisch kichern.

NOCH 50 STUFEN: Es ist aussichtslos. Die Wette mit unserem Erstgeborenen kann ich nicht gewinnen. Die Rotznase ist mir Dutzende Stufen voraus. Auch er kichert.

NOCH 25 STUFEN: Meine Liebe für ihn und seinen Bruder ist unerschöpflich, nicht wahr?!

STUFE 0: Das Unmögliche ist vollbracht. Zwar haben wir die für den Aufstieg anvisierten dreißig Minuten um fünfhundert Prozent überschritten. Aber nach drei Stunden Klettern stehen wir endlich auf Wachturm Nr. 15, dem höchstgelegenen Festungsteil der Chinesischen Mauer auf dem Berge Jingui. Das heißt, wir sitzen. Dankbar an die Mauer gelehnt. Und kämpfen gegen die Müdigkeit. Unsere Lieblingskinder tollen herum und wollen Fangen spielen.

Inmitten meiner Verwunderung wird mir bewusst, was die »Kleinen« vollbracht haben. Wie wenig es ihnen ausmachte. Wäre ich nicht dermaßen k.o., keimte sicher Stolz in mir auf. Verstehen kann ich es nicht.

NOCH IMMER STUFE 0: Wind streicht durch den Stoff unserer T-Shirts und kühlt uns um Dutzende Grad ab. Unser Erstgeborener feixt mich an, blickt mir in die Augen und springt mehrere Stufen runter, hoch, runter, hoch, runter. Er sagt nichts dazu.

NACH WIE VOR STUFE 0: Der Ausblick auf die Berglandschaft ist gigantisch, das Wort »lohnenswert« pure Untertreibung: kantige Wildheit, struppige Steilhänge, auf den Flanken der Berge dieses unbegreifliche Bollwerk aus Fels und Stein und über uns nur der Himmel. Vor uns liegt das einstige Land der

Barbaren außerhalb des chinesischen Reiches. Genau hier, im unwegsamen Gelände dieser Bergketten, durchbrachen die Mongolen unter Dschingis Khan im Jahr 1215 die Mauer und begründeten daraufhin die Yuan-Dynastie. Wie kräfteraubend das gewesen sein muss, will ich mir gar nicht vorstellen.

Ein chinesisches Sprichwort besagt: »Wenn der Wind des Wandels weht, bauen die einen Schutzmauern, die anderen Windmühlen.« Klingt so, als hätte da jemand aus Erfahrung gelernt, wie nutzlos selbst massive Mauern gegen den Wind des Wandels sind. Wie dem auch sei. Ich für meinen Teil habe heute am meisten über Kinder gelernt: Sie sind so unaufhaltsam wie der Wandel. Wer über sie witzelt, pinkelt gegen den Wind!

Henrik Winterberg ist freier Wissenschaftsjournalist für Bio- und Medizinmagazine. Er promovierte in Düsseldorf, forschte in Oxford, Großbritannien und kann seine Neugier noch immer nicht zügeln. Auf einer 15-monatigen Reise über sechs Kontinente zusammen mit seiner Frau und seinen zwei Jungs fand er nicht nur Inspiration, sondern weiß auch, wovon er spricht – er hat vor Ort recherchiert. Gegenwärtig lebt er mit seiner Familie am Fuß der Schwäbischen Alb.
henrik.winterberg@gmx.de

Cornelia Liedtke

Rudertour durch England

Ich war so in Gedanken versunken, dass ich aufschreckte, als ich meinen Namen hörte: »Conny, heb mal deine Blätter richtig hoch, du machst uns hier hinten ganz nass!«

»Tschuldigung«, murmelte ich kleinlaut und achtete darauf, die Skulls jetzt richtig anzuheben.

Hoffentlich hatte ich Matthias im Ruderboot neben uns nicht auch noch die ganze Zeit angestarrt und es nicht bemerkt. Nein, er hatte nicht einmal herübergesehen, als mein Name gerufen wurde. Kein Wunder – so sehr, wie er damit beschäftigt war, mit Elke wegen irgendwas zu kichern, das sicher nicht mal ansatzweise lustig war.

Jungs sind so dämlich, dachte ich, und außerdem hasse ich dich sowieso.

Ich sah rüber zum Ufer. Wir waren gerade von der Themse in einen Kanal gerudert, um zu unserem Bootshaus zu gelangen, das für die nächsten Tage unsere letzte Station dieser vierzehntägigen Tour von Oxford nach London sein würde. Unsere Zeit hier war beinahe um. Nichts war passiert, obwohl ich mir so viel erhofft hatte. Dass diese Fahrt nach England ging, war mir 1985 ziemlich egal gewesen. Ich wäre auch auf einem Eisfluss in Grönland gerudert, Hauptsache, Matthias wäre mit mir dahin gereist. Na ja, das war vor der Fahrt. Da habe ich ihn auch noch nicht gehasst. Rückblickend muss ich heute sagen, ich habe ihn sicher nicht gehasst, oder vielleicht nur für ein paar Stunden. Eben als er sich mit Elke mehr amüsierte als mit mir.

Ich zuckte zusammen, als neben uns ein Motorboot anhielt.

»Boris won! Boris won Wimbledon!«, riefen ein paar Männer herüber, winkten mit ihren Caps und lächelten uns zu.

Ich hatte keine Ahnung, wer dieser Boris war und warum sie uns deshalb anbrüllten. Es war mir damals auch schnuppe, ich hatte wirklich genug eigene Probleme. Heute weiß ich selbstverständlich, dass unser »Bobbele« gemeint war und dass die Engländer uns durch die Deutschlandflaggen an den Booten enttarnt hatten. Dass ich ein paar Monate später noch Probleme bekommen sollte, weil es für ein fünfzehnjähriges Mädchen verdammt schwierig ist, in einen unerreichbaren Bobbele und einen Matthias gleichzeitig verliebt zu sein, ist ein anderes Thema.

Aber zurück nach England: Zerknirscht sah ich noch einmal hinüber zu Matthias, dessen Boot immer noch auf einer Höhe mit unserem war. Unsere Blicke kreuzten sich und er lächelte.

Pah, er konnte mir gestohlen bleiben. Ich drehte mich wortlos, und ohne eine Miene zu verziehen, wieder um. Er hatte sich heute Morgen freiwillig dem anderen Boot zuordnen lassen, wahrscheinlich weil diese Elke da drin saß, die sowieso schon die ganze Zeit um ihn herum scharwenzelte.

Ich umklammerte meine Skulls und hätte heulen können vor Wut – oder viel wahrscheinlicher: vor Eifersucht. Was sollte das Ganze? Ich hatte die letzten zwei Jahre schon nicht gerafft, warum er nicht den ersten Schritt machte. Für unsere Ruderfahrt hatte ich mir endlich ein Happy End ausgemalt, doch schon wieder kam von ihm nichts außer Andeutungen, die ich verliebte Kuh wahrscheinlich nur falsch interpretierte. Aber flirtete er wirklich nicht mit mir? Ich hatte doch vor ein paar Monaten mitbekommen, wie er mit seinem Freund auf unserem Schulhof an mir vorbei ging, auf mich zeigte und sagte: »Das ist sie.«

Tja, fragte ich mich, so vor mich hin rudernd, wer war ich? Sein Anhängsel? Die dumme Kuh, die ihm hinterherrennt? Nein. Als sein Freund ihm antwortete, er solle mich doch mal ins Kino einladen, wusste ich, dass ich mehr für ihn war. Ich habe danach schon ausprobiert, wie sein Nachname zu meinem Vornamen passt.

Ich sah mich um. Vielleicht sollte ich einfach mal versuchen, ihn eifersüchtig zu machen. Schwierig. Zu manchen von den Jungs hatte ich gar keinen Kontakt. Ich war ja nicht so beliebt wie Elke. Mein Blick schweifte über die Gruppe. Robert. Ja, Robert. Nein. Robert schien ein netter Typ zu sein, aber mit ihm jemanden eifersüchtig machen zu wollen, schien irgendwie nicht sehr erfolgversprechend.

»Wir sind da! Da hinten ist das Bootshaus«, rief unser Steuermann.

Alle drehten sich interessiert in die Richtung, in die er zeigte. Ich war froh, bald aus diesem Boot aussteigen zu können. Lange hätte ich das nicht mehr ertragen können, ohne mich über Bord zu stürzen.

Nachdem wir angelegt hatten, holten wir unser Gepäck und die Skulls aus den Booten. Wir hievten sie zum Bootsplatz, wo wir sie erst reinigten und anschließend gründlich trockneten.

Als wir die Ruderboote und das Zubehör im Bootshaus verstaut hatten, fragten mich zwei der älteren Jungs: »Du wurdest doch noch gar nicht getauft, oder?«

Ich hielt kurz die Luft an, hatte ich doch gehofft, auf unserer Fahrt von dieser blöden Tradition verschont zu bleiben.

Zögerlich antwortete ich: »Nein.«

Das war genau das, was mir noch gefehlt hatte. Gleich klatschnass und mit an der Stirn klebenden Haaren Matthias gegenüber zu treten, während er neben der aufgetakelten Elke stand.

Ehe ich mich versah, packten sie mich an Armen und Beinen und schleuderten mich meterweit in den Kanal hinein. Mit mir zusammen flogen noch zwei andere Ruderkameraden ins Wasser, wenn auch nicht so weit. Die beiden konnten sich mit wenigen Schwimmzügen ans Ufer retten.

Ich jedoch kämpfte verzweifelt gegen die Strömung an. Meine Klamotten hatten sich mit Wasser vollgesogen, ich konnte mich kaum oben halten. Die zwei, die eben noch am Ufer standen, spazierten einfach davon. Ich konnte es nicht fassen, ließen die mich jetzt hier echt absaufen? Meine Eltern konnten sich sicher kein Flugticket nach England leisten. Würde ich hier auch noch ganz allein beerdigt werden? Aber wenigstens käme Matthias dann zu meiner Beerdigung – vorausgesetzt, Elke brauchte ihn nicht für was anderes. Ich ruderte mit den

Armen, ging kurz unter und versuchte mich dann wieder panisch oben zu halten. Nach einiger Zeit war der Kampf vorbei. Meine Beine wollten nicht mehr, ich wurde schlapp und sackte ab. Ich danke Gott heute noch dafür, dass sich die anderen bereits umgedreht hatten und meinen »Todeskampf« in diesem verflixten Kanal nicht bemerkten. Als meine Füße den Grund berührten, merkte ich nämlich: Das Wasser geht mir gerade einmal bis zum Hals. Ich war nicht auf die Idee gekommen, hier stehen zu können. Wütend auf mich selbst und beschämt über die Panik, die ich gerade völlig umsonst durchlebt hatte, stapfte ich durch das Wasser und hievte mich ungeschickt wie ein Seehund auf den Bootssteg.

Als ich tropfend zum Bootshaus lief, spürte ich, wie mein Nasenrücken durch das Wasser wieder anfing zu brennen. Ich hatte mir vor ein paar Tagen einen heftigen Sonnenbrand zugezogen. Meine Haut hatte erst Blasen geworfen und sich dann komplett abgepellt, sie war immer noch knallrot und empfindlich.

Von weitem konnte ich Matthias sehen, der an der offenen Tür zum Bootshaus stand. Er warf mir einen Blick zu und huschte dann ins Haus. Kurz danach tauchte er wieder auf und reichte mir ein Handtuch. Ich sprach kein Wort mit ihm. Als er dann aber sagte, er würde das Essen für uns beide schon einmal warm machen, und ich sollte mich doch erst einmal in Ruhe frisch machen, war es wieder um mich geschehen.

Nun, ich greife jetzt ein paar Jahre vorweg und verrate sicher nichts Unerwartetes, wenn ich sage: Aus Matthias und mir ist nie ein Paar geworden. Wir haben uns allerdings vor einigen Jahren wieder getroffen und natürlich über unsere Jugend gesprochen. Als Matthias mir erzählte, dass er damals total in mich verliebt gewesen war, habe ich ihn für einen kurzen

Moment wieder gehasst. Aber wirklich nur ganz kurz. Jetzt, als erwachsene Frau bin ich sicher, es sollte einfach nicht sein. Also zumindest fast sicher …

Cornelia Liedtke lebt mit ihrer Familie und ihren Hunden im Ruhrgebiet. Seit einigen Jahren widmet sie sich in ihrer Freizeit nun noch einem weiteren Interesse: dem Schreiben. Sie hat bereits mehrere Kurzgeschichten veröffentlicht: *Liebe auf den ersten Blick* (2020), *Der vergessene Geburtstag* (2022) sowie *Fußball spielen nur Jungs* (2022).

Tanja Schwibinger

Showergeschichte

Es begab sich zu einer Zeit, als man noch nicht auf einer einzigen Münze durch Europa rollen konnte, sondern jedes Land mit Stolz seine eigenen Taler präsentierte.

Wir schrieben das Jahr 1992 als Anja und ich beschlossen, für einige Wochen unserem Heim den Rücken zu kehren, denn ich war im Begriff, die norddeutsche Tiefebene gegen eine Verpflanzung in den bergigen Südwesten einzutauschen. Aus diesem Anlass wollten wir noch einmal unsere Rucksäcke und Wanderstiefel schnüren und zusammen auf Tour gehen.

Anja und Tanja, wir waren ein lang erprobtes Reiseteam. Nach dem Abitur und der anschließenden Berufsausbildung hatten wir als Backpacker ein halbes Jahr in Asien verbracht. Zusammen erkundeten wir Indien und Nepal, bis wir schlussendlich in Thailand landeten. Wir reisten ausschließlich in der dritten Klasse, denn unser Credo lautete: Authentisch statt touristisch. Das tauchte auch unsere Geldknappheit in ein angenehmeres Licht. Am Ende unserer Zeit in Indien hatten wir uns auf einen Kuhhandel eingelassen, der kein heiliges Milchvieh, sondern ein riesiges Loch in unserer ohnehin schmalen Reisekasse hinterließ. So konnten wir uns dann nur von fern an den köstlichen Thai-Curries laben. Unsere Bestellungen in den Garküchen liefen immer nur auf *hot water and plain rice* hinaus. Zum Frühstück gab es zur Abwechslung *plain toast and hot water,* in das wir heimlich einen Teebeutel versenkten. Das landschaftliche Erlebnis war immerhin kostenfrei; wir genossen unser Eiland und ließen uns nicht entmutigen, auch wenn unser Strandbungalow die Ausmaße einer Matratze hatte.

Mein Umzug war für das nächste Frühjahr geplant, Anja und ich wollten unseren letzten gemeinsamen Sommer nutzen, um in den schottischen Herbst hineinzuwandern. Als zeitliche Messlatte waren dafür zwei Monate angepeilt. Da wir seither den Low-Budget-Begriff tief verinnerlicht hatten, beschlossen wir, Großbritannien zu Fuß zu bereisen. Das bedeutete, an den Straßen so lange mit ausgestrecktem Daumen entlang zu laufen, bis sich ein Brite erbarmte und uns auflas.

Start dieser Unternehmung war die Haustür unserer Altbauwohnung, in der wir zusammen in einer Wohngemeinschaft lebten. So kamen wir bis Rotterdam, wo wir auf die Fähre umstiegen. Diese kleine Ausnahme gönnten wir uns, schließlich war der Kanaltunnel damals noch nicht fertiggestellt. Auf britischem Boden ging es wieder mit Thumbs-up weiter. Die Daumenmethode sollte uns bequem durch die Lande tragen. Trotz des spärlichen Verkehrs auf den Landstraßen kamen wir erstaunlich flott voran. Dünkel schien dem Briten fremd zu sein. Das war unser Glück, denn unser Punkylook hätte sonst die Mitfahrgelegenheiten auf null reduziert. Wir hatten uns vorgenommen, dorthin zu trampen, wohin uns der Autostopp oder der Regen trieb, und fuhren kreuz und quer über die Insel. Wir peilten den nächsten Ort mit dem Daumen an und hielten ihn dafür stramm in die Luft.

Das Wetter war uns hold; der Regen fiel gnädigerweise immer dort, wo wir nicht waren und wir genossen die spätsommerliche Farbenpracht Schottlands. Mit Ausnahme einer privaten Einladung kamen wir in Jugendherbergen unter, die in jedem Winkel des Landes zu finden waren. In Aberdeen wollte ich eine alte Bekannte meiner Tante Herta besuchen, die ich einige Jahre zuvor bei einem Besuch meiner Lieblingstante kennengelernt hatte. Dreimal den Daumen in den Wind zu halten, genügte, um vor ihrem Haus zu landen.

»Sehr nettes Völkchen, die Briten«, meinte Anja, als ich eben diesen Daumen nach der Klingel ausstreckte.

Ich freute mich, die frühere Freundin meiner Tante wiederzusehen, die Herta die Liebe zu Schottland eingeflößt hatte, als sie in ihrer Jugend dieses Land für ein Jahr als Heimat auserkoren hatte.

Leider habe ich dabei übersehen, dass Mary-Anne von meiner optischen Metamorphose nichts wissen konnte. Sie hatte mich damals noch als brave Abiturientin zu Gesicht bekommen. Als sich die Tür öffnete und sie mich in Augenschein nahm, entwich ihren Lippen, eben noch erwartungsfroh lächelnd, ein gequälter Laut. Nach einer knapp ausgefallenen Begrüßung lud sie uns zögerlich ein, auf ihrem Sofa Platz zu nehmen. Nicht ohne vorher eine Zeitung darauf auszubreiten. Ihre Mundwinkel hoben sich den gesamten Besuch über nicht einen Millimeter, und eine karge Brotzeit rundete den Abend ab. Obwohl sich Anjas Erscheinung von meiner nicht groß unterschied, drohte

Mary-Anne bei meinem Anblick das Weinglas zu entgleiten, an das sie sich während des Abendessens klammerte. Danach wurden wir in der Kammer unter dem Dach verstaut.

Für eine Nacht, wie sie mehrfach betonte.

Das morgendliche Frühstück bestand aus einem im Stehen eingenommenen Kaffee, und ehe wir uns versahen, befanden wir uns wieder auf der Straße. Sie hatte uns noch kurz die Richtung für unsere Weiterreise gewiesen, dann schloss sie wortlos die Tür hinter sich.

Wir konnten nur noch ins Leere winken.

Schulterzuckend verbarg ich meinen Schopf blondierter Rastalocken unter einer Mütze. Um diese Haartracht zu erlangen, hatte ich mein von Natur aus dunkles Haar stundenlang mit Wasserstoffperoxid gebleicht, sodass es die Struktur von aufgeweichter Watte aufwies. Durch diese Prozedur klumpig und schwammig geworden, verfilzte es prompt. Diesen Prozess unterstützte ich noch, indem ich in jeder freien Minute Scheuerpulver in die Strähnen rieb und diese mit den Fingern toupierte. Diese Behandlung führte jedoch dazu, dass sich immer wieder einige von ihnen des Nachts entkräftet von der Kopfhaut lösten und ich morgens aufstand, während mein Haar liegenblieb. Die Kleiderwahl hatte ich dahingehend getroffen, jegliches feminine Attribut auszumerzen. Springerstiefel und eine lange Altmännerunterhose rundeten das Bild ab. Als Zugeständnis an die gesellschaftliche Attitude hatte ich immerhin zuvor den Hosenschlitz zugenäht.

Dieses Outfit stieß wohl nicht bei jedem Menschen auf Gegenliebe.

Nach dem freundlichen Rausschmiss beluden wir unsere Kehrseite mit den Rucksäcken und marschierten los. Eine Weile liefen wir wortlos, bis Anja einen Imbiss entdeckte, denn wir waren hungrig. Mit Unmengen von vor Fett triefenden Räuchermakrelen, nebst einem Schwung essiggetränkter Pommes, die die Verkäuferin in eine Zeitung gewickelt hatte, standen wir wieder auf der Straße und hielten Ausschau nach einem Platz für unser Frühstück. Als die Zeitung durch ihren Inhalt inkontinent zu werden drohte, ließen wir uns kurzerhand auf einer kleinen begrünten Verkehrsinsel nieder und verschlangen unsere Beute. Nach dem Mahl beratschlagten wir, wie es weitergehen sollte. Wir hatten die Insel Skye auserkoren, uns zu beherbergen und überließen es wieder der passenden Mitfahrgelegenheit, sie zu erreichen. Diese Gelegenheit bot sich zwei rucksackschleppende Stunden später. Ein freundlicher Herr präsentierte uns stolz sein fabrikneues Auto und ließ Anja und mich auf die Rückbank klettern. Zur Feier des Tages drückte er uns eine große Waffel Eis in die noch vom Frühstück fettglänzenden Hände. Wir bewunderten diese entspannte Haltung des Besitzers, aus einem Gefährt keinen Gefährten zu machen, wie es in Deutschland öfter der Fall ist. Unser Chauffeur steuerte seinen Golfclub an und wir durften ihn begleiten. Die appetitfördernde Meeresbrise hatte schon wieder für ausreichend Platz gesorgt, sodass wir auch hier zu Fish and Chips griffen. Diesmal ohne das Tageblatt. Zum Nachtisch gesellte sich sein Bruder an unseren Tisch, der sich bereit erklärte, uns beide, mitsamt der Ladung, mit seinem LKW mitzunehmen und auf Skye abzuladen. Weitergereicht wie bei einem familiären Staffellauf, kamen wir spät am Abend auf der Insel an und suchten uns eine Unterkunft für die Nacht. Eine Jugendherberge, schön in einer Bucht gelegen, nahm uns noch auf, bevor sie ihre Tore schloss. Am nächsten Morgen liefen wir an den Strand. Da Ebbe war, lockten uns die Miesmuscheln in ihrem schillernden Glanz.

»Meine Lieblingsfrüchte sind doch die des Meeres«, murmelte Anja, als sie mit einem großen Eimer in der Hand barfuß in Richtung Horizont schritt.

Im Nu war er mit diesen schwarzen Köstlichkeiten gefüllt und wir luden spontan alle Mitwohnenden der Herberge zu einem leckeren und preiswerten Mahl ein. Auch der stets in den Tabakqualm seiner Pfeife gehüllte Herbergsvater schloss sich uns an. Es wurde ein fröhlicher Abend. Feucht, nebenbei bemerkt, auch, denn er verfügte über eine gut bestückte Bar. Es würde seine letzte Pfeife diese Saison in der Herberge sein, denn sie schloss am nächsten Tag ihre Pforten. Als Trostpflaster dafür, dass er uns obdachlos gemacht hatte, steckte er uns am nächsten Morgen, zusammen mit seinem inzwischen erkalteten Rauchkolben, in sein Auto. Er hatte zum Abschied von der Insel eine Führung bei Talisker gebucht und lud Anja und mich ein, ihn zu begleiten. Da ich mich am Abend zuvor an den aufgetischten Spirituosen gütlich getan hatte, lehnte ich mein dröhnendes Haupt schwer gegen die kühle Scheibe und hielt die Augen geschlossen. Die Landschaften zogen ohne meine Wertschätzung an mir vorüber. Während der Führung durch die Destille reduzierte mein pochendes Hirn meine Auffassungsgabe auf ein Minimum. Bei der anschließenden Whiskyverkostung floh ich regelrecht aus den heiligen Hallen und setzte mich draußen auf die Treppe. Hier wartete ich auf Anja, die sich am Abend um Zurückhaltung bemüht hatte und die Führung bis zum Schluss unbeeinträchtigt genießen konnte.

Leicht schwankend machten wir uns am Nachmittag wieder auf die Socken.

Unglücklicherweise war diesmal kein Mensch unterwegs, um uns aufzulesen. Der nahende Herbst lockte die Einwohner wohl eher auf das Sofa als ins Auto. Obwohl wir schon spät in der schottischen Hauptsaison angekommen waren, hatte sich während unserer Tour bislang kein einziger Tropfen aus dem Himmelsgewölbe gelöst. Die göttlichen Himmelsboten spannten anscheinend schützend ihre Flügel über uns Reisende.

Nach einem langen Marsch tauchte als einzige Herberge eine Scheune mitten auf einer Wiese auf. Ohne lange zu überlegen steuerten wir darauf zu und rollten in diesem Bretterverschlag unsere Schlafsäcke auf dem angehäuften Stroh aus. Es war so heimelig, dass wir schon schliefen, bevor wir uns ganz ausgestreckt hatten. Doch kurz danach wurden wir jäh aus unseren Träumen gerissen, als jemand gegen die Bretterwand hämmerte und der Strahl seiner Taschenlampe unsere Gesichter erbleichen ließ. Ängstlich gruben wir uns tiefer in das Stroh. Als der Scheunenbesitzer sah, wen er vor sich hatte, verrauchte seine Wut. Er hatte wohl unsere Funzel gesehen, die in der Schwärze der Nacht unser hölzernes Domizil erleuchtet hatte. Kurzerhand lud er uns zum Frühstück für den nächsten Morgen ein.

Beim Kaffee erzählte er uns von einer Kommune, der Findhorn-Foundation, die nördlich von Inverness an der Küste lag. Sie wären stets offen für Leute, die für Kost und Logis bei ihnen arbeiten wollten, meinte er. Des Herumreisens müde, freuten wir uns, einige Zeit an einem festen Ort bleiben zu können, mit einem Dach über dem Kopf und ohne unnötige Ausgaben. Ein weiteres Mal schulterten wir unsere Last, und nachdem wir mehrmals eine Autotür schlossen und die nächste öffneten, landeten wir in Findhorn.

Das Dach über unseren Köpfen würde diesmal ein rundes sein, verrieten uns die Kommunenangehörigen später bei einer Führung über ihr Gelände, denn sie brachten uns in einem riesigen, dafür hergerichteten Whiskyfass unter. Nachdem der weitere Tagesablauf für die folgende Zeit geklärt war, zogen wir in dieses heimelige Rund ein, das noch den Odem seines ehemaligen Inhalts verströmte. Als Dionysos' Nachfahren wurden wir für zwei Wochen als Erntehelferinnen eingeteilt. Ich freute mich, denn mit Trauerrändern unter den Fingernägeln mochte ich mich am liebsten. Trauerränder, was für ein deprimierendes Wort für einen so glückbringenden Anblick, dachte ich noch, während ich die Hände in die feuchte, krümelige Erde steckte. Freudesränder müsste es heißen.

Bevor alles im Schlamm versank, drängte Anja auf die Weiterreise. Denn, wie es sich für den Norden gehörte, schlug das Wetter eines Tages mit Macht um. Ende August zog der Herbst mit Sturmböen ein, die einem die Haut von den Knochen fegten und Dauerregen im Schlepptau hatten. Einer der Kommunisten hatte uns von bewohnbaren Höhlen auf der Kanareninsel La Gomera erzählt. Das passte gut zu unserem Budget und entsprach unserer Liebe für ungewöhnliche Behausungen. Kurz entschlossen, dem nahenden Winter ein Schnippchen zu schlagen, überließen wir den Briten ihr Eiland und änderten unsere Reiseroute aufs Neue. Was die britische Sonne pikiert zur Kenntnis nahm, die sich nach einem kurzen Blick gänzlich empfahl.

Wir stellten uns an die Landstraße südlich von Inverness, die sich langsam in einen schwarzen Fluss zu verwandeln drohte. Doch nach kurzer Zeit rettete uns unser glückbringender Daumen und brachte uns mit nur einem einzigen Lift trocken nach London. Wir landeten in Kensington und fanden ein Reisebüro auf der Hauptstraße. Zügig strebten wir zum Flugschalter und zogen unsere Geldbörsen auf links, um einen Trip auf die Kanareninsel Teneriffa zu buchen. Während wir warteten, verloren wir uns in der Betrachtung der Strandbilder. Die kanarische Sonne rückte näher, wir hatten noch Plätze für den nächsten Tag bekommen. Jetzt fehlte nur noch die Unterkunft für die Nacht. Und die kam zu uns in Form eines ausgehungerten Punks. Der Irokese sprach uns an, als er in uns Stammeszugehörige erkannte. Unsere Optik hatte nach den Wochen des Umherreisens keine Aufwertung erfahren und wir hatten uns aus Vorfreude auf den zurückkehrenden Sommer ein Stout der Marke Murphy's gegönnt. So kamen wir im einzigen besetzten Haus im edlen Westen Londons unter. Als Türöffner brachten wir den Punks Toastbrot und Eier für das Abendbrot mit.

Am Flughafen Gatwick angekommen, drehten wir voller Erwartung auf ein sommerliches Ende des Trips unsere Runden, als Anja eine Etage tiefer einen Springbrunnen bemerkte, auf dessen Grund es funkelte und glänzte. Er war randvoll mit englischen Pfund. Anjas vielsagender Blick in meine münzgroßen Pupillen genügte, und wir stürzten uns fischend in die Fluten. Immerhin entsprach ein Pfund damals drei Mark! Die höflichen Engländer hielten uns nicht davon ab. Tropfnass, die Sammlung mit dem Konterfei der Queen beulte unsere Hosentaschen dick aus, trug uns jeder Schritt klimpernd dem Süden entgegen. Durch unser Anglerglück würden wir als neuzeitliche Höhlenbewohnerinnen auf dem sonnigen Atoll einen bezahlten Urlaub genießen können. Falls wir diese steinernen Behausungen tatsächlich fänden.

Da wir in der letzten Zeit in Schottland schon ziemlich gefroren hatten, freuten wir uns auf das vorwinterliche Auftanken unter der kanarischen Sonne. Es drängte uns nicht, in unsere Altbauwohnung mit der Einfachverglasung und den flachbrüstigen Holzöfen zurückzukehren. Der Gedanke an den letzten Winter hätte uns im Nachhinein noch die Haare zu Berge stehen lassen, wären sie nicht zu dicken, knotigen Seilen verfilzt.

Eine solche Eiseskälte hatte uns im Griff gehabt, dass zentimeterdicke Eisblumen auf den Fensterscheiben aufgeblüht waren und einen Ausblick verhinderten. Die Altbauwohnung verdiente ihren Namen. Sie war zwar optisch ein Traum mit ihren hohen Stuckdecken, Schiebetüren und Parkettböden in den drei Zimmern. Doch im Winter spielte sich alles Leben in der Kemenate mit dem einzigen funktionierenden Ofen ab. Er wurde zu unserem Multifunktionsraum. Hier befand sich auch ein Waschbecken, sodass wir ihn als Esszimmer, Wohnzimmer, Bad und auch zum Wäschetrocknen nutzten. Ein extra Badezimmer mit Dusche gab es nicht.

Die Wäsche auf den quer durch den Raum gespannten Leinen verdeckte schon mal einen spontanen Gast, der sich gemütlich auf dem Sofa niedergelassen hatte. Unsere Toilette lag außerhalb der Wohnung im Treppenhaus. Halbe Treppe, wie es bei uns hieß. Wenn wir sie aufsuchten, ließen wir die Wohnungstür offen. So konnte sich ein unerwarteter Besucher durch die offene Wohnungstür hereinmogeln.

(Ein Zustand, der sich in meinem jetzigen Leben fortsetzt, da die Terrassentür meines Mobilheims im Sommer weit offensteht, und jedes Mal, wenn ich vom Garten ins Wohnzimmer komme, treffe ich, gemütlich auf dem Sofa liegend, eine andere fremde Katze des Campingplatzes an.)

Nach der Landung auf Teneriffa schütteten wir das zusätzliche Urlaubsgeld dem verdutzten Schaltermenschen auf den Tresen seiner Wechselstube und erstanden dafür ein Bündel Peseten, das uns per Fähre den Eintritt auf die Insel La Gomera ermöglichte. Als wir nach diesem Wellenritt auf den vorgelagerten Platz des Hafens in San Sebastian traten, sahen wir schon eine Kolonne von Taxis in der blendenden Sonne warten. In radebrechendem Spanisch wandte ich mich an die Chauffeure, und der dritte in der Reihe nickte zu meinem Wunsch, nachdem er abwechselnd zu Anja und zu mir geschaut hatte und seinen Blick länger an unseren Gewändern hängen geblieben war. So verlottert wie wir aussahen, ahnte er wohl, dass wir nicht auf der Suche nach einem Sternehotel waren. Obwohl wir nichts dagegen hatten, auch unter freiem Himmel zu nächtigen. Er brachte uns zu einer Stelle oberhalb der Bucht von Santiago. Hoffnungsvoll schulterten wir unsere Bürde und marschierten auf die Küste zu. Ein paar Buchten östlich des Hafens sollten die sagenumwobenen Höhlen zu finden sein. Als wir uns der Küste näherten, war ein untrügliches Indiz für unseren Glücksritt zu hören: Trommeln. Des Hippies wertvollster Gegenstand, unverzichtbar. Bald darauf trafen wir den Verursacher dieses Gewummers an, der am Strand hockte und selbstvergessen auf sein Instrument einschlug. Dazu schüttelte er den Kopf, sodass seine perlenbestückten Rastalocken wild durch die Luft flogen. Wir waren angekommen!

Als er uns sah, stoppte er abrupt und bot uns einen Schluck aus seiner Wasserflasche an. Ich stellte wieder meine Frage, diesmal einfachheitshalber auf Deutsch, und er wies uns freundlich den Weg.

»Kalles Höhle liegt mitten in der dritten Bucht, ein bisschen klettern und kraxeln und am Ende der zweiten Bucht müsst ihr durch ein Felsenloch hindurch. Das liegt in der Brandung, also passiert es möglichst bei Ebbe, denn die Strömung ist nicht ohne. Dann lauft ihr direkt drauf zu. Kalle ist gerade im Urlaub, also ist seine Bleibe frei.«

Wir bedankten uns und rückten unsere Rucksäcke zurecht.

»Die Höhle könnt ihr ruhig für ein paar Wochen haben, über diese Zeit bleibt er meist länger weg und kommt im Winter wieder«, sagte er noch, schloss die Augen und trommelte weiter.

So zogen wir weiter, begleitet von seinen Rhythmen, die sich in der Ferne verloren. An dem Felsenloch trugen wir die Rucksäcke hoch über dem Kopf balanciert und stapften durchs hüfthohe Wasser. Der Hippie hatte Recht: Die Strömung zerrte an mir, sodass ich Mühe hatte, hindurchzukommen ohne ins Straucheln zu geraten. Wie immer wir später die Ebbe- und Flutzeiten berechneten, trockenen Fußes passierten wir es nie. Schweißüberströmt am Ziel angekommen, ließen wir die Rucksäcke in den Kies fallen und zogen in unser Felsenhotel ein. Es war geräumig und mit zwei Podesten ausgestattet, auf die wir unsere Schlafsäcke ausrollen konnten. Einige Teller und Töpfe, neben Besteck und Wasserkanistern, vervollständigten unser neues Heim. Vorne am Eingang befand sich ein kleiner Lehmofen für unsere Mahlzeiten. Es war perfekt ausgestattet. Das Trinkwasser mussten wir allerdings vom Brunnen im Ort holen, ein weiter Weg, darum gingen wir sorgsam damit um. Zum Waschen wurde es nicht verschwendet. Wir hatten schließlich das Meer vor der nicht vorhandenen Tür.

Den Weg ins Dorf wollte ich mir hin und wieder mit einem luxuriösen Café con leche versüßen. Doch da hatte ich die Rechnung ohne meine Höhlengenossin gemacht.

»Nichts da, wir verplempern doch kein Geld, wenn wir ihn auch genauso gut zuhause auf dem Lehmofen machen können«, blaffte Anja mich an.

Zuhause nannte sie unsere Höhle schon nach so kurzer Zeit. Als Gipfel der Dekadenz genossen wir immerhin allabendlich eine halbe Zigarette.

Wir teilten den kostbaren Glimmstängel schwesterlich.

Über unserer Höhle wohnte Bruno, der einzige Mensch, den wir in der Zeit antrafen. Unglaublich viele Bücher hatte er an den Wänden aufgeschichtet, die ich bestaunte, als er uns einmal zu sich einlud. Das blieb bei dem einzigen Besuch, denn sein Domizil lag in schwindelerregender Höhe. Das war nichts für mich. Wir klagten dem Bibliothekar unser kulinarisches Leid. Von unserer stets gleichförmigen Kost hatten wir die Nase voll, denn wir hatten Tag für Tag Linsensuppe mit Chapatis auf dem Teller. Auch wenn sie vorzüglich gelangen. Die Weizenmehlfladen buken wir auf dem heißen Stein, also original nach indischer Art. Er stieg mit uns ab und zeigte Anja und mir, wie er Krebse fing. Das passte gut zu unserem vorsintflutlichen Urlaub! Mit einem selbstgeschnitzten Speer und einem großen Kochtopf ausgerüstet, machten wir uns auf die Jagd. Doch es war schwerer als gedacht, die Krustentiere unter den Felsen ausfindig zu machen, und ich brachte es auch nicht über das Herz, diese wunderschönen, bunt gemusterten Tiere zu töten. Dann lieber wieder Linsensuppe.

Meine Marotte, mir die Hände an der Hose abzuwischen, hatte sich über die Jahre eingeschliffen. Auch wenn ich nun den Ruß vom Ofen direkt auf die Oberschenkel schmierte. Es war heiß und wir waren mutterseelenallein, denn Bruno war in seine Bücher vertieft. Außerdem kratzte die Kleidung nach dem Bad im Salzwasser dermaßen auf der getrockneten Haut, dass wir gern hüllenlos die Zeit verbrachten.

Mit schwarzen Strichen auf der Haut wie verrutschte Kriegsbemalung.

Wer jemals versucht hat, herkömmliche Seife in Salzwasser aufzuschäumen, muss anerkennen, dass es besser ist, auf den schmierigen, klebrigen Matsch zu verzichten, der sich aus dieser Verbindung ergibt. Das war auch unsere Erfahrung. Die Seife löste sich im Meerwasser kaum auf und diese eklige Konsistenz vermengte sich mit unserem Schweiß. Also gingen wir fortan ohne sie ins Wasser und hofften, das Meer würde uns ausreichend reinwaschen.

Als wir am Morgen des dritten Tages unseres Höhlenlebens die Köpfe aus unserer neuen Wohnstatt streckten, sahen wir etwas, das vorher noch nicht dagewesen war: Auf dem eintönigen schwarzgrauen Kiesstrand erblickten wir etwas Gelbes. Und daneben etwas Rotes. Ausnahmsweise warfen wir Shirt und kurze Hose über und kletterten neugierig über den felsigen Strand auf diese Farbkleckse zu. Bei näherer Betrachtung entpuppten sie sich als ein gelbes Gummiboot, das in der Brandung lag, nebst eines rotgesichtigen alten Mannes, der dabei war, das Boot weiter auf den Strand zu ziehen. Er hatte eine Glatze und diese erstrahlte in der Morgensonne, sodass sein roter Kopf an ein Streichholz erinnerte. Vor dem Anreißen. Wäre er noch länger schutzlos der Sonne ausgesetzt, würde er in Rauch aufgehen, dachten wir wahrscheinlich beide spontan, denn wir grinsten uns vielsagend an. Wir grüßten und setzten uns in angemessener Entfernung auf einen Felsen und beobachteten ihn. Er nickte uns nur kurz zu und machte sich weiter an seinem Boot zu schaffen. Er lud zwei große Säcke in das Gummiboot ein, die er hinter einem Felsen hervorholte und etwas, das aussah wie eine Fahrradpumpe. Wir konnten uns nicht länger zurückhalten, standen auf und gingen näher zu ihm hin. Auf die Frage, was er dort machen würde, meinte der Rotgesichtige leise, er wolle am nächsten Tag über den Atlantik paddeln.

»Auf nach Amerika«, jubilierte er plötzlich und strahlte uns mit seinen blauen Augen an.

Wir waren entsetzt und folgten sprachlos weiter seinem Tun. Ein einsames Paddel lehnte an einem Felsen. Das war alles. Er wäre den Unbilden der Natur schutzlos ausgeliefert. Wollte der Mann etwa mit dem hanseatischen Konditor konkurrieren und mit dieser Gummijolle über den Atlantik schippern? Vor meinem geistigen Auge tanzte diese aufblasbare Nussschale auf den Wellen des riesigen Ozeans. Jetzt war das Wetter noch schön und das Meer in der Bucht glatt wie ein Spiegel, doch weit draußen, auf hoher See, konnte dieses Planschbecken der Gefräßigkeit der Wellen nichts entgegensetzen. Was denn in den Säcken sei, wollten wir wissen.

»Hundetrockenfutter«, antwortete er schlicht. Und eine Weile später: »Es enthält alles, was man zum Leben braucht und wird mich auf meiner Reise ernähren. Und um es einzuweichen habe ich hier die Pumpe, mit der ich das Meerwasser entsalzen kann und reines Trinkwasser erhalte. Ihr seht, es ist für alles gesorgt.«

Auch wenn ich für jede unkonventionelle Idee offen war, konnte ich seinen Optimismus nicht teilen und schüttelte innerlich den Kopf.

»Siehst du«, sagte Anja auf dem Rückweg zur Höhle, »man kann noch mit viel weniger auskommen«, und boxte mich in die Seite. Sie war wohl von seinem Minimalismus angefixt.

Den Tag verbrachten wir lesend, gingen schwimmen und faulenzten danach in der Sonne. Doch immer wieder sahen wir verstohlen zu dem merkwürdigen Kauz hinüber. Als sich der Tag seinem Ende zuneigte und die Sonne den Felsen einen rosa Farbstich verlieh, gingen wir noch einmal hinunter zum Strand und luden ihn zum Essen ein. Wir hatten mal wieder eine Linsensuppe bereitet. Als Highlight gab es diesmal dazu Avocados. Tags zuvor waren wir in den nahen Barranco hineingelaufen.

Diese Schlucht zog sich von der Bucht bis auf das Hochplateau und auf unserem Weg waren wir an einer Plantage vorbeigekommen. Viele von den grünen Leckerbissen lagen verstreut auf dem Boden. Wir brauchten sie nur aufzulesen.

Unser Hochseekapitän lehnte jedoch ab. Dabei hätten wir es gern gesehen, wenn er sich noch einmal mit einer warmen Mahlzeit den Bauch hätte vollschlagen können. Er war nicht zu überreden. Als das letzte Licht erlosch und wir uns allein an unserem Eintopf gütlich getan hatten, krochen wir in unsere Schlafsäcke. Das Meeresrauschen spülte uns in den Schlaf.

Am nächsten Morgen, die Sonne stand schon hoch am Himmel, schlug ich die Augen auf und kroch aus meiner Hülle. Gähnend verließ ich das schattige Quartier und hielt Ausschau nach dem Mann mit seinem Gummiboot. Doch da war kein Gelb mehr zwischen dem Grau der Kiesel zu sehen. Nichts störte mehr das einheitliche Bild. Ich rief Anja und wir liefen hinunter an den Strand, um dort mit zusammengekniffenen Augen das blaue Meer nach einem gelben Punkt abzusuchen.

Wir konnten nichts erkennen.

Nach knapp vier Wochen im Club Robinson nahte auch unser Abschied und wir packten unsere Sachen.

Mit einem letzten Blick aufs Meer fragte Anja mit dünner Stimme: »Meinst du, wir waren die letzten Menschen, die ihn lebend gesehen haben?«

Unser Rückflug von Teneriffa ging in aller Herrgottsfrühe und wir nahmen die letzte Fähre des Tages von La Gomera, um uns ein Obdach nahe des Flughafens zu suchen. Nicht weit von unserem Terminal entfernt, fanden wir, was wir suchten: Einen Rohbau, der als künftige Erweiterung des Geländes dienen sollte. Im Schutze der kahlen Mauern rollten wir mal wieder unsere Schlafsäcke aus. Es war staubig, der Kalk der Baustelle lag dick am Boden und verband sich mit dem schmutzigen Fettfilm und der Sonnenbräune unserer Haut, setzte sich in die Haare.

Wir fühlten uns wie geteert und gefedert.

Auf dem Flughafen angekommen, verschwanden wir im Waschraum. Anja öffnete ihren Rucksack um wärmere Kleidung herauszuholen. Dabei entstieg ihm eine Staubwolke, die uns einhüllte und das grelle Licht um einige Nuancen dämpfte. Ich blieb besser wie ich war.

Als wir uns danach in die Schlange des Check-in-Schalters zum Rückflug nach London einreihten, hörte ich hinter mir eine Frau wispern. Erst als ich auf meinem Platz im Flieger saß, erreichten mich ihre Worte:

Last shower nineteen-hundred-eighty-four.

Die Rastalocken habe ich mir kurze Zeit später abgeschnitten und einem Freund gespendet. Er nutzte sie neben anderer fettiger Tierwolle, um damit die Wände seines Bauwagens zu dämmen.

Tanja Schwibinger, geboren 1966 in Hildesheim, lebt nun im Südwesten Deutschlands. Wenn sie nicht schreibt, dokumentiert sie Augenerkrankungen, baut an ihrem Mobilheim an der Alb, fotografiert, kocht, gärtnert in ihrem Heilpflanzen- und Gemüsegarten oder wandert durch die Landschaft. Ihre Kurzgeschichten wurden in verschiedenen Anthologien veröffentlicht. Die *Showergeschichte* schrieb sie für Anush - für wen sonst.

Renan Spode

Dschungel

Leo wohnte im Souterrain eines dreistöckigen Mehrfamilienhauses. Wenn er mittags sein Apartment verließ, schien die Sonne weiß vom weißen Himmel, so gleißend und hell, dass sie ihn noch hinter den Sonnenbrillengläsern blendete. Ein Engländer, mit dem er letztens gekokst hatte, meinte, dass sich die Sonne hier oben auf dem Andenplateau ohne die Ozonschicht ungefiltert in die Hautzellen fresse und dass man mit so heller Haut wie seiner nach wenigen Monaten Hautkrebs bekomme. Seither bewegte sich Leo von Schatten zu Schatten. Er suchte unter Markisen und Bäumen Schutz vor dem Licht und lief dicht an den unverputzten Mauern der Backsteinhäuser entlang.

In letzter Zeit ging es Leo nicht gut. Er hatte Heimweh nach Deutschland, aber kein Geld für ein Flugticket. Manchmal verdiente er sich mit Kellnern etwas dazu, gab das Geld aber noch in derselben Nacht für Alkohol und Koks aus. Am Monatsende verkaufte er in den Touristenclubs seine Koksreste, um die Miete bezahlen zu können.

Auch letzte Nacht hatte er getrunken und gekokst. Um nüchtern zu werden, lief er zu Fuß nach Hause. Die Höhenluft war dünn, und wenn Leo zu schnell lief, hatte er das Gefühl, er ersticke. An einer Straßenecke verschnaufte er. Als ein Minibus um die Ecke gefahren kam, hob er die Hand und stieg ein. An der Endstation stieg er aus, orientierte sich, lief los, bog mehrmals ab und blieb vor einem Einfamilienhaus stehen. Leo sah auf sein Handy. Es war noch sehr früh. Er atmete tief ein, hielt die Luft an, als wollte er tauchen, und klingelte.

Ein Mädchen im Schlafanzug öffnete die Tür und sah ihn mit verquollenen, dunkelbraunen Augen an. Dann drehte sie ihm den Rücken zu und rief ins Haus: *»Papá, el alemán.«*

Leo trat ein. Das Haus roch nach Schlaf, aber es lief schon leise ein Radio. Er ging in die Küche und setzte sich an den Tisch.

»Hallo Leo. Guten Morgen.« Heiko stand in der Küchentür. Er trug einen Bademantel und fuhr sich mit der Hand über das unrasierte Kinn.

»Hallo Heiko.« Fast hätte Leo angefangen zu weinen.

»Schön, dass du uns besuchst.«

»Ja. Finde ich auch.«

»Ganz schön früh.«

»Ja, ganz schön früh. Ich konnte nicht so richtig schlafen.«

»Du siehst müde aus. Und dünn.«

Leo lächelte. »Es geht eigentlich.«

Sie schwiegen.

»Was ist das?« Heiko zeigte auf Leos Gesicht. »Warte. Ich glaub, du hast Nasenbluten. Halt dir die Nase zu.«

Leo wischte sich mit dem Handrücken über die Nase.

»Halt dir die Nase zu.«

Heiko nahm ein kleines Handtuch, ließ kaltes Wasser darüber laufen und legte es ihm in den Nacken.

Nach einigen Minuten war es vorbei. Leo stand am Spülbecken und wusch sich die Hände.

»Wie lange willst du noch hierbleiben?«

»Ich gehe gleich nach Hause.« Leo zog die Nase hoch.

»Nicht hier bei mir. Überhaupt hier, wann willst du zurück?«

»Ich wollte nur guten Morgen sagen.«

»Wie lange wirst du noch hierbleiben?«

»Ich weiß nicht.«

Sie gingen ins Wohnzimmer. Heiko zog das Schlafsofa aus und als er fertig war, legte sich Leo hin und schloss die Augen. Heiko setzte sich neben ihn auf einen Sessel und begann zu erzählen: von der Einschulung seiner Tochter, davon, wie seine Praxis lief und vom Wetter. Seine Stimme war tief und eindringlich.

»Ich glaube, du brauchst mal eine Pause. Ich glaube, du solltest zurück nach Deutschland fliegen.«

Kaum merklich schüttelte Leo den Kopf.

»Dann solltest du ein bisschen Urlaub von der Stadt machen.« Heiko pustete auf seinen Kaffee. »Ich habe einen Freund, Detlef heißt er, ein Bäcker. Er wohnt in einem Dorf nicht weit von hier, etwa drei Stunden mit dem Bus. Du solltest ihn mal besuchen. Es ist wirklich schön da. Dschungel, Bananenplantagen, Wärme, saubere Luft. Du würdest es mögen. Jeder mag es.«

Als Leo erwachte, war es wieder dunkel und das Haus war still. Er richtete sich auf und trank Wasser aus einem Glas, das auf dem Beistelltisch stand. Dann schlich er nach draußen.

Zurück in seinem Apartment, packte Leo einen Koffer, nahm sein letztes Geld aus dem Versteck zwischen den Büchern, aß, was noch im Kühlschrank war, und ging.

Der Busbahnhof war hell erleuchtet. Einige Busfahrer tranken in kleinen Gruppen Matetee, rauchten und spuckten auf den Boden. Leo fragte sie, welcher der Busse in das Dorf fahre, und einer der Fahrer zeigte auf einen verbeulten VW-Bus. Leo setzte sich auf den Bordstein und wartete. Im Osten begann ein neuer Morgen: Ein schmaler Streifen Rosa leuchtete hinter den schwarzen, scharfkantigen Andengipfeln.

An der Stadtgrenze schlief er mit dem Kopf an der Scheibe ein. Als er wieder aufwachte, war es hell und aus dem Fenster blickte er hinab in eine bodenlose Schlucht. Der Bus fuhr in Schrittgeschwindigkeit direkt am Abgrund entlang. Unten, fünfzig oder hundert Meter in der Tiefe, konnte er Autowracks erkennen. Die Mondlandschaft der Hochebene war verschwunden. Die Berge waren bewaldet, Lianen hingen von den Bäumen, es war schwül und er schwitzte. Der Busfahrer rief über die Schulter, dass sie bald da wären.

Der Bus hielt auf dem Dorfplatz. Leo stieg aus, kaufte sich einen Kaffee und setzte sich auf eine Bank. Heiko hatte gesagt, er solle einfach nach Detlef fragen.

Detlef, was für ein Name.

Ein Vogel schrie, irgendwo lief Folkloremusik.

Als die Kirchturmuhr neun schlug, stand er auf und ging zur Touristeninformation. Hinter dem Tresen saß ein Junge, vielleicht zehn oder elf Jahre alt, und spielte auf seinem Handy. Als Leo seine Hand auf den Tresen legte und nach Detlef fragte, sah er auf.

»Der Bäcker?«

»Ja, der Bäcker.«

Der Junge rutschte vom Stuhl herunter und marschierte los. »Komm mit.«

Sie liefen über den Dorfplatz, dann eine Straße entlang und bogen auf einen Schotterweg ab, der direkt in den Dschungel führte. Über ihnen griffen Palmenblätter ineinander, hellgrün und von Sonnenlicht durchschienen. Vor einem zweistöckigen Haus blieb der Junge stehen.

»Hier wohnt Detlef.« Er zeigte mit ausgestrecktem Arm auf das Haus. Dann drehte er sich um und rannte den Weg zurück, den sie gekommen waren.

Leo sah auf das Haus. Es war von einem Garten umgeben, der ohne klare Begrenzungen in den Dschungel überging. Zwischen zwei Bäumen hing eine Hängematte. Auf der Veranda standen Korbstühle, alle ausgerichtet in Richtung des Tals. Das Haus war blau gestrichen. Alle Fenster standen offen.

Als er die Klinke des Gartentores hinunter drückte, bellten Hunde im Haus und auf der Veranda erschien ein Mann.

Leo hob die Hand und rief: »Hallo, ich bin Leo.«

»Ich bin Detlef.«

Detlef kam zum Gartentor. Zwei Hunde folgten ihm. Er blieb lächelnd vor Leo stehen. Dann griff er mit einer Hand nach seinem Koffer und legte ihm die andere auf die Schulter. Leo entspannte sich.

»Hast du gut hergefunden?«

»Ja.«

Im Haus brachte Detlef ihn in den ersten Stock.

»Hier kannst du wohnen.«

Er zeigte in ein Zimmer ohne Tür. Es gab eine Matratze auf dem Boden, einen Schreibtisch, einen Nachttisch. Aus dem

Fenster blickte man auf eine Wand aus Dschungel. Leo betrat das Zimmer und setzte sich auf die Matratze.

Die ersten Wochen schlief Leo viel. Sein Schlafrhythmus war durcheinander und manchmal wachte er nachts auf, manchmal nachmittags. Wenn er aufwachte, aß er Orangen und trank Wasser. Abends grillte Detlef, dazu gab es Brot und Limonade aus Zitronen, die im Garten wuchsen.

Als es ihm etwas besser ging, begann Leo, Arbeiten im Haus zu verrichten. Detlef hatte ihn nicht darum gebeten und bedankte sich auch nicht dafür. Leo kümmerte sich um den Abwasch, hängte die Wäsche auf und fegte mehrmals in der Woche die Veranda, während Detlef in der Bäckerei war. Später begann er, auch einkaufen zu gehen, reparierte Kleinigkeiten am Haus, riss das gröbste Unkraut aus, pflückte Obst. Er ging mit den Hunden spazieren, durch den Dschungel und an den Plantagen entlang. Die Arbeiten waren nicht schwer. Er war meist vormittags zwei oder drei Stunden damit beschäftigt. Einige Wochen später, Leo zählte die Tage nicht, nahm ihn Detlef mit in die Bäckerei. Von nun an lieferte Leo morgens Brot an ein Hotel aus und zweimal die Woche trug er von einem Laster, der mit laufendem Motor auf dem Dorfplatz wartete, Mehlsäcke in die Bäckerei.

Das Hotel stand in der Mitte des Dorfes. Leo frühstückte manchmal hier, wenn er das Brot ausgeliefert hatte. Die Angestellten kannten ihn mittlerweile. Er saß dann auf der Terrasse und sah auf die Berge und aß deutsches Brot mit Rührei. Eine der Kellnerinnen setzte sich häufig zu ihm und sie unterhielten sich und lachten laut, bis der Concierge sie streng ansah.

Die Hunde begleiteten Leo bei seinen Erledigungen im Dorf. Es waren Mischlinge mit struppigem, braunem Fell. Detlef nannte den einen Hund »Perro«, den anderen »Perrito«, darauf hörten sie.

Detlef schlief immer in der Hängematte ein. Abends trank er Bier. Leo trank nichts mehr. Er ging manchmal in eine Bar im Dorf, in der Touristen und Einheimische zusammen feierten, aber er bestellte nur Limonade. Die Hunde warteten vor der Tür, streckten sich, wenn er die Bar verließ, und trotteten ihm hinterher. Wenn die Kellnerin mitkam, beschnupperten sie sie und leckten ihr über die Hände. Sie lachte dann und schob ihre Schnauzen von sich. »Was ist los mit diesen Hunden?«

Wenn sie in Detlefs Haus angekommen waren, ging die Kellnerin in Leos Zimmer, und er ging zu Detlef, der in der Hängematte schlief, und weckte ihn. Er half ihm aufs Sofa im Wohnzimmer und stellte eine Flasche Wasser auf den Couchtisch. Wenn sie morgens aufwachten, war Detlef schon in der Bäckerei.

Leo fühlte sich kräftiger. Er war braun geworden, aß viel und nahm zu. Nur noch selten dachte er an die Stadt.

Detlef fragte ihn nicht, wie lange er bleiben wolle. Er fragte auch sonst nichts, was nicht mit der Arbeit zu tun hatte. Wenn Leo die Mehlsäcke vor der Bäckerei abstellte, nickte Detlef.

Leo traf sich jeden Tag mit der Kellnerin. Sie hatte dunkle Haut und sprach mit ihren Eltern eine Sprache, die Leo nicht verstand. Sie gingen Händchen haltend durch das Dorf, aßen mittags zusammen in einem der Lokale, schliefen heimlich in freien Zimmern im Hotel, und wenn sie nicht bei ihm war, dachte er viel an sie.

Die Regenzeit begann. Es kam jetzt häufiger vor, dass Detlef noch schlief, wenn Leo aufwachte. Im Wohnzimmer roch es nach ausgeatmetem Alkohol und Schweiß. Leo räumte die leeren Bierflaschen vom Tisch und stellte sie nach draußen, öffnete die Fenster, machte Frühstück und kochte Kaffee. Dann weckte er Detlef und sie gingen gemeinsam in die Bäckerei. Er wusste mittlerweile, wann er die Bleche aus dem Ofen nehmen musste, wie viele Brötchen das Hotel bestellt hatte oder ob sie Zutaten nachkaufen mussten. Nachdem Detlef eine größere Summe Bargeld nicht mehr hatte wiederfinden können und die ganze Nacht in der Bäckerei geblieben war und alles auf den Kopf gestellt hatte, übernahm Leo auch die Buchhaltung. Bei der Zubereitung des Brotes allerdings ließ sich Detlef nicht helfen. Wenn er das Mehl, das Wasser, die Hefe, den Zucker und das Salz zusammenrührte, hatte er Leo den Rücken zugekehrt.

Da, wo die Tür zu seinem Zimmer fehlte, hatte Leo einen Vorhang angebracht. Neben der Matratze stand jetzt ein kleines Bücherregal, er hatte sich eine Nachttischlampe gekauft und eine Kommode, in der seine wenigen Klamotten lagen. Die Kellnerin hatte ihm ein Bild geschenkt, ein Foto des Dorfes aus der Vogelperspektive, und es mit Tesafilm an die Wand geklebt.

Wenn Leo im Dorf bei der Kellnerin schlief, konnte er aus einem der Fenster sehen, dass nachts das Licht in Detlefs Haus brannte. Es war das einzige Haus, das auf der Stirnseite des Berges stand, im ansonsten schwarzen Dschungel.

Leo erzählte der Kellnerin von seinem Leben in Deutschland. Sie hörte zu und sagte dann, ohne dass er gefragt hätte, dass sie mitkommen wolle nach Deutschland und dass sie ihn liebe.

Detlef schlief lange Tage. Er wachte auf und trank und schlief wieder ein. Leo ging in die Bäckerei, in der Zeit, in der Detlef außerstande war, es selbst zu tun, aber er konnte kein Brot backen. Leo versuchte es, rührte Teig an, buk, aber sein Brot schmeckte nicht.

Im Haus kniete er sich neben Detlef und weckte ihn mit einer Hand an der Schulter.

»Detlef. Kommst du? Du musst backen.«

»Wir machen Urlaub«, antwortete Detlef und drehte sich um.

Die Kellnerin lag auf dem Hotelbett und schlief. Das Licht des anbrechenden Tages fiel auf ihren Bauch und er schimmerte blau. Leo sah aus dem Fenster auf die bewaldeten Berge, hinter denen sich das Andenplateau befand.

Es regnete jeden Tag, den ganzen Tag. Leo saß auf der Veranda vor Detlefs Haus. Es regnete so stark, dass er unter dem Vordach nass wurde, aber der Regen war warm und er wischte sich nur das Wasser aus den Augen und blieb sitzen. Zu seinen Füßen, unter dem Stuhl, saßen aneinandergedrängt die Hunde. Sie mochten den Regen nicht und manchmal jaulten sie. Die Palmenblätter schwankten, es roch nach Erde und nach nassem Fell.

Leo stand auf. Drinnen trocknete er sich ab, ging in sein Zimmer und packte den Koffer. Er schloss das Fenster und zog das Bett ab. Detlef lag auf dem Sofa, die Augen geschlossen. Die Hunde folgten Leo nicht, als er die Straße ins Dorf hinablief. Links und rechts des Weges flossen braune Bäche aus Schlamm an ihm vorbei.

Renan Spode, geboren 1984, ist deutsch-türkischer Arzt. Er lebt mit seiner Familie in Berlin. Vor längerer Zeit ist er viel gereist, unter anderem nach Südamerika. Aktuell schreibt er für die Schublade.

Empfehlungen aus dem Verlag

China, wer bist du?

Eine Reise in die Seele eines unbekannten Landes

Simone Harre

Fünf Jahre lang reist Simone Harre immer wieder nach China und begegnet Milliardären und Taxifahrern, Künstlern und Bauern, alten wie jungen Menschen.

Sie kommen in fünfzig literarischen Porträts zu Wort, zeigen ihre Lebenswirklichkeit, erzählen, was sie bewegt und antreibt.

Einfühlsam skizziert die Autorin eine vielfältige Gesellschaft, die zu selten auf Augenhöhe betrachtet wird, und lässt uns dieses immer noch erstaunlich unbekannte Land besser verstehen.

Stimmen von Leserinnen und Lesern

»Sehr schönes Buch, die ganze Aufmachung ist sehr gelungen. Simone Harre hat einen wunderschönen Stil und kann das Buch ohne Vorbehalte jedem sehr empfehlen, der mehr über das unbekannte China hören möchte.«

»Die einzelnen Portraits geben einen vortrefflichen Eindruck von China; man kann sich ein Bild davon machen, wie vielfältig dieses Land ist und was möglich ist; ausgewogen berichtet.«

Die erste Reise

Weil sie den Blick auf die Welt, das Leben und auf einen selbst verändert – wie die erste Liebe

Herausgegeben von Gerhard Waldherr

Das erste Mal bleibt für immer. Das gilt für vieles, insbesondere aber für das Reisen. Wohin man zuerst gereist ist, was man dabei erlebt hat, wird zu einer prägenden Erfahrung, egal, wie oft man sich danach auf den Weg machte und wohin man gefahren ist.

Die Autorinnen und Autoren erzählen von Suchen und Finden, Lernen und Leiden, von unverhofften Dramen und erfüllten Träumen. Und all den Dingen, die das Unterwegssein so unwiderstehlich machen.

Mit Beiträgen von

Andreas Wenderoth, Anna Sanner, Anuschka Roshani, Barbara Schaefer, Elena Witzeck, Elisaveta Schadrin-Esse, Gerhard Waldherr, Giuseppe Di Grazia, Hans-Jürgen Burkard, Harald Nicolas Stazol, Ingo Petz, Kalle Harberg, Karin Lochner, Lucas Vogelsang, Martina Wimmer, Niklas Maak, Norah Steiner, Peter Burghardt, Peter Stamm, Peter von Felbert, Philipp Laage, Sarah Levy, Swantje Strieder & Teja Fiedler, Tania Kibermanis und Tatjana Kerschbaumer

Empfehlungen aus dem Verlag

Gipfelrausch

Warum ich auf Berge steige

Philipp Laage

Warum steigen Menschen auf Berge? Philipp Laage gibt darauf seine ganz persönliche Antwort – in einer eindringlichen, leichtfüßigen Sprache.

Seine Reisen führen ihn in die Alpen und den Großen Kaukasus, in die abgelegenen Mondberge und den wilden Pamir, auf den Kilimandscharo und Japans heiligen Berg. Es sind Erzählungen von Schönheit und Entbehrung, von Genuss und Grenzerfahrung, von kleinen Schritten und großen Höhen, Triumph und Scheitern.

Unterwegs stößt er auf Fragen, die über das Bergsteigen hinausgehen: Ist tatsächlich immer der Weg das Ziel? Und was haben wir davon, ganz oben zu stehen?

Stimmen von Leserinnen und Lesern

»Ein Buch, das Berge versetzt, auch in einem selbst.«

»Dabei ist das Buch wunderschön gestaltet und ich habe es beim Lesen die ganze Zeit so gern in der Hand gehalten.«

»Wer die Berge liebt, dem kann ich das Buch nur empfehlen.«

Empfehlungen aus dem Verlag

Wie man in Japan Ninja wird

Eine wahre Geschichte

Anna Sanner

Anna liebt Japan. Aber liebt Japan sie auch? Nach ihrem jahrelangen Studium von Sprache, Kultur und Kampfkunst will sie nun das Herz des Landes ergründen und zieht nach Osaka.

Doch als geradlinige deutsche Frau ist es gar nicht so einfach, den kurvenreichen Weg hinter Japans lächelnde Maske zu finden: Der Verhaltenskodex ist komplex, das System patriarchalisch und ihr Job als Lehrerin frustrierend.

Unverhofft tut sich für Anna die Gelegenheit auf, eine Ausbildung zum Ninja zu machen. Sie stürzt sich voller Entschlossenheit ins Abenteuer – um bald festzustellen, dass der Weg immer verschlungener wird, je tiefer sie in die japanische Kultur einzutauchen versucht. Ob sie das Ziel ihrer Träume erreichen kann?

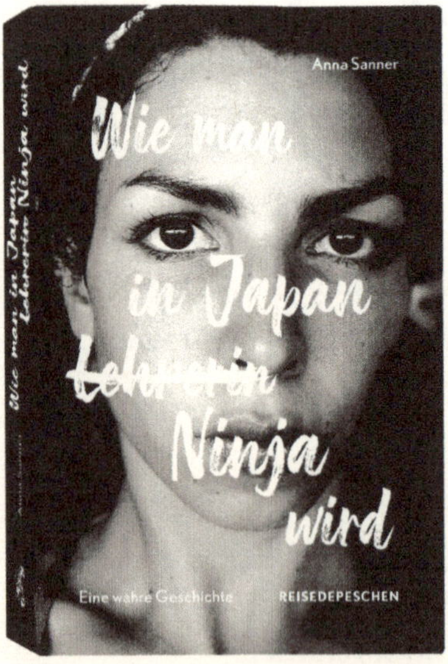

Stimmen von Leserinnen und Lesern

»Die Geschichte ist eine Empfehlung für alle, die etwas von der echten Kultur des Landes kennenlernen wollen. Vorsicht: Es könnte passieren, dass die ehrliche Darstellung der Landeskultur die romantischen Japan-Vorstellungen ernüchtern könnte.«

Woanders wachsen Mangos

Vom Wegsein, der großen Liebe Australien
und dem Versuch, die Sehnsucht zuhause zu stillen

Cindy Ruch

Vielleicht haben wir alle ein Sehnsuchtsland. Eines, das verführt, neue Seiten zeigt und herausfordert, das man immer wieder verlässt, nur um zurückzukommen.

Für Cindy Ruch ist dieses Land Australien. Sie begibt sich auf Roadtrips entlang gerader Straßen, wagt sich in Geisterstädte und Höhlen, lernt das Reisen lieben, kommt nicht los. Zweieinhalb Jahre verbringt sie in Australien, über zwölf Jahre sehnt sie sich dorthin. Zurück in Deutschland sucht sie Orte, Bücher und Mitbringsel, die sie an ihr Australiengefühl erinnern. Sie übt, Berlin so zu entdecken wie Sydney, die Brandenburgischen Seen wie den Pazifischen Ozean, den märkischen Sand wie das Outback. Ist es die Sehnsucht, die uns in Bewegung hält?

Stimmen von Leserinnen und Lesern

»Ein wunderschönes Buch für alle Australien-Begeisterte, die ihre Sehnsucht stillen möchten. Und für die, mehr über diesen tollen Kontinent erfahren möchten.«